U0685742

高等院校学前教育专业教材

幼儿园音乐教育与活动设计

（第2版）

主　编　许卓娅

编写者　许卓娅　许　蕾
　　　　孙　霞　黄　曦
　　　　程　英

中国教育出版传媒集团

高等教育出版社·北京

内容提要

本书共十章,主要包括音乐与幼儿音乐、幼儿音乐能力的发展、幼儿园音乐教育、幼儿园音乐教育活动设计的原理、幼儿园不同结构化程度音乐教育活动的设计、幼儿园音乐教育活动与其他教育活动的整合、幼儿园音乐教育活动的实施原理、幼儿园音乐教育活动的组织实施、幼儿园音乐教育评价、幼儿园教师的音乐教育素养及自我反思学习等内容。每章的章前设有本章提要、学习目标栏目,章后设有思考与实践、推荐读物栏目,章中配有二维码数字资源,可供学习者自主学习使用。

本书凝聚了幼儿园音乐教育教学领域丰富的个人经验和团队智慧,主编从事幼儿音乐教育领域的科研工作已 40 多年,参与本书编写的作者也都是具有多年幼儿园音乐教育课程教学经验的中青年教师。本书不仅适合学前教育专业的本、专科学生使用,也可供学前音乐教育研究和幼儿园教师职后培训参考使用。

图书在版编目(C I P)数据

幼儿园音乐教育与活动设计 / 许卓娅主编 . -- 2 版
. -- 北京 :高等教育出版社,2023.12
ISBN 978-7-04-059805-6

Ⅰ. ①幼… Ⅱ. ①许… Ⅲ. ①音乐课 - 学前教育 - 教
学参考资料 Ⅳ. ①G613.5

中国国家版本馆CIP数据核字(2023)第013477号

You'eryuan Yinyue Jiaoyu yu Huodong Sheji

策划编辑	何 淼	责任编辑	刘晓静		封面设计	裴一丹	版式设计	于 婕
责任绘图	邓 超	责任校对	任 纳 陈 杨		责任印制	沈心怡

出版发行	高等教育出版社	网 址	http://www.hep.edu.cn
社 址	北京市西城区德外大街 4 号		http://www.hep.com.cn
邮政编码	100120	网上订购	http://www.hepmall.com.cn
印 刷	北京印刷集团有限责任公司		http://www.hepmall.com
开 本	787 mm×1092 mm 1/16		http://www.hepmall.cn
印 张	14.5	版 次	2009 年 9 月第 1 版
字 数	270 千字		2023 年 12 月第 2 版
购书热线	010-58581118	印 次	2023 年 12 月第 1 次印刷
咨询电话	400-810-0598	定 价	32.00 元

本书如有缺页、倒页、脱页等质量问题,请到所购图书销售部门联系调换
版权所有 侵权必究
物 料 号 59805-00

前言

　　本书第 1 版第一次使用"不同结构化层次"的思路来组织"幼儿园音乐教育与活动设计"的内容。这种组织思路既有助于学前教育专业的本、专科学生和刚进入幼儿园工作的新教师更为迅速地掌握最基本的"较高结构化"的音乐活动设计、指导程序及方法，也有助于有一定经验的教师依托"较低结构化"的设计指导思路，更好地审视和拓展自己的音乐教学视野——为幼儿的自主学习、自主发展创造更为宽阔更为自由的平台。本书第 2 版延续了上述设计思路，总结了近十多年来幼儿园音乐教育的发展成果，并适当地体现在了正文相关处。同时，编写者对书中栏目进行了更新，新增了二维码数字资源，学习者可以根据不同的学习需要扫码阅读。

　　在第 2 版修订中，第一章、第二章、第九章由西安文理学院许蕾老师修订，第三章、第四章由福建幼儿师范高等专科学校程英老师修订，第五章、第六章由南京师范大学许卓娅老师修订，第七章、第八章由成都大学孙霞老师、黄曦老师修订，第十章由许卓娅老师重新撰写。全书由许卓娅老师统稿、审定。本书来自全国不同院校的作者都是具有多年幼儿园音乐教学法课程教学经验的中青年教师，因此，本书凝聚了幼儿园音乐教育教学领域丰富的个人经验和团队智慧。编写团队尽了努力，希望本书能够体现中国幼儿园音乐教育领域的较前沿的发展水平，还希望书中提供的观点和内容能够真正帮助读者提高音乐教学水平。

许卓娅

2023 年 4 月于南京

目录

第一章 音乐与幼儿音乐教育

本章提要

本章第一节从音乐的概念、音乐的起源以及音乐的主要特征和主要类型等方面，对音乐艺术进行了入门性的介绍；第二节主要从音乐教育对幼儿成长的价值来说明音乐以其特有的方式，在幼儿智力、认知、情感以及社会性中发挥着十分重要的作用。

学习目标

1. 了解音乐艺术的内涵、属性和分类。

2. 了解音乐教育对幼儿成长的价值。

3. 将本章的理论内容融入活动和体验中，在学习过程中对音乐和幼儿音乐教育产生兴趣。

第一节　音乐

一、艺术与音乐

音乐，是以一定形式的音响组合来表现人们的思想感情和生活情态的一种艺术门类，是人类的一种精神产品。音乐艺术是用有组织的音构成的听觉意象塑造形象、表达情感与反映社会现实生活的一种艺术形式，也是人类在社会生活中创造出来的一种文化现象。音乐更是音乐家反映社会现实和表达生活观念的产物。

音乐作品表现的内容是非常广泛的。它反映社会生活，但不是对社会生活的直接描述，而是音乐家把自己从现实生活中得到的个人的丰富体验予以情感的概括，然后用有组织的音乐形式表现出来，它通过表达情感来描绘这种情感所反映的现实生活。音乐可以分为声乐和器乐两大类。

二、关于音乐起源的学说

音乐是人类社会最早产生的艺术种类之一，也是人类最古老的表达方式。在古代，人们用从自然界中找到的动物的骨头或内脏、兽角、树皮等来制造乐器，同时也用铁器或铜器来制造乐器，在音乐的历史中人类听觉的进化得到了记载和绵延。关于音乐的起源，古今中外的学者曾提出过各种学说，概括来说主要有以下几种。

（一）模仿说

模仿说认为音乐产生于对大自然的音响模仿。最常用来说明这一观点的例子是鸟儿鸣啭声启发人们模仿嗓音的长短、高低、抑扬甚至叹息。《吕氏春秋·古乐篇》记载："帝尧立，乃命质为乐，质乃效山林溪谷之音以歌，乃以麋鞳置缶而鼓之，乃拊石击石，以象上帝玉磬之音，以致舞百兽。"这个故事反映了先民模仿山林间的空谷回响，以此作为歌唱原型。古希腊的哲人也有很多关于音乐模仿自然的言论。如公元前四世纪德谟克里特明确提出艺术是对自然界的模仿，在许多重要的事情上，我们是模仿大自然的。就像从蜘蛛那里我们学会了织布和缝补，从燕子那里我们学会了造房子，从天鹅和黄莺等鸟类的叫声中我们学会了唱歌。

（二）劳动节奏说

这种假说来自"节奏理论"。德国学者布歇尔在他的著作《劳动与节奏》中提出音乐起源于集体劳动，因为在原始部落里每一种劳动都有相应的歌曲，这些歌曲的节拍十分适合劳动生产动作的节奏。我国古代文献中也有类似的记载，如《淮南子·道应训》："今夫举大木者，前呼'邪许'，后亦应之，此举重劝力之歌也。"

（三）游戏起源说

德国美学家席勒认为劳动实践唤起感性冲动与理性形式的结合并不能产生艺术，只有无目的的游戏冲动，才是艺术美的起因。而这种在游戏冲动中获得的自由快感，才是音乐起源的基础。心理学家斯宾塞也认为，音乐起源于人在劳动过程中过剩精力的发泄，是对力量的一种非自然的学习。

（四）呼唤说

当相距较远的人们需要交流时，互相呼唤的声音就可能形成音乐。呼唤声作为音乐的起源这一说法在现实民间音乐中依然能看到痕迹。比如甘肃、青海一带的高腔花儿，其旋律中就具有鲜明的呼唤性音调。

关于音乐的起源还有很多其他猜想和学说，但无论音乐的起源是什么，都不可能是单一的因素。事实上，音乐的起源有很多因素。这些因素对音乐的起源各有推动，同时各种因素在不同的环境条件下，交织在一起，起着相互促进的作用。

三、音乐的主要特征

（一）音乐是声音的艺术

音乐是凭借声波振动而存在，在时间中展现，通过人类的听觉器官而引起各种情绪反应和情感体验的艺术门类。音乐是通过人的创造性艺术活动创造出来的音响，无论是一首简单的歌曲，还是一部宏大的交响乐，它们都渗透着一种创造力。构成音乐意象的声音，是一种有组织、有规律的和谐的音响，包括旋律、节奏、调式、和声、复调、曲式等要素，总称为音乐语言。音乐想要表现自然界与社会的事物、事件，就要靠音乐手段的模仿、象征、暗示，并要靠人们听到音乐后对事物、事件联想与想象才能实现。由于听觉感受到的音乐信息是非语义性的，这也就使得音乐对现实的反映比较间接。因此，音乐艺术因为具有不确定性的特征，所以对个体的听觉有一定的要求，敏锐的音乐听觉的获得既需要先天的条件，又需要后天的训练，而音乐教育是培养音乐听觉的最佳途径。

（二）音乐是听觉的艺术

由于音乐是以音响为物质手段的艺术，所以必然要求人们用听觉去感知它。心理学研究发现，在一定距离内的各种外在刺激中，声音最能引起人们的注意，它能够迫使人们的听觉器官去接受声音，这决定了听觉艺术较之视觉艺术更能直接地作用于人们的情感，震撼人们的心灵。对于审美感知而言，人类感觉器官中最重要的就是诉诸眼睛的视觉和诉诸耳朵的听觉。音乐审美体验就是审美主体对对象的感知和直觉。车尔尼雪夫斯基曾说过，美感是和听觉、视觉不可分离地结合在一起的，离开听觉、视觉，是不能设想的。[①]欣赏者对音乐的感知和体验与对造型艺术及语言艺术的感知和体验不同，音乐只能通过声音形象引起欣赏者的主观联想和想象，欣赏者在自己的头脑中构想出有声有色、有形有神的形象和情景，从而理解和领悟音乐作品中所要表达的思想感情和其所创造的意境。另外，音乐在表达思想内容和展现具体情境方面，具有一定的不确定性，它需要欣赏者用自己的经验联想和想象去补充。因此，音乐艺术要求欣赏者不仅要有良好的音乐听觉，而且要有一定的音乐经验和领悟能力，即对音乐诸要素的表现意义和音乐语言有一定的了解和领悟，才能体验到音乐作品中表达的思想感情和其所创造的意境，获得美感，并产生共鸣。

（三）音乐是情感的艺术

音乐主要出于表达感情的需要。音乐这种流动着的音响，最适于表达感情的起伏和变化，音响形象也最容易引起感情的共鸣，使人产生某种情绪体验，甚至引起人体心理上的变化和反应。由此可见，音乐是最富有情绪表达力和感染作用的艺术，音乐与感情是密不可分的，正如作曲家斯特拉文斯基所说：音乐就是感情，没有感情就没有音乐。所以，在主要通过情感体验最终完成音乐形象再塑造的音乐欣赏过程中，欣赏者能够获得比欣赏其他艺术形象时更多并且更自由的利用个人体验的机会。

那么，音乐为什么能够用有组织的声音来表达情感呢？有人认为，音乐的表情性来自音乐对人的有表情性因素的语言的模仿。语言用语音、声调、语流、节奏、语速等表情手段配合语义来表情达意，而音乐的音色、音调起伏、节奏、速度等表现手段能起到与语言的表情手段同样的作用。波兰音乐美学家丽莎认为，从语言的音调中汲取"客体"的原型，这可能是对音乐旋律的表情性的唯一解释。[②]还有人认为，音乐的声音形态与人类情感之间存在着相似性，具有某种"同构关系"，这是音乐能表达人的情感的根本原因：音响结构之所以能够表达特定的情感，其根本原因在于这两者之间存在着一个极其重要的相似点。那就是这两者都是在时间中展现和发展，在速度、力度、色调上都具有丰富变化的、极富于动力性的过程。这个极其重要的相似点正是这两者之间能够沟通的桥梁。[③]

（四）音乐是时间的艺术

音乐形象以流动着的音响展现在一定的时间之中。这种流动性使得音乐形象随着时间的延续，在运动中呈现、展开、发展和结束。由于音乐能够表现出抽象艺术所不能表现的时间延续、运动发展的过程，因而，音乐能使欣赏者的某种情

---

① 北京大学哲学系美学教研室.西方美学家论美和美感［M］.北京：商务印书馆，1980：253.
② 丽莎.论音乐的特殊性［M］.于润洋，译.上海：上海文艺出版社，1980：112.
③ 于润洋.音乐美学史学论稿［M］.2版.北京：人民音乐出版社，2004：73.

感体验在时间流动中不断得到积累和强化，使欣赏者能长久地沉浸在审美享受的状态中。因此，可以说音乐意象 ① 是一个用一定时间来展现的意象过程，它是在时间的推移、音乐的发展过程中形成和丰满起来的。

（五）音乐是表演的艺术

音乐作品不像文学或绘画那样，只要一经作者创作完成，就可供欣赏者直接欣赏。尽管音乐是对人类社会生活的反映，但这种反映不是再现性的，而是表现性的，由于音乐所用的材料与结构具有非语义性，音乐作品必须通过表演这个中间环节，才能把作品的意象、意境表达出来，使欣赏者感受其审美价值。所以，音乐又是表演的艺术，是需要通过表演进一步再创造的艺术。无论哪一位作曲家写下的乐谱，都必须通过表演者将乐谱中潜藏的乐思进行深入的挖掘。因此，音乐作品只有通过表演这个途径才能为听众所接受。

综上所述，我们可以把音乐艺术的基本特征概括为：音乐艺术是以声音作为基本表现手段，以情感作为主要表现内容，通过表演在时间中展开，最终诉诸人的听觉的一种艺术形式。

四、音乐的主要类型

无论音乐形态是复杂的还是简单的，无论音乐的内涵是丰富的还是单一的，音乐的本质都是声音的形式。因此，根据音乐发生所凭借的媒介，我们把音乐分为以下三个类型：

（一）声乐

声乐即用人声歌唱。它是生理学、物理学和心理学高度综合的一种形式。首先，歌唱是一种生理活动，由人的呼吸器官、发声器官、共鸣器官以及表情等共同进行的复杂动作综合而成。歌唱的艺术感越强，它的各方面的综合能力就越高。

（二）器乐

乐器的发明是为了弥补人声的局限，器乐是人声的扩展和延伸。根据发出声音振动的形式不同，乐器大致可以分为四类：气鸣乐器、膜鸣乐器、弦鸣乐器、体鸣乐器。

（三）电声

随着社会进步、科学发展以及人类文化的进步，现代乐器的发声方式出现了新的类型——电声。电声音响技术对音乐形式的发展产生了巨大的影响。

① 所谓"音乐意象"，指的是整个音乐作品所表现的艺术家的思想感情，以及在欣赏者的思想感情中所唤起的意象或意境。

第二节 幼儿音乐教育

一、幼儿音乐教育的价值

在人类历史发展的长河中，音乐以其特有的方式在社会发展、个体发展以及教育发展中发挥着十分重要的作用。音乐把人类社会的发展历史融入一个个音符，记载和传承着人类的灿烂文明。音乐把一切在人类心灵中占据地位的东西都拿出来提供给我们的感性和情感，让人深刻体验到审美的愉悦。音乐给人的想象插上高飞的翅膀，给人的思维注入形象的因子，使人的创造性充满活力。音乐就是这样与人和人生紧密联系着，以人的生存意识为中心，反映人的本质，展示人的心态，塑造人格。因此，音乐是幼儿成长过程中必不可少的精神营养。幼儿可以在感受音乐之美的过程中形成健康、美好、向上、崇善的心灵和养成文明优雅的气质风度。音乐教育是幼儿园艺术教育领域的重要组成部分，也是幼儿园五大领域教育必不可缺的组成部分，无论从社会整体的发展还是从幼儿个体的发展来看，都具有非常重要的价值与功能。具体来说，幼儿音乐教育具有对幼儿智力、认知、情感、社会性等四个方面的潜在价值，需要幼儿园教师开展音乐教育活动加以实现。

（一）对幼儿智力发展的价值

音乐教育活动能够促进人的右脑的发育和大脑皮质重要中枢的发展。学前阶段是人脑生长发育最快的阶段，在这一阶段，大脑各部分所获得的积极活动的机会越多，个体就越有可能获得充分的发展。20 世纪末，许多科学家和教育家都将视线投向了音乐教育对人类大脑发育的必要性的研究，并取得了重大进展。例如，有研究表明，参与实验的两组学前儿童在同样的智力水平下，音乐实验组在操作智商的平均获得分数上显著高于控制组，研究者得出了音乐训练对学前儿童空间智力发展具有积极的效应的结论。[①] 只有重视有利于大脑功能全面开发的音乐教育，才有可能为学前儿童的心理发展提供一个坚实的物质基础。

（二）对幼儿认知发展的价值

幼儿通过参与音乐教育活动，能够喜爱音乐，热爱学习，养成良好的共同学习的习惯。音乐教育促进幼儿学习能力的发展表现在以下几个方面：

1. 促进感知能力的发展

音乐是听觉的艺术，对于音乐的学习首先要建立在听觉感知的基础上。学前阶段是人的一生中听觉发展最迅速的时期，听觉能力的发展除了受先天因素影响以外，后天的训练也非常重要。在音乐教育活动中，教师有意识地对幼儿进行听

---

① 刘沛.音乐教育的实践与理论研究 [M].上海：上海音乐出版社，2004：68.

觉的引导，可以提高幼儿听辨声音的能力，并使他们养成主动倾听音乐的良好习惯。

2. 促进记忆力的发展

记忆力是人类进行认识活动时不可缺少的基本能力之一。由于音乐是在时间持续过程中展开其形象的，因此，音乐记忆能力直接影响人们对音乐形象的感知能力。人们对音乐形象的审美和体验，正是建立在对旋律、结构等音乐要素进行记忆的基础之上的。

3. 促进想象力的发展

想象是由表象深入发展而形成的一种心理现象，它与感知、记忆表象、思维等认识过程共同构成了人的完整的心理过程。幼儿必须通过结合自己已有的经验和音乐要素对心理造成的影响展开想象，才能完成对音乐的感受，并产生共鸣。

4. 促进观察模仿能力和探究创造能力的发展

幼儿在参与音乐教育活动时，能够将个人生活经验转化成表演来表达对音乐的体验，通过模仿积累动作表演的经验，并且通过观察和探究，学会整合他人的表演思路，从而提高自身的创造能力。

5. 促进解决问题能力的发展

幼儿在音乐教育活动中能够发现并提出问题，并学会清楚表达自己的思路和认识；尝试在学习过程中主动探寻解决问题的途径。

（三）对幼儿情感发展的价值

音乐是情感的艺术，是人类表达情感最自然、最直接的艺术方式。在音乐活动中，我们不仅能够得到身心的愉悦，同时还可以和他人分享对音乐的情感体验。学前期是个人情感由低级走向高级发展的重要阶段之一。丰富幼儿的情感体验，初步培养幼儿的高尚情感是学前期情感培育的主要内容，而音乐则把旋律、节奏、调式、和声等音乐要素有机地组合起来，将美好的情感付诸声音的表达，使他们产生强烈的情感体验及情绪共鸣。

（四）对幼儿社会性发展的价值

社会性是在与他人的交往活动中逐渐形成的，其发展是一个渐进的、日益丰富和日益完善的过程，它不仅是社会发展的需要，也是个体自身发展的需要。音乐的重要功能之一就是开拓人们交流的手段，使人们得到更多的心与心的沟通，进而建立感情上的和谐关系。幼儿音乐教育活动能够为幼儿提供大量的人际交往和合作交流的机会，有意识地培养幼儿的交往观念和交往技能。通过幼儿园组织的集体形式的音乐教育活动，如合唱、集体舞、打击乐合奏等要求高度协作的音乐表演形式，幼儿可以增强集体合作意识，体验到集体协作的快乐，学习与同伴非语言的交流，培养默契配合的能力，并在活动过程中学会理解、尊重、接纳和欣赏他人。音乐作为一种艺术，本身就包含着许多规则，如节奏、音高等，只有严格遵循这些规则，才能表现出优美的旋律。通过音乐教育活动所获得的这种规则意识，会对幼儿产生潜移默化的作用，使幼儿在一种愉快的、自愿的情况下养成主动遵守规则的意识和习惯，从而培养幼儿形成自律、责任感和自我激励的意识，而这种意识是幼儿将来在有秩序的社会交往活动中必须具备的。

二、幼儿音乐教育的特点

幼儿喜欢好奇地探究身边的世界，特别是丰富多彩而美妙异常的各种音响。有研究表明，胎儿最先发展的感觉器官就是听觉；胎儿在母体中 6 个月时就对声音有反应；咿呀学语的婴儿听到音乐会手舞足蹈。对幼儿来说，声音和动作是他们生活中两个最有趣的因素。幼儿是天生亲近和喜爱音乐的，热爱音乐是幼儿的天性。为此，我国著名儿童教育家陈鹤琴先生提出"儿童生活音乐化"的教育思想。

所谓幼儿音乐教育，指的就是幼儿所参与的音乐教育活动。从教育角度来说，幼儿需要通过实践和参与音乐教育活动与音乐对话，从中获得对周围世界的最初的认识，并在以自己喜爱的方式参与音乐教育活动的同时感受到音乐带来的审美愉悦，达到自我享受和与他人共享的自由和谐状态。因此，音乐对儿童和成人的意义也不完全一致。对成人而言，音乐是用声音表达思想感情的一门艺术，是人类智慧的结晶，是高雅艺术。而对于幼儿来说，音乐是获得精神满足和审美愉悦的艺术游戏。幼儿音乐教育的特点主要体现在以下三个方面：

（一）审美愉悦性

音乐是情感的艺术，音乐活动作为一种幼儿的艺术审美活动其实是儿童最为源初的、最本真的一种生命成长活动。我们常常会在幼儿园的音乐教育活动中观察到，幼儿在教师优美的催眠曲中投入地哄着手中的洋娃娃，动作轻柔，完全沉浸在音乐和角色中。这种朴素的参与首先就使幼儿获得了极大的情感满足，其次使幼儿在参与音乐教育活动的过程中获得审美愉悦。

（二）音乐的教化性

人类社会从古至今都非常重视音乐教育，把音乐教育作为美育的重要内容之一。春秋时期儒家视礼乐并重，极言"礼乐教化，系天下根本"（《全宋文》），并在长期实践中得出"移风易俗，莫善于乐"（《礼记·乐记》）的结论。而古希腊哲学家柏拉图认为，音乐在教育中的功能在于，音乐的"韵律"及"和谐"是触及儿童灵魂的道路。音乐能使儿童行为优美并具有高尚的灵魂。音乐作为一种高度实践性和高度游戏性的审美活动，其美感和娱乐性是吸引幼儿积极参与音乐教育活动的动机之一。利用这一特点，教师可以引导幼儿在游戏中感受和学习音乐，在音乐的感染中引起幼儿内心的情感共鸣。正如德国音乐教育家奥尔夫所讲：在音乐教育中，音乐只是手段，教育人、培养人才是目的。

（三）促进个性的发展

黑格尔曾经说过，音乐用作内容的东西乃是主体的内心生活本身。由于创作者、欣赏者、参与者对音乐的感受和理解都是独特的，所以音乐是一门极富个性的艺术。对于个体而言，音乐是一套有联系、相互依赖和个体化的活动，也是个体发展的一种表现。不同年龄段的幼儿对外部世界的认识和体验是各不相同的，幼儿表达自己情绪和情感的方式也是有差异的，而音乐活动能够反映幼儿的认知、情感和个性等的发展水平和个体差异。因此，在音乐教育活动中，音乐内在的特性和感染力可以唤醒幼儿的主体意识、促进幼儿主体性发展，具有特殊的价值。

三、《3～6岁儿童学习与发展指南》中的幼儿音乐教育

2012年10月，教育部颁布了《3～6岁儿童学习与发展指南》（以下必要时简称《指南》），《指南》在艺术领域"前言"部分明确指出，艺术是人类感受美、表现美和创造美的重要形式，幼儿艺术领域学习的关键在于充分创造条件和机会，在大自然和社会文化中萌发幼儿对美的感受和体验，丰富其想象力和创造力，引导幼儿用自己的方式去感受和发现美，用自己的方式表现和创造美。艺术领域目标分为两个子领域：感受与欣赏、表现与创造。其中关于音乐教育的部分要求如下：

（1）喜欢倾听各种好听的声音，感知声音的高低、长短、强弱等变化。

（2）让幼儿倾听和分辨各种声响，引导幼儿用自己的方式来表达他对音色、强弱、快慢的感受。

（3）欣赏艺术作品时会产生相应的联想和情绪反应。

（4）艺术欣赏时常常用表情、动作、语言等方式表达自己的理解。

由此可见，在音乐教育活动中，我们需要支持幼儿形成音乐的核心经验，即感受美、表达美和创造美。[①]

综上所述，音乐活动能够让幼儿获得早期的音乐经验，使幼儿在社会环境和自然环境中，通过与音乐事件和人物的主动交往及探索过程，形成多维度甚至是系统的音乐认知、动作和社会及审美情感的积累。这种积累是形成幼儿对世界认识的"元经验"之一，是构建人的音乐素养最可靠的基石。在音乐活动中，幼儿可以从人类对音乐认知发生的实践中获得知识，发展自我，成为音乐学习过程中的探索者、接受者、信息加工者和表现者。

---

① 徐韵，阮婷，林琳，等.学前儿童艺术学习与发展核心经验［M］.南京：南京师范大学出版社，2021.

思考与
实践

1. 什么是音乐？请谈谈你对音乐艺术的认识。

2. 音乐教育对幼儿的成长有哪些价值？请结合实际举例说明。

3.《指南》中艺术领域的两个子领域分别是什么？请你简要说明《指南》对幼儿园音乐教育活动的基本要求。

4. 你看了哪些推荐读物？请结合本章内容写一篇读后体会。

5. 倾听下雨、打雷、流水、刮风以及其他一些自然界中的声音，辨别这些声音的高低、长短、强弱所带来的心理上的感受，然后欣赏维瓦尔第的《春》，辨别音乐中使用了什么样的音乐表现手法表现自然的声音，体会音乐是声音、时间和情感的艺术，分享自己最喜欢的音乐，并说明理由。

推荐读物

［1］许卓娅. 学前儿童音乐教育［M］. 北京：人民教育出版社，1996.

该书将理论与实践紧密结合，在教育观念上突出强调托幼机构中的音乐教育是根据社会发展和儿童成长的需要，有意识、有目的地对学前儿童施加教育影响的过程，对学前教育专业学生在学校期间了解幼儿园音乐教育实践有很大的帮助。

［2］许卓娅. 学前儿童艺术教育［M］. 上海：华东师范大学出版社，2008.

该书共分绪论和上、下两篇。绪论部分主要讨论艺术教育的宏观理论问题，其中包括艺术教育的性质与地位之争、审美愉悦与幼儿的生命质量提高、循序渐进与幼儿的有效学习、迁移模仿学习与幼儿的创造性表达、身心舒适与幼儿的自律性发展等。学生可通过阅读该书了解目前学前综合艺术教学以及用综合的手段学习音乐的理论和实践方面的信息。

［3］洛秦. 音乐的构成：音乐在科学、历史和文化中的解读［M］. 桂林：广西师范大学出版社，2005.

该书从音乐人类学的角度介绍了音乐的历史，音乐中的文化与文化中的音乐是人类学和音乐学的结合，而推动音乐形式发展变化的内在动力是人的激情。该书主张每一种音乐文化都有自身的价值，具有其独到之处，都应该有自己的尊严。通过对这本书的阅读，学生可以更全面地了解音乐艺术的内涵。

［4］乔克希. 二十一世纪的音乐教学：第2版［M］. 许洪帅，译. 北京：中央音乐学院出版社，2006.

该书对21世纪音乐教师教育和音乐教育科技进行了充分观照，具体又详细地介绍了21世纪的音乐教学方法策略，对于当前在基础音乐教育课程改革中开展音乐教师校本课程、校本研习能起到实质性的推动作用。

第二章　幼儿音乐能力的发展

本章提要

　　本章在第一节中介绍了音乐能力结构，幼儿音乐能力的内涵，以及幼儿音乐能力形成和发展的条件；在第二节中结合幼儿的年龄和生理特点，分别介绍了歌唱能力、随乐运动能力、奏乐能力和音乐欣赏能力的发展特点、表现和培养方法。学习本章内容，可以初步了解幼儿音乐能力及发展的基础知识。

学习目标

1. 了解音乐能力结构以及幼儿音乐能力形成和发展的条件。
2. 了解幼儿音乐能力的发展特点、表现的形态和方式，以及培养方法。

第一节   幼儿音乐能力概述

音乐是人类思想情感的自然表达，是个体进行情感宣泄的手段。人人都具有潜在的音乐本能，幼儿对音乐更是有着本能的反应。因此，幼儿园音乐教育不是教给幼儿音乐，而是唤醒他们原有的音乐潜能，让音乐成为幼儿生活的一部分。虽然对于幼儿来说，他们大多具有自然的、健康的音乐感觉，但是如果没有正确的早期训练和教育，大多数幼儿就会丧失获得对音乐基本的感知能力，长此以往，幼儿本身具有的自然的音乐感觉就会停止发展，他们对音乐的感受就会变得麻木和迟钝。因此，幼儿园音乐教育对幼儿最初音乐能力的发展具有极为重要的价值。

一、音乐能力结构

从心理学的角度看，音乐能力是指人从事音乐活动的心理状态及心理能力，即音乐感。从事各种音乐活动的能力综合起来，形成音乐能力的心理结构。音乐心理学家西肖尔认为，音乐能力是由以音乐的感受能力（又称为音乐的情感体验能力）为核心的五个方面二十五种能力构成的（见表 2-1）。[①]

表 2-1   音乐能力的构成

方面	音感	乐感
音乐感知觉	（1）音的高低的感觉 （2）音的强弱的感觉 （3）音乐的时间感觉 （4）音响向度感	（5）节奏感 （6）音色感 （7）协和感 （8）音量感
音乐控制	（9）音高的控制 （10）时间的控制 （11）音强的控制	（12）节奏的控制 （13）音色的控制 （14）音量的控制
音乐记忆与想象	（15）听觉表象 （16）运动表象 （17）创造力想象	（18）记忆广度 （19）学习能力
音乐智慧	（20）自由音乐联想	（21）音乐反射能力 （22）一般智慧天资
音乐感受	（23）音乐审美能力 （24）对音乐的情绪反应	（25）在音乐中表现情感能力

如表 2-1 所示，音乐能力是由许多能力构成的。而所谓音乐感，则应分为音感和乐感。音感是指对孤立的音响的感觉能力，而乐感则是指对音乐中的音响

---

① 捷普洛夫 . 音乐能力心理学［M］. 孙晔，译 . 北京：人民音乐出版社，1990：69.

的组织能力，这既是对构成音乐的各种基本秩序，诸如调式、旋律、和声等音乐要素的知觉把握能力，也是对音响符号所组成的"密码的破译能力"，这也是个体进行音乐审美体验的基本能力。[①]

二、幼儿音乐能力的内涵

幼儿音乐能力主要包括两个方面的含义：感受音乐美的能力和表达音乐美的能力。音乐感受能力是音乐听觉能力和节奏感的综合。音乐听觉能力即指幼儿在教师的引导下通过聆听，分辨乐音的高低、长短、强弱、音色、调式、曲式等特征，感知与辨别乐音的这些外部表面特征，进而在不同层次和范围感知、领会、想象、思考不同音乐艺术形象和思想内容的能力。节奏感是指感受和体验节奏在音乐艺术中的情绪表现，感受节奏美的能力。就开始表现的年龄而言，音乐表达能力可能表现得比其他任何能力都早。最初的音乐活动动机对幼儿来说是一种交流的倾向，幼儿渴望通过声音的变化和强烈的身体动作来向人们传递信息，表达自己的喜怒哀乐。

幼儿的音乐能力可以分为歌唱能力，随乐运动能力，奏乐能力和音乐欣赏能力。

三、幼儿音乐能力形成和发展的条件

（一）先天遗传是音乐能力形成和发展的前提

心理学家发现，音乐能力和遗传有很大的关系。现代医学研究表明，大脑颞叶和听觉功能有关，颞叶较大者往往有较强的音乐听知觉能力。遗传学家还对音乐史做了研究。统计材料显示，音乐家大多数出生于音乐世家，如"巴赫家族"[②]就是出现了 52 位音乐家的德国著名音乐世家。而美国心理学家加德纳（也译作加登纳）的一项测试也表明，父母均从事音乐职业，其 2/3 的后代也有音乐天资，而父母均无音乐才能的，其子女只有 1/4 从事音乐工作的可能性。[③]先天的遗传因素虽然是形成音乐能力的前提，但它却只是为音乐能力的发展提供了可能性，想要真正形成音乐能力，还必须依靠另外的条件——良好的环境熏陶和适当的音乐教育。

（二）良好的环境熏陶是音乐能力形成和发展的必要条件

医学研究证明，6 个半月的胎儿就已经具有听音的能力，出生 4 周的婴儿就对音响有感觉和反应。因此，幼儿成长的环境中是否经常有音乐，以及家庭成员

---

① 林华.音乐审美心理学教程［M］.上海：上海音乐出版社，2005：172-180.
② "巴赫家族"是德国著名音乐世家，从 16 世纪中叶开始到 19 世纪末的 300 多年中，这个家族共出现了 52 位音乐家。这个家族从巴赫的高祖到孙子共七代人，从事音乐事业的多达 78 人，卓有成就的有 14 人，最杰出的音乐家是约翰·塞巴斯蒂安·巴赫。
③ 加登纳.艺术与人的发展［M］.兰金仁，译.北京：光明日报出版社，1988：68.

和幼儿园的教师对音乐的态度和他们参与音乐活动的频率与音乐素养，都是影响幼儿音乐能力形成和发展的重要因素。

然而，音乐能力的形成和发展单靠良好环境的熏陶也是不够的，有目的地进行适当的音乐教育，是音乐能力形成和发展的关键因素。它比环境中无意的影响更有效也更具有系统性和科学性，后天适当的音乐教育可以促进幼儿音乐能力的形成，为幼儿终身喜爱音乐打下良好基础。

（三）适当的音乐教育是音乐能力形成和发展的关键因素

现代教育思想认为每个人都有与生俱来的对音乐的感受能力，但音乐能力的发展却是通过后天的学习和教育获得的。即便是一个具有很高音乐天赋的幼儿，若将其放在一个没有音乐的环境中，从来不进行音乐教育活动，或处在一个消极、被动的学习状态中，都会使其逐渐丧失对音乐的兴趣，天赋日趋消失。而将一个音乐天赋一般的幼儿放到良好的音乐环境中，由具有良好音乐素养的教师加以正确的引导，培养他对音乐的兴趣，就会使他的音乐能力得到充分的发展。在适当的音乐教育活动中，幼儿通过听、唱、演奏、表演等过程的体验，音乐听觉能力、音乐控制能力、音乐想象能力和音乐表达能力会得到锻炼和发展，良好的先天素质才能转化为音乐能力。因此，适当的音乐教育是后天音乐能力发展的关键因素。

综上所述，我们也可以这样理解：幼儿的音乐能力是在先天遗传素质的基础上，在环境和教育的影响下所获得的感受和表达音乐的能力。幼儿对音乐的感受和表达能力是通过一系列音乐活动表现出来的，幼儿在倾听音乐、随乐律动、歌唱和演奏的活动过程中充分显示了他们对音乐感受与表达的能力水平。

第二节　幼儿歌唱能力的发展

就像说话一样，歌唱是幼儿的一种自然活动，也是幼儿最常见、最喜爱的音乐形式。在愉快的歌唱活动中，幼儿不仅能获得充分的成就感和满足感，也能通过这种简单的方式有效地表达自己的情感和体验。正如俄国作家契诃夫所说，歌声是太阳，没有歌声的生活就像没有太阳的生活一样苍白、淡化。纵观音乐教育的历史，我们就会发现歌唱在音乐教育中的重要地位，通过歌唱所学习到的音乐知识在某种程度上比通过乐器学习到的音乐知识更容易内化为音乐素养，因此培养幼儿乐于歌唱，发展幼儿的歌唱能力是幼儿园音乐教育中非常实际和有效的途径。

一、幼儿歌唱能力的发展特点

幼儿的歌唱能力与语言能力有着非常密切的关系。有研究表明，"咿呀"学说话的婴儿其实就开始了"咿呀"学唱。甚至国外的研究者还发现 1 岁左右婴儿的"呀呀之歌"也是有音高变化的，并被研究者称作"本能歌"。这种音调是世界性的，不受文化的影响，以下行小三度为主。到 2 岁左右，幼儿会努力模仿成人的音高，唱简单的句子，并不断重复。我们常常发现幼儿园托班或小班的幼儿唱歌音调不准，这往往与家人或教师在唱歌时不能清晰、速度较慢地唱歌有关，因为这一阶段的幼儿在模仿歌唱时，往往是听了很多遍逐渐记住后才会开口唱。因此，幼儿的歌唱能力与听辨能力和感受能力是密切相关的。虽然人类拥有结构精巧、音色美丽的歌唱器官，但是歌唱能力还需靠后天的学习逐步获得。

二、幼儿歌唱能力的表现

关于幼儿的歌唱能力，许多学者都做了详细描述，综合起来一般包括以下四个方面：

（一）音准与听辨能力

研究表明，对音准的把握能力是幼儿歌唱能力中发展较慢的一种能力。在唱歌时，想唱准音高，首先必须具有听辨音高的能力。很多时候由于教师范唱的不规范，幼儿就会出现唱跑调的情况。其次，幼儿还要对自己的发声器官进行精确的控制并对所唱出的声音进行一定的辨别，因此幼儿在歌唱时出现的音准问题是由多方面原因造成的，需要教师和家长富有耐心，在范唱的时候尽量放慢速度，将旋律和歌词正确、清晰地演绎出来，并且给幼儿充分的学唱时间。在幼儿的音准训练中还需要注意的是，教师要根据幼儿的年龄特点和音域的范围来选择歌唱的内容，并设计适当的音乐教育活动。幼儿的发声器官在整个学前阶段都处在生长发育的状态，声带短小而柔嫩。如 2 岁幼儿的音域大概在 $c^1 \sim g^1$；3～4 岁幼儿的音域一般在 $c^1 \sim a^1$，其中最舒服的声音是在 $d^1 \sim g^1$；4～6 岁幼儿的音域会有所扩展，大概是 $b \sim b^1$，有的幼儿可以唱到 a 和 c^2。因此，教师在选择歌曲的时候首先要关注歌曲的音高是否适合幼儿的音域。教师还应该在幼儿能适应的音域之内为歌曲确定合适的调性。一般来说，幼儿的歌唱学习应该先从相对较窄的音区范围开始，逐渐向两边扩展。另外，幼儿不适合唱旋律起伏变化过大的歌曲。对于幼儿来说，下行音程比上行音程容易掌握；而对于音程的范围来说，比较容易把握的是三度音程，其次是纯四度音程、纯五度音程。而小二度和六度以上的广音程比较难唱准。由此可见，学前阶段的歌唱内容，除了要注重歌曲的音域范围外，还要选择旋律比较平稳的歌曲，其中特别要注意的是歌曲中的音程跳进不宜过多，跳进的跨度也不宜过大。

关于歌曲中的节奏，主要是指演唱中歌词时值的长短以及歌曲的节拍和速度。学前阶段的歌曲节奏应该与幼儿的生理活动，如呼吸、心跳等相适应。一般选择四分之二拍、四分之三拍和四分之四拍的歌曲，歌曲的节奏也应多由二分音符、四分音符和八分音符组成。其中，4 岁以下幼儿应多采用中速（即行板）来演唱，4～6 岁幼儿可选择一些节奏较轻快或风格不同的歌曲，甚至还可适当选择由附点音符、十六分音符，以及弱拍起的稍微复杂的节奏的歌曲来提高幼儿的歌唱能力。

（二）歌唱的技能技巧

歌唱的技能技巧包括姿势、呼吸、发声与咬字等方面。

1. 姿势

常见的唱歌姿势有两种：坐姿和站姿。坐着唱歌时，教师应该要求幼儿身体坐直，双手自然放在腿上；站着唱歌时，幼儿应该身体直立，全身有控制的放松，双手自然下垂。唱歌的姿势以不影响呼吸畅通为原则。

2. 呼吸

3 岁前，幼儿的肺活量比较小，呼吸短促，唱歌时还不能很好地控制气息，不能根据乐句的需要来换气，歌声听起来断断续续的；并且速度太快或太慢的歌曲他们都唱不了，节奏过于密集或过于舒缓的歌曲也难以胜任。3 岁以后，幼儿能逐步学会使用较长的气息，并且能够在教师正确的引导下学会使用简单的呼吸方法来唱歌，即急吸缓呼地唱歌，不耸肩，根据歌曲的乐句在适当的地方换气。

3. 发声与咬字

音质优美是歌唱的基本要求，幼儿应该学会用自然好听的声音来唱歌。这里"自然好听的声音"就是在说话的基础上放松地唱歌。研究发现，幼儿在非压抑的情况下，自由、自然的歌唱所发出的声音往往比较舒适、美好，而且"跑调"的情况也会大大减少。所以，教师应尝试从"轻声人手"引导幼儿歌唱，让幼儿在没有心理负担和技术负担的情境下熟悉歌曲，幼儿就自然会出现明亮、美好、富有感染力的歌声。这时要注意防止幼儿大声喊唱，这种声音往往是在非自然的过度紧张的状态下发出的，不仅会损伤幼儿嗓音，而且带给欣赏者的整体审美感觉也不舒适。

除了优美的音质，清楚的咬字也是歌唱不可缺少的技能。咬字与吐字的技能不仅对歌唱内容表达的清晰程度十分重要，而且对歌唱情感的体验和表达也有很重要的意义。对于幼儿来说，咬字不清楚的原因一般是口齿和发声器官配合不当以及对歌曲的词意不理解。为帮助幼儿获得正确的咬字、吐字方法，教师应该在范唱时做出正确的示范，特别是应该尽量直接面对面地对着幼儿歌唱，或带着幼儿歌唱，而少用收音机、播放器等电子设备。对于年龄偏小的幼儿，教师可以采用清唱或用略夸张的口型歌唱，尽量避免造成幼儿对歌词的误解。

（三）音乐表现能力

歌唱是人类表达复杂情感的一种直接的艺术方式。幼儿歌唱的音乐表现能力一般是通过歌声的高低、强弱和速度变化以及面部表情反映出来的。在幼儿最初的歌唱活动中，让幼儿在说话的基础上放松，用美好、自然的声音唱出歌曲的高低、长短和强弱就可以。在歌唱活动中，切忌为了增强视觉效果，让幼儿大声喊唱，或做一些夸张、造作的动作。这样不仅会造成幼儿不舒适的整体审美感觉，还会使欣赏者感到不舒服。因此，教师应该从轻声入手，帮助幼儿在唱歌时学会有控制的表达情感。

（四）协调能力

在幼儿园集体歌唱活动中，幼儿能够将自己的歌声和谐地融入集体的歌声之中，不让自己的声音突出在集体的歌声之外，并能够和琴声或其他伴奏的音乐以及自己演奏的打击乐器保持一种相互和谐的关系，也是一种重要的歌唱能力。在良好的教育引导下，随着幼儿参与集体歌唱活动的经验逐步积累，在较短时间内，幼儿即可主动调整自己的声音，尽量与集体一致。一般情况下，接受一年幼儿园教育的幼儿基本能够做到在音量、速度和音高上与集体相一致，并且能够聆听伴奏音乐，与集体同时开始和结束。而经过两年以上良好幼儿园教育的幼儿，在集体歌唱活动中可以具有较强的与同伴合作协调的意识，不仅在歌唱时会较多地注意自己的声音和表情的协调，主动控制自己的声音，而且也会有意识地注意与他人的交流。同时，还能掌握独唱、齐唱以及简单的二声部合唱歌唱形式。

三、培养幼儿歌唱能力的方法

培养幼儿歌唱能力首先要从歌曲的分析入手，教师首先分析歌曲的音域特点、结构，通过多次为幼儿翻唱、范唱，帮助幼儿熟悉旋律，了解歌词，再给予幼儿自己歌唱的机会。在这个过程中，教师需要激发幼儿学习歌曲的兴趣；在幼儿自己开始尝试演唱歌曲时，教师要逐渐减少示范，并给予幼儿歌唱美感的启发；多种方式的练习，让幼儿不知不觉地重复歌曲，最终能够独立演唱。常见的培养幼儿歌唱能力的方法有以下几种：

（一）分析歌曲的结构和歌词的内容

教师首先应关注歌曲结构，如有没有主歌和副歌，是问答式还是起承转合的结构等。并在歌曲中找到规律；歌词可以根据幼儿的情况进行替换或者将歌词变简单，支持幼儿首先感知旋律。教师可以先找出歌曲结构中的封闭部分（不能改动）和开放部分（可以替换），让歌曲有更多可以探索的空间。在这个过程中，教师可以先把歌词的记忆负担降下来，让歌词变得更有开放性。教师应循序渐进地帮助幼儿与歌曲联结，教师在其中只起到引导的作用。

（二）为歌曲创设合适的情境

教师可以尝试把歌曲放置在情境中来设计歌唱活动。例如，我们可以将歌曲放在一个情境中，这个情境里有谁？为什么？怎么样？在哪里？什么时候？这样一来，歌曲就嵌入了一个故事，在故事情节的推动下，教师和幼儿就可以有多次歌唱的理由。

（三）将游戏嵌入歌唱活动的过程中

在歌唱活动中，培养幼儿的倾听能力也是十分重要的，只有耳朵听得准才能清晰准确地唱出来。倾听需要反复练习才能逐渐积累经验，因此在歌唱活动中适当增加游戏会激发幼儿的兴趣，如大班歌唱活动《冬天的花》，教师利用多媒体课件，请幼儿点击九宫格里的不同数字猜冬天开放的花来激发幼儿歌唱的兴趣；中班歌唱活动《小猴真淘气》，在寻找小猴的过程中，教师利用了点兵点将游戏，使幼儿不知不觉地重复歌曲，在游戏中轻松地学习演唱。

第三节　幼儿随乐运动能力的发展

随乐运动能力是指幼儿在进行随乐韵律活动的过程中，动作与音乐协调一致的能力，这种能力是建立在自由地运动身体和敏锐地感知音乐的基础之上的。动作与音乐协调一致是幼儿期非常重要的一个发展领域，也是一项需要通过多次练习才能逐渐形成的能力。这项能力的形成对幼儿未来身体动作的协调性、音乐感受能力以及注意力的集中都会有很大的促进作用。

一、幼儿随乐运动能力的发展特点

对于人类的生理发育而言，动作是人类对生活的第一个反应。婴儿主要通过感官和身体动作来探索周围的世界，从出生到6个月，婴儿就已经可以用动作寻找声源。例如，当我们在婴儿的旁边用玩具发出响声时，婴儿就会转向有声音的一边，有时还会扭动身体、手舞足蹈，甚至用他们的手或脚去碰击能发出动听声音的玩具。但这些动作只是婴儿的一种本能反应，是全身性的、比较笼统和粗糙的。由此可见，幼儿的动作是从整体到具体、从粗糙到精细、从未分化的不随意阶段逐步向初步分化的随意阶段发展的。一般2岁左右的幼儿能自如地行走、爬、滑、滚、拍、推、拉等，以及做一些较细小的动作，如玩简单的玩具、用嘴吹气等。到3岁左右，大多数幼儿就已经基本掌握了拍手、点头、摇头、晃动手臂，用手拍击身体部位等非移位动作，并能伴随着节奏鲜明的音乐自发地点头、跳跃、转圈、摇摆等。3岁以上的幼儿，随乐运动能力有了较大的发展，他们一般能较好地跟随音乐控制自己的动作。此外，随着动作与音乐协调能力的逐渐提高，这一年龄段幼儿的节奏能力也随之逐步发展起来，表现在对能发出好听声音的玩具或乐器产生一定的兴趣，有意识地去敲击、演奏。良好的音乐教育会为幼儿以后的乐器学习和节奏能力的发展打下良好的基础。

在幼儿园阶段，幼儿随乐运动能力的发展大致经历以下几个阶段：

3～4岁的幼儿从不能注意音乐的进行，仅把音乐作为一种行动的指令，发展到能逐渐有意识地、合拍地做动作，在教师的指导下还能模仿小兔子跳、大象甩鼻子等律动动作。参与随音乐做动作活动时，他们能够在教师的引导下逐步有意识地注意音乐的进行，并努力使自己的动作与音乐节拍一致，如按照音乐的节拍拍手或拍腿。

4～5岁的幼儿能够更有效地控制肌肉活动，动作更加轻松、灵活，随着音乐做动作的经验也更加丰富，他们不仅对动作本身感兴趣，而且对用动作来表现音乐更有兴趣。在教师有效的引导下，4～5岁的幼儿能根据音乐的变化用相应的动作来表达对音乐的感受。例如，音乐速度加快则动作加快，音乐速度渐慢则动作也放慢；音乐是连贯、平稳的，动作也做得连贯、平稳；音乐是活泼、跳跃的，动作也做得活泼、跳跃。

5～6岁的幼儿的动作已经完全能和音乐一致，大部分幼儿都能感觉到音乐的基本节拍，做动作时能很快抓住音乐的基本节拍，随着拍子的快慢或渐快渐慢而改变动作的速度，并能在动作中体现出二拍子和三拍子的节拍重音。例如，在跟随进行曲走步时，5～6岁的幼儿能够根据教师的要求，左脚踏在重拍上；在四分之四拍或四分之三拍的音乐中，他们能够运用动作表现出重拍。

二、幼儿随乐运动能力的表现

身体的协调性是幼儿顺利进行音乐、舞蹈等活动所需要的一种动作能力。在音乐学习中，幼儿若拥有这些和音乐相协调的动作能力，就会大大加强对音乐的感受能力和表现能力。这种随乐运动能力表现在[①]：

（1）身体各部分之间以及身体与头脑之间能够保持基本的协调性；

（2）身体运动时能够与音乐保持基本的协调性；

（3）身体运动时能够与他人保持基本的协调性；

（4）身体运动时能够与周边环境中的物体以及空间保持基本的协调性。

将音乐表现中的音响力度、速度、音色的对比变化等要素与幼儿运动时的能量、空间、时间融合在一起，能使他们具有联系和体验音乐情绪的能力。因此对幼儿随乐运动能力的培养应该基于"实践先于理论"的原则，即让幼儿首先在身体动作中对音响力度、速度、音色等要素和音乐情感加以体验，然后再学习音乐的知识与规则。并且这种体验应该以音乐与身体运动相结合的节奏运动为基础。

三、培养幼儿随乐运动能力的方法

培养幼儿随乐运动能力首先要从音乐本身入手，先让幼儿聆听音乐，再引导

---

① 卫卡特. 动作教学：幼儿核心的动作经验［M］.林翠湄，译.南京：南京师范大学出版社，2006：169.

他们通过身体运动去接触音乐的各种要素。通过身体的运动、表现，使得音乐要素变成幼儿可以看得见的身体运动。其目的是更好地培养幼儿对音乐中节奏韵律的感受力，对音乐中情绪的体验以及对运动的平衡、协调能力。在幼儿园的音乐教学中，常见的培养幼儿随乐运动能力的方法有以下几种：[①]

（一）让幼儿边唱边做

在歌唱活动中，教师让幼儿边唱边随着音乐做动作或打拍子，不但有助于学习歌曲，同时也能帮助幼儿了解音乐与动作的关系，促进幼儿主动把握音乐和动作的关系，发展动作的随乐性。这是一种非常有效和常见的方法。

（二）让幼儿在熟悉的音乐中做动作

对于熟悉的音乐，幼儿的负担会小一些。在熟悉的音乐中，教师可以让幼儿根据音乐的节拍、速度、力度等要素做一些简单的声势练习，也可以帮助幼儿通过动作来巩固对音乐结构的认知，如乐句、曲式等。如在 2018 年第十一届全国幼儿园音乐教育观摩研讨会，陕西省选送的课例"营救机器人"中，教师引导幼儿利用动作的变化来体现音乐中的乐句，同时帮助幼儿用动作的速度、力度的变化来体验音乐中相应的速度及力度，获得了非常好的教学效果。

（三）注意培养幼儿对音乐的注意能力及反应能力

培养幼儿具有集中注意和迅速反应的能力对于音乐的学习非常重要，随乐韵律活动就是帮助幼儿通过直接的身体体验来发展听觉并了解音乐的本质的。教师要帮助幼儿建立动作与音乐相协调的追求。因此，教师在教育活动中要注意启发幼儿对音乐的想象，并注意音乐和身体动作的关系，对所感受到的声音的细微的差别作出动作上的反应和表现。需要注意的是，在此类活动的组织中，切忌将音乐仅仅当作背景或伴奏（这种错误在教学实际中非常容易出现），而是要将音乐作为一种激发幼儿动作的力量和源泉。因此，教师可以从无声、有声、开始、结束、快慢、强弱等音乐的基本要素入手，逐步引导幼儿注意自己的动作与音乐是否协调，帮助幼儿主动意识到自己的动作与音乐的情绪、风格、结构是否协调一致。

第四节　幼儿奏乐能力的发展

虽然人声是世界上最美的声音，但由于人的生理局限，人声在音色、音域、音量等方面还有很大的限制。因此，人类发明了乐器，乐器声成为人声的扩展和延伸。由于演奏主要需要大肌肉的运动，对于精细的小肌肉运动能力处在发展初期的幼儿来说，打击乐器是他们最容易掌握的乐器。因此，对于幼儿来说，奏乐

---

① 许卓娅. 学前儿童艺术教育［M］. 上海：华东师范大学出版社，2008：89.

能力主要是指掌握和运用打击乐器的能力。打击乐器的演奏，不仅能够帮助幼儿初步掌握乐器演奏的一般知识，而且能够促进幼儿对不同材质乐器的音色、短小乐曲的曲式结构的掌握以及多声部织体表现能力等。同时，在帮助幼儿形成基本的合作意识、探索创造的能力，增强幼儿的纪律性和秩序感等方面，也有非常重要的作用。

幼儿奏乐能力的发展可以从以下几个方面来说明。

一、对打击乐器的操作与控制能力

打击乐器的操作与控制能力主要是指幼儿运用打击乐器奏出特定音响的能力，如对不同打击乐器的音色的认知能力、对乐器演奏方法的掌握以及探索能力等。幼儿天生具有探索周围环境的好奇心。因此，在演奏活动中，教师应当为幼儿提供能够自由地对各种材质的打击乐器进行探索的机会，帮助幼儿积累对各种打击乐器音色的经验。教师可以做以下尝试：

（1）探索同一种乐器发出不同的声音，如用小棒敲击小鼓的不同部位，发出不同的声音等；

（2）探索不同材质的乐器发出的声音，如将木质乐器和皮质乐器发出的声音进行对比，并描述出来；

（3）探索乐器的不同演奏方法，如尝试用乐器的不同声音来扮演不同角色等。

二、在奏乐活动中发展幼儿的随乐运动能力

这里的随乐运动能力是指幼儿在演奏打击乐器的过程中使奏出的音响与音乐协调一致的能力。所谓协调一致，是指幼儿在奏乐活动中，按照音乐的节拍、旋律、速度等要求，熟练地运用打击乐器演奏，并与音乐的变化协调一致。奏乐活动可以帮助幼儿在演奏打击乐器的过程中，提高感知音乐在时间流动中不断变化的能力以及对音乐要素的敏感性，并逐渐形成随乐的意识，进而学会看指挥手势而随乐演奏。

这里需要注意的是，教师要根据幼儿的年龄特点为他们选择合适的乐器和适当的音乐材料。

（一）选择乐器的原则

（1）乐器的音色要纯正；

（2）乐器大小及重量要适合幼儿；

（3）乐器的演奏方法要适合不同年龄段幼儿小肌肉运动能力的发展。

（二）选择音乐材料的原则

（1）小班幼儿演奏活动的音乐材料最好是节奏简单、结构短小的单一部的歌曲或乐曲；

（2）中班、大班幼儿奏乐活动的音乐材料可以根据实际情况选择节奏比较复杂的乐曲，可以选择两段体结构或单三部曲式的音乐；

（3）教师还可以根据幼儿的实际情况，对乐器的音色进行探索，开展一些用乐器讲故事或即兴演奏等创造性较强的活动。

三、在奏乐活动中发展幼儿的合作协调能力

奏乐活动中的合作协调能力主要指幼儿在演奏过程中能够注意倾听自己、同伴、集体的演奏，并努力使一个人、每一声部的演奏都能服从整体音响形象的塑造要求。[①] 幼儿形成合作协调能力的基础是：对各种音响关系（个人演奏音响、声部音响、整体音响）的倾听、判断、调节能力。而这些能力的养成是在"听""看""合作"的活动过程中逐渐形成的。

（一）"看"的能力

"看"的能力主要是指看指挥的动作以及看图谱的能力。如看指挥的手势整齐地拿放乐器；演奏时眼睛注视指挥，按照指挥的手势进行正确的演奏；注意力集中，不做与演奏无关的事情等。

（二）"听"的能力

"听"的能力主要是指仔细倾听自己与他人演奏的声音是否协调一致，以及听自己的演奏是否与音乐协调一致的能力。

（三）"合作"的能力

幼儿园奏乐活动的主要目的之一就是通过集体乐器的演奏帮助幼儿学习如何与他人沟通、与人合作。幼儿在进入幼儿园之前很少能有机会参加集体活动，获得与他人和同伴合作的经验。幼儿园的集体奏乐活动能够帮助幼儿形成与他人合作的意识，初步体会到与同伴合作以及与音乐协调一致的喜悦。由于集体演奏活动不能由某个幼儿单独完成，因此，在这样的活动中更能促进幼儿与他人进行情感沟通。

总之，幼儿通过奏乐活动，可以积累一定的打击乐器演奏的经验，初步形成运用打击乐器进行自我表现的能力。

第五节 幼儿音乐欣赏能力的发展

瑞士音乐教育家达尔克罗兹说过：音乐教育的终极结果在于培养幼儿歌唱及欣赏的审美情感。其中欣赏是音乐艺术中最令人神往和欣慰的，这不仅让幼儿也

---

① 许卓娅.学前儿童音乐教育［M］.北京：人民教育出版社，1996：49.

让成人在其中体验到人类创造音乐的共同情感。[①] 音乐欣赏是人们反复倾听音乐的音乐活动。培养幼儿的音乐欣赏能力，首先要给幼儿创造良好的氛围，让他们有欣赏音乐的兴趣和愿望。其次要在教师恰当的引导下，帮助幼儿获得感知音乐的音响并从中获得积极体验的能力。在音乐欣赏能力的发展过程中，兴趣、愿望与能力的发展是一种相辅相成的关系：音乐欣赏的能力越强，音乐欣赏的兴趣和愿望也会越强；音乐欣赏的兴趣和愿望越强烈，就越可能主动去寻求更多的音乐欣赏机会，从音乐欣赏活动中得到的收获也就越大。

一、幼儿音乐欣赏能力的发展特点

（一）对音乐情绪性质的感受

3～4 岁的幼儿还不容易理解音乐的情绪性质，他们在欣赏音乐时，引起注意的往往是表现主题思想的一些特殊性因素，如模拟性的前奏、尾声，形象的、具有描绘性的伴奏音型等。但是，当他们听雄壮有力的进行曲、柔和优美的摇篮曲或欢快活泼的舞曲时，尽管还不能用词汇来说明它们之间的区别，却能在伴随音乐做动作中反映出这些音乐在情绪性质上的差别。例如，在听进行曲时精神抖擞地走步，在摇篮曲音乐伴随下温柔地做拍娃娃睡觉的动作，在舞曲声中高兴地拍手等。然而，如果进行曲与舞曲的音乐特点不鲜明，3～4 岁的幼儿区分起来仍然会感到困难。

4～5 岁的幼儿已经能够欣赏内容较为广泛，情绪性质、风格较为多样的音乐作品，分辨音乐情绪性质、体裁、风格的能力也大大提高了。对一些内容熟悉的、形象性强的，如表现熊走、兔跳、鸟飞等动物活动的乐曲他们能很快地识别，对不同体裁的进行曲、摇篮曲、舞曲也能有正确的感受，他们可以借助图片或动作做出正确的回答。

5～6 岁的幼儿不再需要借助图片或动作，可以直接用语言来表达他们对音乐的情绪体验和感受。他们已经懂得音乐作品会表现出一定的情绪、情感和思想内容，不仅能够正确辨认熟悉的音乐作品的情绪性质，而且能够感知音乐作品中的各个细节部分，对音乐形象鲜明的同类作品的归类已不再感到困难。

> **▶认识儿童**
>
> 　　当 5～6 岁的幼儿听过一定数量的少数民族舞曲，如维吾尔族、朝鲜族舞曲之后，再欣赏类似风格的新作品，就能清晰准确地分辨出它是哪个少数民族的舞曲。他们还掌握了若干表现音乐情绪的词汇，在用语言表达自己的感受时，还会用许多自己想象出来的内容和情节加以解释。

---

① 杨立梅.达尔克罗兹音乐教育理论与实践［M］.上海：上海教育出版社，1999：25.

（二）对音乐基本表现手段的感受

3～4 岁的幼儿能辨认音乐作品中速度的变化，他们的动作能随着音乐速度的变化而变化。他们能听出用力打三角铁与轻敲小铃在力度上的明显对比，但对感知音乐中力度的变化还有一定的困难。对音区的变化只能大致地听出高音区和低音区音高的不同，感知音乐变化的能力还不稳定。例如，《小鸟的歌》（李重光曲）乐曲旋律在高音区进行，力度中等，音色清脆、明亮；《大象走》（马革顺曲）乐曲旋律主要在低音曲进行，音色低沉，速度缓慢，力度较强。3～4 岁的幼儿最初在欣赏这两首乐曲时，常常不能区分哪首乐曲音调高，哪首乐曲音调低，更不能辨别因音区不同和演奏不同而造成的音色上的差别。

4～5 岁的幼儿能够区别音乐中明显的速度变化，能听出小马跑出去时音乐越来越快、小马跑回来快到家时音乐渐渐地慢了下来的这种渐快渐慢的变化。在欣赏音乐力度对比鲜明的音乐时，能较轻松地指出音乐力度的变化，能听出火车由远处开来了、又走远了的这种音乐在力度上的由轻到响、又由响到轻的渐变的过程。在对音高的感知方面能听出相隔一个八度的音高上的不同，但是常常容易把强音和高音、弱音和低音机械地联系起来，因而很难理解和区分弱的高音和强的低音。通过系统的、正确的音乐欣赏指导和一些有趣的音乐欣赏活动，4～5 岁的幼儿还能感知一些简单的曲式。

5～6 岁的幼儿对音乐作品中速度、力度、音区的变化都能够清楚地加以辨别。例如，他们在欣赏《狮王进行曲》（圣-桑斯曲）时，听到在高音区进行的活泼跳跃的旋律，能理解音乐是表现灵巧的小动物，如小猴或小兔等，而听到低音区进行的低沉而缓慢的旋律，能知道是表现狮王的音乐。

不同年龄段幼儿对音色的辨别能力较为平均，基本上能够区分出教师及班上每个幼儿的不同音色，对音乐中的男声、女声、童声都能有所区别，还能区分一些熟悉的乐器的音色。

二、在音乐欣赏活动中发展幼儿音乐欣赏能力

（一）选择良好的音乐作品

音乐是人类情感的载体，是人类相互交流的一种非语言方式，每一个幼儿身上都具有一定的音乐潜能，音乐欣赏是挖掘幼儿身上原有的音乐潜能的一种非常好的途径。美国音乐教育家雷默曾说过：音乐的感受是教不会的，但莫扎特、贝多芬的音乐会教给孩子们应感受什么，教师的责任只需搭个桥，引导孩子们走进音乐里面即可。[①] 因此，教师应该尽量为幼儿选择公认的优秀音乐作品，为幼儿提供直接与音乐大师对话的机会。

---

① 雷默.音乐教育的哲学［M］.熊蕾，译，北京：人民音乐出版社，2003：113.

（二）引导幼儿利用多种感知觉通道对音乐进行感知与体验

与传统的音乐欣赏中教师注重向幼儿讲解音乐相比，利用表演、动作、图谱、故事等调动幼儿多种感知觉通道来欣赏和体验音乐，并且提供与同伴和教师交流对音乐的体会的机会，有利于幼儿更全面、更丰富、更深刻地认识和理解音乐。

（三）引导幼儿用不同的方式表达对音乐的感受

人的感受和表达活动经常是整体性的，因此幼儿在运用不同的方法和途径对音乐感知的结果进行表达时，实际上是对音乐感受的一种反思和提升。所以，在音乐欣赏活动中，教师应该利用这一点来设计教育活动，让幼儿有更多机会运用自己熟悉的方法表达对音乐的感受。

另外，培养幼儿的音乐欣赏能力离不开教师的引导和良好的活动设计。一般来说，教师在设计音乐欣赏活动时需要注意以下三点：

1. 严谨的课程结构设计是保证音乐欣赏活动顺利开展的关键

教育活动的设计就像盖房子一样，应该有严谨的结构。从什么地方开始"搭建"，如何"搭建"，都需要精心的策划和组织。面对活动中的音乐材料，教师首先应该审视材料中蕴含的音乐知识与技能；其次应该思考这些音乐知识与技能在该材料中的审美含义；最后，必须慎重地推敲这些材料在何种程度上操作。这样才能使这些具有审美含义的音乐知识与技能对幼儿产生有意义的挑战。

2. 创设良好的聆听环境是确保音乐欣赏活动顺利实施的基本条件

良好的聆听环境是确保音乐欣赏活动顺利实施的基本条件，嘈杂的环境会让幼儿的耳朵变得迟钝和麻木，从而很难辨别音乐中基本的要素。因此，在音乐学习中，教师要特别注重幼儿对音乐的基本感受和体验，幼儿只有在音乐活动中亲身参与、仔细聆听才能获得这些感受和体验。学会"聆听"不仅是一种良好的学习习惯，更是提高音乐欣赏能力的一个重要途径。

3. 让幼儿在可辨析的音乐秩序中发挥想象才是有效的音乐教育

想象力需要在一定的秩序和要求下才能发挥出来，没有目的和要求的想象会成为"空想的温床"。

总之，一个好的音乐教师首先应该对音乐语言有非常敏锐的感受能力和分析能力，能够明白曲作者的意图（音色、音高、情绪、意境、演奏方法），这样才能在拿到一个音乐材料时作出精细地分析，然后根据自己的分析和体会来设计教育活动。教师不仅自身要具备良好的音乐审美能力，还要将这种能力通过教育活动传达到幼儿身上，让幼儿在音乐活动的体验和感受中逐步提高对音乐语言的感受和审美能力。这就要求教师有良好的设计和组织教育活动的能力，要非常重视音乐教育活动的环节和顺序，明确教育目的，勿求泛而多，但求精而少。

思考与
实践

1. 什么是音乐能力？谈谈幼儿有哪些方面的音乐能力。

2. 联系实际谈谈幼儿园不同的音乐教育活动对幼儿音乐能力发展的意义和作用。

3. 尝试用"不同的打击乐器"为主题，分组创编声音故事，并相互交流。

4. 为《水族馆》（圣-桑斯曲）创编一个动作组合，并要求动作与音乐的结构协调一致。

推荐读物

［1］许卓娅. 学与教的心理探秘：幼儿园集体音乐舞蹈教学指南［M］. 南京：南京师范大学出版社，2006.

该书是一部关于幼儿园集体音乐舞蹈的教学指南，全书分为空间的奥秘和千姿百态的音乐两大部分，介绍了幼儿园集体音乐舞蹈教学相关内容，并提供了大量可供参考的教学实例。

［2］爱泼斯坦. 艺术智慧：幼儿园中的创造性艺术［M］. 唐小茹，齐鑫，译. 北京：教育科学出版社，2019.

该书是一部介绍高瞻课程体系中创造性艺术领域的重要著作。书中首先在理论部分阐述了创造性艺术教育的重要性、发展脉络和基本教学策略，特别是在案例中提供了艺术能力发展的线索、所需要的材料以及鹰架支持表。特别推荐阅读第一部分和第二部分的第五章和第六章，这些章节不但有一定的理论支持，还提供了大量的案例以及对案例的分析。

［3］卫卡特. 动作教学：幼儿核心的动作经验［M］. 林翠湄，译. 南京：南京师范大学出版社，2006.

动作协调是幼儿期最重要的一个发展领域，也是一项需要通过许多练习，积累经验才能逐渐形成的能力。该书提供了可供幼儿使用的核心经验，而且针对每一种核心经验也分别提出了各种趣味性的活动建议。

［4］徐韵，阮婷，林琳，等. 学前儿童艺术学习与发展核心经验［M］. 南京：南京师范大学出版社，2021.

该书是探讨儿童早期教育的"领域教学知识"系列丛书艺术教育分册。特别建议阅读该书的第一、五、六、七章，这些章节的内容有利于读者了解在幼儿园音乐教育中教什么、怎么教，以及教的对象的特点等问题。该书可以帮助读者认识和理解有关学前儿童音乐学习与发展的目标，并细化为日常开展音乐教育活动的具体要求，加强对幼儿音乐学习与发展核心经验的理解。

第三章　幼儿园音乐教育

本章提要

本章在第一节中探讨了本质论、工具论、生态观三种不同视野下幼儿园音乐教育中的教育观、师幼关系、教育定位及其对幼儿的影响；在第二节中阐述了幼儿园音乐教育对幼儿的审美能力、情感、身体、认知以及个性、社会性等方面全面和谐成长的重要意义；在第三节中简要介绍了达尔克罗兹、科达伊、奥尔夫、铃木镇一等当今世界范围内影响较大的音乐教育体系的主要思想观点、教学方法与教学内容。

学习目标

1. 了解本质论、工具论、生态观视野下幼儿园音乐教育的定位及局限性，初步形成幼儿园音乐教育的正确定位。

2. 能理解并举例说明幼儿园音乐教育对幼儿全面发展的重要意义。

3. 了解当今世界范围内影响较大的四个儿童音乐教育体系的基本理论及教学方法，开阔音乐教育视野，能借鉴并尝试设计一些简单有趣的音乐游戏，为开展幼儿园音乐教育奠定良好的理论基础与实践经验。

第一节　幼儿园音乐教育的定位

音乐教育到底是为了什么？这是开展幼儿园音乐教育必须明确的一个本质问题。对幼儿园音乐教育定位的认识体现了教师的音乐教育观，直接影响着幼儿园音乐教育中师幼互动的过程与质量。

一、本质论视野下的幼儿园音乐教育——为了音乐的教育

本质论视野下的幼儿园音乐教育强调音乐教育的学科性价值，认为音乐教育就是要让幼儿学习各种音乐知识技能，传承音乐文化，培养未来的音乐人才。持本质论的音乐教育者重视幼儿在音乐学习与训练后的结果，忽视幼儿在音乐学习过程中的创造，在教学方法上主张根据音乐学科的知识技能体系，对幼儿进行循序渐进的教育培养，并以分析幼儿的学习结果作为评价的标准。本质论的这种观念与布鲁纳的结构主义教育理论及 20 世纪中期的学科运动有着直接联系，了解布鲁纳的思想有助于我们更全面地把握本质论及其视野下的幼儿园音乐教育。

（一）本质论的教育思想基础

美国在 20 世纪 60 年代进行了一次大规模的课程改革运动，改革的理论基础是由布鲁纳倡导的以了解科目基本结构为主旨的结构主义理论。在此理论的基础上，教育界逐渐形成和发展了本质论。

布鲁纳强调知识领域是独立存在的并可以认识的，"经验"或"事物"所具有的规律性的东西才是人们追求知识的根由。教材应该由记录这些规律性的东西构成；结构不是在材料内部发现的，而是"外加"进去的，是人所塑造的；知识可以由各学科的专家和学者来构成一个连贯的模式，并可以此构筑幼儿应得的知识。在这种认识论指导下，他指出：学校教育要以能力和智力的发展为教育目的，以学科的基本结构为教育内容，以动机、结构、程序、强化为教学四原则，以发现法为教学方法。

在布鲁纳教育思想的影响下，学科运动开始兴起，当英语、物理、化学等课程变成结构清晰的学科时，艺术教育研究者们也开始注意艺术的学科结构，艺术教育开始从重视"自我表现"和"创造性"转向帮助学生独立从事艺术学科结构的探讨，也就是教会学生如何学习艺术。本质论视野下的艺术教育观开始有所发展。在此背景下，强调音乐学科本位、音乐知识技能本位的音乐教育开始形成并流行开来。学校音乐教育工作者开始按照结构主义设计思想和技术来处理音乐知识、音乐概念、乐谱读写等教学内容，所有音乐知识技能都尽可能地被元素化、阶梯化和螺旋体系化，脱离作品、脱离审美的单纯性知识技能教学进入音乐课程

并占据了重要的位置。

（二）本质论视野下的幼儿园音乐教育

持本质论的音乐教育工作者认为，幼儿的音乐能力不是自然发展的结果，而是学习和教育的结果。受该教育观念的影响，幼儿园音乐教育比较重视对幼儿进行音乐知识技能的系统性培养。在幼儿园中，重视音乐知识技能的传授与学习的教育观念开始逐步盛行，幼儿园教师在开展音乐教育活动时大多采用了"灌输式"教育观。在这种教育观指导下，教师、幼儿与音乐材料之间的关系是这样的（图 3-1）：

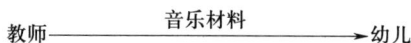

$$\text{教师} \xrightarrow{\text{音乐材料}} \text{幼儿}$$

图 3-1　本质论视野下教师、幼儿与音乐材料之间的关系示意图

教师带着音乐材料走向幼儿，教师与幼儿之间是一种"主体—客体"（I and it）的关系。教师是音乐知识技能的传授者与示范者，幼儿则是接受者与模仿者。

本质论视野下的幼儿园音乐教育强调幼儿对音乐知识技能的学习和标准化要求，忽视了音乐教育对幼儿的生命存在及其全面和谐发展的整体关怀，忽视了音乐教育的艺术审美价值，在一些歌唱、随乐韵律活动中，在对唱歌技巧、动作准确性的过分追求中，许多幼儿付出了兴趣的代价。幼儿的处境正如意大利教育家蒙台梭利所说的，"孩子们像被用针钉住的蝴蝶一样，牢牢地束缚在桌子上，无奈地伸展着贫瘠的和获得了些无意义的知识的翅膀"。

在这种音乐教育下，许多幼儿虽然唱得动听、跳得优美、弹得娴熟，却不会用音乐来表达自己的心声，甚至有的还对音乐充满了排斥和厌倦。尽管不少幼儿的音乐知识技能日益丰富，但他们的音乐兴趣却日渐缺失，音乐灵性不断消失，身心日益疲惫。而这正是法国哲学家蒙田曾经激烈抨击的那种"依赖式与乞丐似的才能"。他描绘了那种满是知识而无心灵教育的弊端：草木因太潮湿疯长而郁闷，灯儿因油上得太满而窒塞；心灵的活动也胶滞于过多的知识与钻研，因为既受着许多繁杂的事情所占据与羁绊，它必定失去自由行动的能力，而这些事物的重量也必定使它弯曲佝偻起来……我们只孜孜不倦地去充塞我们的记性，任我们的悟性与良心空虚。[①]

二、工具论视野下的幼儿园音乐教育——通过音乐的教育

工具论视野下的幼儿园音乐教育强调音乐的教育性价值，即把音乐当作一种教育工具，认为通过音乐教育可以促进幼儿的生长和发展。持工具论的音乐教育

---

① 肖川.教育的理想与信念 [M].长沙：岳麓书社，2002：2.

工作者重视幼儿在音乐教育过程中的创造与个性化的表现，忽视幼儿音乐创造的结果，在教学方法上主张顺应幼儿的自然发展，反对人为的外加干涉与教育，并以分析幼儿在音乐活动中的成长特征作为音乐教育活动评价的指标。工具论的这种观点与杜威的进步主义教育理论及 19 世纪末 20 世纪初的进步教育运动有着直接的联系，了解杜威的思想有助于我们更全面地把握工具论及其视野下的幼儿园音乐教育。

（一）工具论的教育思想基础

杜威是美国实用主义哲学家、教育学家和心理学家。在杜威看来，无论是正式教育还是非正式教育，实际上都在进行经验的改造，而改造经验必须与生活紧密结合，且能促进个人生长，因此杜威认为"教育即生活、生长和经验改造"。只有真实的生活才是幼儿身心成长和经验改造的正当途径，因而要把学校变成一种有控制的特殊社会情境，把课堂变成幼儿活动的乐园，教师的职责不再是传授知识，而是引导和指导幼儿参加各种实践活动，让幼儿在活动中由观察、接触、操作、实习而直接接触各种事实，获得有用经验，即"从做中学"。杜威摒弃了分科教学，反对传授各科知识，认为学校科目相互关系的真正中心不是科学，也不是文学，而是幼儿本身的社会活动。在杜威的教育观中，幼儿得到极大的重视和强调，教育的一切措施都应围绕他们进行组织。杜威曾经指出，幼儿是起点、是中心，而且是目的。幼儿的发展和幼儿的成长，就是理想教育之所在。对于幼儿的生长来说，一切科目知识都只处于从属地位，它们是工具，它们所以服务于生长的各种要素，不是知识和传闻的知识，而是幼儿的自我实现。

（二）工具论视野下的幼儿园音乐教育

持工具论的音乐教育工作者把音乐教育当作幼儿自然发展的工具，认为音乐教育的根本目的是促使幼儿自然发展；音乐教育要根据幼儿的兴趣和本性，教师不应有过多的参与或指导。在音乐教育活动中，幼儿可以随心所欲地进行各种音乐创造活动；在音乐教育计划中，音乐不一定需要独立，更多地可以与别的科目相结合，甚至成了服务其他科目的附庸。

在工具论视野下的幼儿园音乐教育中，教师大多采用了"园丁式教育"。[①]教师常常将幼儿看成正在发育的种子或幼苗。由于种子自身早就潜藏着发展程序、式样和步骤，其生命的每一阶段都注定有独特的表现。教师的任务就像园丁一样，为幼儿潜能的发展创造条件，使他以预定的程序发展起来。在这种教育观指导下，教师、幼儿与音乐材料之间的关系是这样的（图 3-2）：

这种教育观十分强调幼儿的主体性，认为幼儿园音乐教育主要是凭借幼儿的

---

① 滕守尧 . 艺术与创生［M］. 西安：陕西师范大学出版社，2002：14.

主观经验与感受，探索音乐、体验音乐，从而获得发展。教师仅是幼儿与音乐建立联系的条件与催化剂，不自然的教育与训练（他们认为绝大多数的音乐教育都是不自然、非科学的）只能抑制和破坏这种天赋的自然发展。一些儿童音乐教育家如美国的费尔阿班德、挪威的布约克沃尔德等认为，幼儿与生俱来具有一种以韵律、节奏和运动为表征的生存性力量和创造性力量，即"本能的缪斯"[①]，早期音乐教育的主要目标就是努力使幼儿与生俱来的音乐潜能尽可能少地被浪费，教师的作用就在于激活与唤醒这种天赋与灵性，让幼儿的音乐天赋自然生长、自由发展。

$$幼儿 \xrightarrow{\quad 教师 \quad} 音乐材料$$

图 3-2　工具论视野下教师、幼儿与音乐材料的关系示意图

"园丁式教育"是直接针对"灌输式教育"的弊端提出的，它突出强调了幼儿在音乐教育活动中至高无上的主体地位，十分重视音乐教育过程中幼儿的情感、态度等因素，重视幼儿对音乐的独特体验与情感世界的丰富。这无疑比较符合幼儿园音乐教育的本质，对幼儿的发展有着极为重要的积极意义，尤其在幼儿自发的音乐教育活动中，这种教育模式尤为合适。但同时，该模式也弱化了幼儿音乐教育的认知与智慧功能，忽视了教师在教育过程中正常、合理、积极的引导和促进作用，排斥了音乐活动过程中幼儿必要的知识技能的学习，加上实际操作过程中许多教师理论素质底蕴的不足，极易导致"放羊"现象的出现。其后果是幼儿与音乐材料不能发生积极有效的相互作用，音乐的审美感染过程无法真正完成，而幼儿的音乐兴趣的持久性也大打折扣，同时，一些幼儿还可能养成懒惰散漫、无所事事的不良习惯。因此，该教育观最终仍难以真正实现音乐的教育魅力与全面和谐的发展价值。

三、生态观视野下的幼儿园音乐教育

工具论与本质论在幼儿园音乐教育领域的论争集中反映在幼儿园音乐教育应以幼儿自然的审美能力激发还是以非审美的音乐知识技能教育为核心的问题上。随着 21 世纪生态文明时代的到来，生态与可持续发展已成为时代发展的主旋律，世界音乐文化进入一个多元共生和谐发展的阶段，"生态式"音乐教育观也应运而生。

"生态式"音乐教育观提倡教师与幼儿之间真正意义上的"人与人"之间的双主体互动关系，认为幼儿园音乐教育的过程就是教师与幼儿之间相互尊重、平等交往、积极互动、共同发展的过程，在幼儿园音乐教育过程中，教师、幼儿与

① 布约克沃尔德.本能的缪斯：激活潜在的艺术灵性［M］.王毅，孙小鸿，李明生，译.上海：上海人民出版社，1997：1.

音乐材料之间的关系是这样的（图 3-3）：

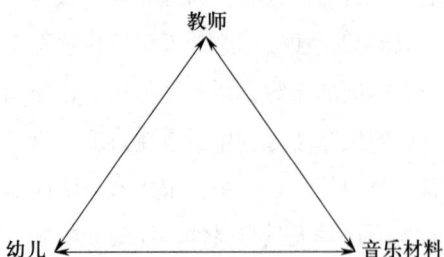

图 3-3 生态观视野下的教师、幼儿与音乐材料的关系示意图

　　在"生态式"音乐教育观中，教师、幼儿与音乐材料三者之间形成相对闭合的环形系统，相互作用、丰富和补充，教育过程中师幼双方是主体间"我—你"（I and you）的"人与人"的关系，是一种教师与幼儿双方在音乐艺术世界中的相互对话、包容和共享的关系。同时师幼之间的这种交互作用和影响不是一次性或间断性的，而是一个链状、循环的连续过程，师幼双方将形成一个真正的"学习共同体"。这种音乐教育观克服了上两种音乐教育观的片面与局限，把教师与幼儿都看成是真正意义上的人，树立了师幼双方在音乐教育中的新形象。音乐教育就是在教师、幼儿与音乐接触、交流与对话的过程中，使幼儿逐步认识音乐、把握音乐，养成对音乐的积极态度，而且帮助幼儿逐步认识人生、把握人生，养成对人生的积极态度。

　　为了顺利实现幼儿园音乐教育的目标，教师必须努力塑造"生态式"教育观，与幼儿建立双主体的互动关系，努力让幼儿在与教师以及其他人的互动与交往中，在相互尊重、合作、信任中全面发展自己，感受到人格的自主与尊严，获得成就与价值体验。

　　生态观视野下的幼儿园音乐教育，首先是一种审美感染的过程，在教育过程中充分挖掘音乐中的审美因素与美的力量，将幼儿音乐审美能力的培养作为音乐教育的核心，引导幼儿对音乐进行审美式的体验、探究、表现和创造。而幼儿园音乐教育的认知与教育功能，则是在其审美功能的基础上帮助幼儿获得发展。

　　幼儿天性喜爱音乐，丰富多样的音乐活动对幼儿有着天然的亲和力，是幼儿满足情感需要、自由表达真实情感的最佳方式。幼儿园音乐教育实践中要善于运用各种音乐与非音乐的形式，满足幼儿情感交流与沟通的需要，丰富与陶冶幼儿的情感世界，满足幼儿审美的情感需求。在把握音乐教育这一特点时，尤其关键的是要正确处理音乐教育中审美能力的培养与知识技能教育之间的关系。教师既要在音乐教育中克服"过分强调技能技巧和标准化要求"的偏向，摒弃单一的灌输式的教学方式，同时也不要片面排斥音乐知识技能的学习。教师应善于激发幼儿感受美、表现美的情趣，丰富他们的审美经验，使之体验自由表达和创造的快乐，在幼儿大胆表现的过程中逐渐发展幼儿的音乐能力。在此基础上，根据幼儿的发展状况和需要，教师应对幼儿的音乐表现方式和技能技巧给予适时、适当的指导。

第二节　幼儿园音乐教育的意义

音乐与游戏一样对幼儿有着无穷的诱惑，是幼儿生活中不可缺少的部分。因此，对于幼儿的生活与成长而言，音乐是他们幸福生活的精神食粮，是他们表达思想、交流情感与共同交往的工具，是激发他们生命与智慧活力的甘泉。音乐对幼儿的审美能力，以及情感、身体、认知、个性、社会性等各方面全面和谐成长都有着极其重要的意义。

一、发展幼儿的审美情趣与审美能力

审美是音乐的核心，音乐世界是一个审美的世界，是一种超越个人功利与社会化价值的艺术境界。幼儿园音乐教育是一种有强烈艺术感染力的审美教育，能以幼儿喜闻乐见的感性形式，用音乐作品中蕴藏的形式美、内涵美潜移默化地滋润幼儿的心灵，陶冶幼儿情操，丰富幼儿的生活，发展幼儿的审美能力，为幼儿一生的幸福生活提供宝贵的精神食粮。幼儿园音乐教育有利于发展幼儿的审美感知、审美理解、审美想象以及审美创造等审美能力。

首先，幼儿园音乐教育有助于发展幼儿的音乐审美感知能力。通过幼儿园良好的音乐教育，幼儿会更多地感知环境、生活与音乐作品中的各种声音并主动地分辨与描绘这些声音。如下大雨与下小雨有什么不同，不同的动物、交通工具发出的声音有哪些不同；感受音乐作品的不同情绪，区别音乐作品的性质，区分音乐作品中速度、力度、节拍和节奏型等要素的变化；等等。

其次，幼儿园音乐教育有助于发展幼儿的音乐审美理解与想象能力。"理解"是倾听音乐后进入音乐审美境界的重要基础。在幼儿园良好的音乐教育下，幼儿逐步发展对音乐所引起的情绪、情感的理解能力，发展对音乐所引起的音乐内容联想与想象的理解能力，同时也发展对音乐所传达的思想情感的理解能力以及对音乐的形式结构本身的理解能力等。

最后，幼儿园音乐教育有助于发展幼儿的音乐审美创造能力。在幼儿园良好的音乐教育下，幼儿逐步学会运用身体动作展示、嗓音表达、语言描绘、绘画表现等各种手段，创造性地表达自己对音乐独特的感受与理解，从而促进其音乐审美创造能力的发展。

二、形成幼儿健康情感和健全人格

音乐不仅是审美教育，还是情感与心灵教育。音乐以活生生的感性形态存在于时空之中，以能激发人们的情感、情绪为最大特色，这与幼儿的认知特点与情绪特征相吻合。幼儿对音乐具有一种本能的反应，丰富的音响、鲜明的节奏、动听的曲调会使他们情绪激动、身心愉快。幼儿在与音乐一起玩的过程中，始终自主、自由、开心、愉快，不断获得快乐的情感体验，迸发出创造性表现的灵感。幼儿常常通过富有创造性的声音、姿势、动作等音乐语言，表征他们对外部世界的感知、理解、建构，以及内心的情绪与情感波动。

音乐用音响的魅力给幼儿以丰富多样的审美感受，音乐的旋律在起伏变幻、抑扬顿挫、迂回曲折中，在动和静、高和低、快和慢、紧和松的对比组合运动中，展现其特有的艺术魅力并激起幼儿感情的波澜。音乐既可以使幼儿兴奋，也可以使幼儿镇静，消除紧张情绪，获得丰富的情感体验。

在健康向上的音乐教育活动中，幼儿广泛接触并表现不同民族、不同风格、不同情感与不同题材内容的音乐作品，他们的心灵世界将逐渐变得更丰富、充实与和谐，并潜移默化地懂得世界的多样性与文化的多元性，逐步形成爱美、求真、向善等积极向上的良好品质。

幼儿天性喜爱音乐，音乐活动也有助于幼儿积极主动、自信、自尊等良好个性的形成。同时，音乐活动大多是集体性的活动，在合唱、合奏、集体舞等需要集体协作的音乐活动中，幼儿只有相互协作、密切配合，才能演唱、演奏出动听、和谐的音乐，才会逐步懂得理解、倾听、接纳与欣赏他人，促进其自我意识的健康发展；在合作创编与共同游戏的过程中，幼儿可以养成分工合作、遵守规则的习惯，从而养成自律、自信与自我激励的意识；在收放乐器、与指挥进行交流与配合的过程中，幼儿感受到纪律、自制以及自我管理的重要性，逐步形成自律、责任感等社会意识。也正是在这些活动中，幼儿体验到集体表演与创造的快乐，学习与他人非言语的交流、默契合作，学会理解、接纳、欣赏他人。这些都是幼儿将来进入社会所必须具备的基本素质，是幼儿健全人格形成的基础。音乐教育能够帮助幼儿健康自信地成长，使他们获得一个快乐的童年。

三、促进幼儿大脑潜能的全面开发

人的大脑分为左右两半球，中间由两亿多条神经纤维组成的胼胝体相联系。大脑左右两半球在功能上既有一定的分工，又是相互联系的。一般左半球主要掌管分析性思维活动等，右半球则主要掌管综合性思维活动等，整个大脑只有在两半球机能同时高度发展并能够很好地协同活动的情况下才能更好地发挥其整体功能。许多传统的教学设计常常过于偏重分析性的语言学习，偏重抽象符合记忆与抽象思维能力训练，忽视了各种以发展整体形象感知、整体思维加工、整体情感理解为主的学习活动领域的开发，以至于幼儿大脑右半球的潜力难以得到应有的开发。音乐教育有助于开发大脑右半球，这已经得到科学论证。幼儿园良好的音乐教育可以同时促进幼儿大脑两个半球机能的发展，进而优化幼儿大脑整体工作的能力。

大脑皮质是一个整体，在进化过程中逐步形成了许多重要的中枢。人在从事不同的音乐活动的同时，大脑的各个中枢所接受的刺激量是不同的，因而获得的锻炼与发展也是不同的。如在随乐韵律活动中，运动及运动感觉中枢将担任更多的控制、调节工作；而在音乐欣赏和创作活动中，更多的中枢将参与信息的收集、输出的过程。因此，丰富而全面的幼儿园音乐教育活动能促使幼儿大脑各中枢经常处于积极的活动状态之中，从而促进幼儿大脑潜能的全面开发。

四、促进幼儿想象能力、创造能力的发展

音乐教育是一种丰富幼儿想象力和培养幼儿创新意识的教育。音乐不仅有助于开发右脑，还能丰富幼儿的想象力。幻想是音乐的特性，具体地说，音乐是对宇宙和整个世界的一种感性的、神秘的幻想，幼儿通过音乐进行中速度的快慢、力度的强弱、音色的多变，旋律的丰富等多层次的变化，来感悟生活，对自我及周围生活的体验进行有意识或无意识的联想、回忆、幻想、憧憬。

创造是幼儿的天性，幼儿很小的时候就已经具备了创造的潜能。当幼儿想要表达自己的时候，创造性就开始成长了。尽管幼儿咿咿呀呀的哼唱或表演可能是很幼稚的，但同时也是可贵的创造性活动。进入幼儿园后，在丰富的想象基础上，幼儿开始创造性地运用各种方式表达自己对音乐、对生活的想象。在幼儿喜爱的音乐活动中，他们能集中注意认真地倾听、歌唱与演奏，细致分辨旋律乐句的细微变化，陶醉在自己对音乐的想象之中，积极探索各种创造性的音乐表现方式，大胆地表现他们对音乐的理解与想象，他们的想象与创造能力在幼儿园音乐教育中得到极大激发。

▶认识儿童

　　某幼儿园大班幼儿在倾听挪威作曲家格里格的管弦乐《培尔·金特》组曲中的《在山魔的宫中》乐曲时，十分认真地感知到音乐由弱逐渐加强直至非常强的力度变化，同时张开想象的翅膀，用语言描绘着想象中的山洞：在一个无人的荒岛上，有一个很深很深的山洞，山洞中有许多精灵，它们穿着奇怪的服装，围着一盆篝火跳着形态各异的舞蹈动作。孩子们把自己打扮成各种各样的小精灵，还有的幼儿披上披风、戴

上王冠，装扮成国王。他们随着音乐的变化大胆想象童话的情节并进行创造性的表演，还有一些幼儿根据自己对音乐的想象创作了许多幅奇思妙想的想象画。

五、促进幼儿手、眼、脑的协调发展

多种感官参与音乐活动是幼儿参与音乐实践的重要特征，幼儿园音乐教育常常调动幼儿多种感官参与，通过各种感知觉的综合活动，提高幼儿对音高、节奏、力度、音色等音乐要素的辨别力。同时，幼儿园音乐教育为幼儿提供了大量身体运动的机会，能有效地锻炼幼儿的身体，发展幼儿的大小肌肉动作，促进其手、眼、脑的协调发展。

在歌唱活动中，幼儿常常边唱边跳，还一边关注教师与同伴的歌声、动作与眼神；在随乐韵律活动中，幼儿上下肢配合，随音乐有节奏地做各种协调的身体动作，并不断观察周围幼儿的动作，调整自己的空间位置；在音乐欣赏活动中，幼儿一边倾听音乐，一边观察图片、聆听教师的语言讲解，并创造性地运用各种方式表达自己对音乐的感受；在奏乐活动中，幼儿要同时听音乐、看指挥、演奏乐器，还要用心倾听自己的声音与同伴的演奏、琴声等的协调。目前，幼儿园音乐教育活动大多都是综合采用说、唱、奏、舞、乐等多种形式，综合幼儿的多种感官参与活动，伴随着歌唱、律动、舞蹈和奏乐活动，幼儿的四肢、耳、眼等在大脑的指挥下协调活动，有效地促进其和谐成长。

第三节　幼儿音乐教育的相关理论与实践

当前，在世界范围内对幼儿音乐教育有比较广泛影响的主要有瑞士的达尔克罗兹音乐教学法、匈牙利的科达伊音乐教育体系、德国的奥尔夫音乐教育体系、日本的铃木教学法等音乐教育流派。下面，我们对上述音乐教育流派进行介绍，并对其适合我国幼儿园音乐教育活动参考借鉴的课例进行简要分析。

一、达尔克罗兹音乐教育的理论与实践

埃米尔·雅克 – 达尔克罗兹（Emile Jaques-Dalcroze，1865—1950），瑞士著名的作曲家、音乐教育家，日内瓦音乐学院的音乐理论教授。达尔克罗兹认为，音乐本身离不开律动，而律动和人体本身的运动密切相关，因此，单纯地教音乐、学音乐而不结合身体的运动，至少是孤立的，不全面的。针对这一点，达尔克罗兹提出了"体态律动教学法"。他前后花了几十年时间从事对该理论与实践

的探讨。在他的艰苦努力和有关人士的大力支持下，体态律动教学法终于取得了成功。今天他的教学法不仅远远超出了音乐的范畴，还广泛地用于舞蹈、戏剧、绘画、运动等方面的训练，甚至还推广至音乐治疗、残疾与智力低下儿童及其康复医疗等领域中，在世界范围内都有专门的学校培养该教学法的教师。

第一次世界大战前，达尔克罗兹到欧洲各国旅行示范教学，使他的这套音乐教育体系流传更为广泛，对于奥尔夫、柯达伊等人的音乐教学法的形成与发展，有着重要的影响，具有创新与先导的作用。第一次世界大战后，他回到日内瓦，建立了"达尔克罗兹学院"并主持该学院工作直到逝世。

（一）达尔克罗兹音乐教育的主要思想

达尔克罗兹认为，音乐的本质在于对情感的反映。人通过自身的运动将内心的情绪转译为音乐，这就是音乐的起源。[①] 因此，要进行音乐训练，只训练耳朵、嗓音、手指等是不够的，必须练好人的体态、姿势及各种形体动作。单教儿童用手指弹奏乐器是不够的，必须启发他们进入产生乐曲的激情中去，把乐曲的感情化为具体的动作、节奏和声音，以达到唤醒天生的本能，培养对人体极为重要的节奏感，建立身心的和谐，使感情更加细腻敏锐，使儿童更加健康活泼，激发想象力，促进各个方面学习能力的发展。

（二）达尔克罗兹音乐教学法的主要特点

（1）立足于听（音乐），而且是以教师的即兴伴奏为主；

（2）要求儿童把身体各器官作为乐器，把所听到的音乐再现出来；

（3）教学方式主要是游戏，发现个别儿童松懈、涣散时就立即变换，使儿童处于面对新鲜事物的状态；

（4）教师应随时发现问题，及时诱导儿童各个方面的"即兴能力"。

（三）达尔克罗兹音乐教学体系的主要内容

达尔克罗兹音乐教学体系的教学实践是由体态律动、视唱练耳和即兴的音乐活动三部分内容组成的。其中，本质与核心部分是节奏运动，与之密切相关的是听觉能力和自发性的创造能力（即视唱练耳和即兴创作）。这三个方面相互作用，不可分割，成为培养与发展儿童内心听觉、运动觉以及创造性表现能力的有机整体。

1. 体态律动

在达尔克罗兹音乐教学体系中，"体态律动"由于其独创性和科学性早已被人们公认为是卓有成效的音乐教育手段，并成为独立的学习领域。达尔克罗兹主张音乐教育应从身心两方面着手，培养儿童不仅学习用听觉去感受音乐，同时学习用整个肌肉与心灵去感受、表现音乐的节奏疏密、旋律起伏以及情绪变化的节律。体态律动要求儿童把身体作为乐器，把听到的音乐再现出来。体态律动不同

---

① 杨立梅，蔡觉民.达尔克罗兹音乐教育理论与实践［M］.上海：上海教育出版社，2011：11.

于舞蹈，它是以身体作为乐器，通过身体动作体验音乐节奏的速度、力度、时值变化，以培养儿童利用听觉获得轻松、协调自如的节奏感为目的。体态律动强调的是对音乐的体验与感受，目的是培养儿童对于节奏韵律的直觉本能、对音乐情绪和表现的感受、对运动平衡的感觉以及培养有规律的运动神经习惯和训练有节奏的心理。达尔克罗兹认为，这种身体的律动充满了生命的节律与动感之美，故而称之为"体态律动"。

体态律动的动作一般分为原地动作和空间动作两类。原地动作包括拍手、指挥、摇摆、弯腰、说话、歌唱等；空间动作包括走、跑、爬、蹦、跳、滑等。这些动作可以和身体的高、中、低位置结合，也可以用身体的头、身、臂、手、脚等各个部位与歌声的动作、体感、表演等相互配合，以表示不同的节奏、旋律、和声、复调、曲式等。总之，身体的各个部分犹如乐队中的各个乐器声部，但再现时必须注意动作的整体性。

体态律动教学是从音乐本身入手，先让学习者聆听音乐，再引导他们通过身体运动去接触音乐的各种要素，通过身体的运动、表现，使得音乐要素成为能看见的身体活动，音乐要素的作用就先后或轮流地显现出来。体态律动教学把一个人变成能理解音乐要求、能够解释和表现音乐的乐器。通过这件人体乐器展示音乐的核心要素，又通过学习者的内心听觉和情感，强化音乐的艺术性质。

2. 视唱练耳

达尔克罗兹认为，一切音乐教育都应当建立在听觉的基础上，而不是建立在模仿与数学运算的训练上。良好的听觉是接受音乐教育最重要的禀赋，教师可以结合体态律动的方式帮助儿童发展听觉与记忆能力，培养绝对的音高感，发展内心听觉。在具体的音乐教学实践中，达尔克罗兹主张把耳、口和身体配上言语和歌唱的方式作为理想的学习工具和手段。

3. 即兴的音乐活动

达尔克罗兹十分重视儿童想象力与创造力的培养，他同样也是按照体态律动的思路来培养儿童的即兴创作能力的。他认为，儿童的即兴音乐活动创作手段很多，包括律动、言语、故事、歌唱以及各种乐器等，教师可以引导儿童使用律动材料（节奏）和声音材料（音高、音阶等）来即兴创作音乐。

▶案例 3-1

活动一："有声和无声""大声和小声""相同和不同"

（1）注意力：教师与儿童围成圆圈，席地而坐。教师说："大家眼睛看着我，让我们来醒醒大脑（抓头皮），清清耳朵，把眼神固定住，把注意力集中在老师身上。"

（2）听指挥：教师把手放腿上，儿童拍地板当鼓敲；教师手叉腰时，儿童停止不出声。儿童很快做好前两项动作时，教师再增加一项：教师摸头时儿童拍手。教师变化地做这三个动作。

（3）感受强与弱：教师摸头、摸腿时而两手，时而一手，引导儿童用直觉感受与理解强弱的变化，理解"大声"与"小声"。

（4）听力与反应：教师用鼓作道具。儿童闭上眼睛，听到鼓声时举手。完成上述动作后，教师让鼓的发声有强有弱。当鼓声很重时，儿童举起两手；教师的鼓声轻时，儿童举起一只手；没有声音时，把手放下。

（5）听辨音色：儿童对鼓声熟悉后，可增加其他的几种打击乐器。教师可让儿童先分辨已熟悉和不熟悉的声音。儿童闭上眼睛，教师交替敲击3～4种打击乐器，儿童听到鼓声举手，听到不是鼓声时不举手。以后再增加难度。

（6）听辨乐器名称：闭上眼睛，教师敲击乐器说出乐器名称，儿童通过听来判断对错，对就举手，错就跺脚。

以上是通过律动参与的听力练习的最开始的活动，在活动中教师应注意调动儿童参与的积极性，逐渐增加内容和难度，音乐听觉从单一逐渐走向综合。如果儿童在3岁以内，闭眼会有恐惧感时可改为低头，这样可以互不干扰。

活动二："跟着鼓声走"——最开始的感受稳定律动的活动

（1）感受节奏——假装手当脚，儿童跟随着教师的速度时而快时而慢时而匀速，或突然停止；

（2）听力——靠听鼓声做"走路"的动作；

（3）传递——用乐器或者"走路"传递节奏；

（4）匀速——随着乐曲，用乐器或击打身体打固定节奏，四分音符或八分音符，不要求时值只要求匀速；

（5）感受快慢——随着鼓声走，年龄较小的儿童可用教师口令代替乐器；

（6）合拍节奏练习——教师弹奏时值单纯的单旋律音调，让儿童随着音乐合拍地跑、走、漫步、停止。

各种形式的拍击是表现节奏节拍最简单有效的形式，儿童可以通过拍击，自然感受速度的不同、渐快渐慢的变化、强弱拍的特点等与节奏相关的内容。

良好的行走是整个身体运动的基础，行走所获得的步伐感也是节拍感。行走可以使儿童感受速度的均匀、平稳，而稳定的律动则是感受节奏的重要基础。

准确的起始和停止的能力是完成良好的集体性表演和学习休止节奏的必要条件，也是听力和反应的练习。

注意事项：

（1）传递乐器可培养儿童的注意力；

（2）从非移动位置活动到移动位置活动，从符合自然的角度去切入节奏，便于儿童接受；

（3）指挥的指令都应该是声音、音乐引导，而不是教师的动作、口令引导，这样可以培养儿童的倾听习惯，也有利于良好音乐习惯的养成。

活动三："还有别的方法走路吗？"——最开始的即兴音乐活动

（1）让儿童大胆想象各种走路姿势，并依次示范；

（2）教师根据姿势的不同，敲击不同的乐器；

（3）再根据不同的乐器声音变换不同的走路姿势。

在此游戏中，让儿童体验有声、无声、开始、结束、快慢、强弱等基本音乐要素是音乐教育的起点。

活动四："集中精神看指挥"——培养儿童的注意力、反应能力

教师手扶地板——儿童拍击地板；

教师双臂平伸向前——儿童拍手；

教师高举手臂——儿童叩齿；

教师握拳——儿童捻指；

教师手臂波浪——儿童做口技等，或做连贯性动作。

还可两个教师指挥，儿童分两声部做动作。

活动五："三只熊的故事"——识别音的高低

（1）通过打招呼"你好"，让儿童区分高低粗细音表示的小熊的爸爸和妈妈；

（2）用乐器在高音区或低音区演奏出 Sol—mi—La，让儿童识别角色；

（3）通过模仿小熊爸爸和小熊，让儿童感受音的不同时值和高低；

（4）熊爸爸、小熊与熊妈妈就是低音、高音和中音，可做听到中音就举手的练习；

（5）听着琴声的不同音区，结合变化速度走——举手走、直立走、下蹲走；

（6）利用其他乐器来感受高音、中音、低音。

活动六："拍纸球"——体验不同速度的稳定律动

适合年龄较大的儿童，通过想象的皮球结合音乐或乐器来感受节拍；或通过拍球、抛球的具体动作来感受节拍。

（1）教师选用中速、节拍鲜明的音乐，随音乐一拍一击；

（2）再逐渐改用快节奏的二拍、三拍的音乐；

（3）两人一组，有的按四分音符击球，有的按八分音符击球，听到教师的信号后，再交换做动作。

活动七："听鼓声传球"——探索时间、空间与能量的关系

（1）适合年龄较大的儿童，随教师节奏传球表现二分音符、四分音符、八分音符；（鼓励幼儿思考如何能让球传得快或慢。）

（2）使用两个球，教师敲鼓一声向右传，教师连敲两下向左传；

（3）按"前进三次、后退一次"的顺序，听鼓声连续传递。也可以逆转方向传递、变化速度传递、不规则休止传递等。

活动八："抚摸想象中的小狗和大马"——即兴音乐活动与不同的空间动作经验

体态律动的即兴创作不仅要使用想象力，还一定要把想象力与身体动作结合起来，融入环境中，使儿童能够尽情地通过身体动作在环境和空间中表达情感。

（1）让儿童想象自己是小飞机，原地转圈，不要碰到他人，确定自己的空间位置；

（2）教师说："现在假装我们抱着小狗，让我们抚摸它"——教师和儿童一起运动手臂；"这是小老鼠"——动作很小，空间很小；"这是我的大狗"——身体运动幅度加大了；"这是我的大马"——动作更大。（动作的想象内容可以拓展，从抚摸小动物开始，向大动物过渡。在表现抚摸动作时要保持运动的平稳、流畅与均匀。）

活动九："到果园去摘樱桃"——即兴与反应

这类活动要鼓励想象，教师不去评判好坏和对错，如儿童表现雷同，可启发儿童富有个性的创造。鼓励儿童充分伸展身体，可以跑、跳、弯曲、摇摆、蹲、躺、坐等，大胆运用身体的各个部分，去尝试表现他们想要表现的东西。

（1）鼓励儿童想象摘果子的动作，蹲着摘、跳起来摘、摘里面的、摘外面的、摘不下来、果篮洒了将满地的果子捡起来；

（2）鼓励儿童表现生活场景，打蚊子、洗衣服、擦玻璃等；

（3）教师命题，"你是一粒花种，埋在土里，让我们发芽、生长、开花"。

活动十："在大蜗牛的背上走"——感知符号的开始

这个活动增加了方向性和顺序感，可以有效帮助儿童了解音乐是流动的，是有行进过程的。

（1）教师出示不同颜色不同形状的图形卡片；

（2）根据卡片自己命名动作；

（3）用乐器与图卡和动作配合；

（4）自己制作"大蜗牛"。教师出示一根线，让儿童自己把图形粘在线上，再把它摆成蜗牛造型。可以把儿童分组，按颜色分开拍手；也可以根据符号对应的动作，让儿童随蜗牛前进或后退；还可以把图形分成大声、轻声和无声，让儿童体验。

二、科达伊[①] 音乐教育的理论与实践

科达伊·佐尔坦（Kodály Zoltán，1882—1967），匈牙利著名作曲家、音乐教育家，是 20 世纪匈牙利音乐界最著名的人物之一。他生长在一个有良好艺术修养的家庭。幼年起就接受音乐的熏陶，少年时期学习多种乐器，参加各种音乐表演和创作活动。18 岁前在小城市生活，使得他有机会接触到纯朴的乡村音乐。高中毕业后，科达伊进入布达佩斯的李斯特音乐学院（Liszt Ferenc Academy of Music）学习作曲和指挥。科达伊是第一个从音乐创作角度深入研究本国语言（匈牙利语）特点的人，并且在作品中为他的母语赋予了完美的艺术表达。

（一）科达伊音乐教育的目标

科达伊追求的音乐教育目标是：要采用让儿童感到愉快而不是痛苦的方法教授音乐和歌唱，让音乐属于每个人。该目标是他基于对音乐与人的全面发展关系的理解而提出的。科达伊认为，音乐是人类文化必不可少的部分，音乐和人的生命本体有着密切的关系，人的生命不能没有音乐，没有音乐就没有完满的人生。音乐教育在学校的重要性，甚至超过音乐本身。

科达伊站在了人类学与社会学的高度，指出了音乐教育的本质，这也是每一

---

① 也译作柯达伊。

个音乐教育工作者需要坚定不移地坚持的方向。

（二）科达伊音乐教育的思想

1. 音乐应该属于每一个人

科达伊明确提出"要使音乐属于每个人"的普及的音乐教育思想。他认为，音乐是人的文化发展中不可缺少的一部分，应让更多的人懂得音乐的语言，让音乐属于每一个人。

2. 学校音乐教育的重要任务是培养儿童的艺术情趣与鉴赏能力

在儿童早期发展中建立对艺术的鉴别力，以后就能对不好的东西具有抵御能力，就能培养好的艺术情趣、鉴赏能力，这是学校音乐教育的重要任务。学校的音乐教育一定要采用使儿童愉快而不痛苦的方法来进行。提高全民族艺术文化修养是学校音乐教育和专业音乐教育的共同事业。

3. 音乐教育应从幼儿园开始

科达伊认为，音乐之根在于歌唱，必须重视早期音乐教育，在音乐教育方面幼儿园的作用不可替代。他对婴儿、幼儿音乐教育终身保持关注。他认为，对于儿童来说，音乐是他们的交流方式与情感的表现手段。每个发育正常的儿童都具有自然的、健康的音乐感觉，但如果没有正确的早期训练，大多数儿童就会丧失获得实际体验的机会，久而久之，自然的音乐感觉就会停止发展，对音乐的感受就会麻木迟钝。

4. 民族民间音乐是学校音乐教育的基础

在儿童的早期教育阶段，通过多种方法使儿童熟悉、热爱民族音乐、积累民族音乐语言、培养建立民族音乐思维，不但对强化儿童的民族意识、增强民族情感有意义，而且对于保证民族音乐传统在历史中的继承发展也至关重要。科达伊指出，"我们"不能靠外在的装饰物、摇动国旗表现"我们"是某一国家的人，它应该表现在灵魂深处，而灵魂深处恰恰是音乐的领域。……灵魂不能用行政法令来重新塑造，要用美和知识重新塑造。他还强调，歌唱游戏、民间儿童歌曲是发展民族特点、民族潜意识的最好基础。[①]

5. 应为儿童提供最好的教材与优秀的师资

科达伊高度重视音乐教材本身，认为学校应为儿童提供好的音乐。他认为，经常聆听好的音乐，是建立儿童的音乐体验、培养高尚的艺术情趣、打开年轻的心灵通向音乐的重要途径。而好的教材要在音乐教育中得以落实，首先在于培训优秀的师资。科达伊认为，做一个好的教师比做一个歌剧院的指挥还要重要得多。他希望教师们在教的过程中学，在学的过程中教，并积极鼓励教师们发挥创造精神。

① 杨立梅.柯达伊音乐教育思想与匈牙利音乐教育［M］.上海：上海教育出版社，2011：24—25.

（三）科达伊音乐教育体系的主要特点

1. 突出了民族音乐在学校音乐教育中的作用

科达伊反复强调，没有任何一个杰作能够代替传统的作用。民间歌曲好似培养好的趣味的学校，演唱民间歌曲必须成为每节音乐课的一个组成部分。从音乐理论方面看，科达伊音乐教育体系突出了五声音阶音乐在学校教育中的作用。五声音阶音乐既是匈牙利民族音乐的突出特点，又是儿童音乐教育最适当的起点。这两方面的结合，形成了学校教育中民族音乐的理论基础和体系。

科达伊在音乐教育实践中，以"五声音阶"这一民族音乐的核心作为教学的切入点，把它贯穿在歌唱、听觉训练、多声训练、音乐读写、五线谱知识、民间音乐结构分析等各项教学内容中。

2. 以歌唱作为音乐教育的主要手段

科达伊认为，歌唱是培养音乐素质的最好途径，歌唱也是最容易表达思想情感的音乐形式。通过歌唱最容易接近音乐，有了歌唱的基础，更高层次的音乐教育就能够得以发展。乐器毕竟只是少数人能够接触的，只有人声——这个人们生而有之的、最优美的乐器——才是使音乐属于每个人的沃土。

科达伊十分重视歌唱，尤其是合唱中的歌唱。科达伊认为，合唱具有影响和促进群众音乐文化发展的功能。他积累了大量关于多声部的合唱训练、优秀的民族歌唱教材与教学方法等，为儿童音乐教育提供了相当完善而富有特色的模式。

3. 以"儿童自然发展法"作为课程安排的主要依据

在科达伊音乐教育体系中，课程进度的编排是以"儿童自然发展法"为主要依据的，即根据正常儿童在其成长的各个时期的能力来编排课程的顺序。

科达伊认为，对于儿童而言，移动的节奏比起持续的节奏更容易接受，四分音符是儿童步行、自然走路的速度，八分音符是自然跑步的速度，它们都是儿童日常生活中的节奏。因此，应当把四分音符、八分音符作为节奏教学的起点。而儿童最早、最容易唱的音程是小三度（从 sol 到 mi），而接着能唱的就是上方的 la，这三个音构成儿童唱游的基础，几乎成为全世界儿童通用的语汇。因此，合理的安排应是从小三度开始，帮助儿童依次先掌握五声音阶（sol、mi、la、do、re），然后再教 fa、si，以补足整个七声大小音阶。

在强调"儿童自然发展法"的同时，科达伊还总结了儿童音乐发展的一般特点：儿童的音域是有限的，一般不超过六度，唱准半音有难度；下行音阶比上行音阶容易唱；跳进比级进容易唱准；五声音阶比七声音阶容易掌握。这些特点在我国幼儿园教师考虑音乐教学顺序时应予以参照。

4. 以首调唱名法、节奏唱名法和柯尔文手势法为基本教学工具

首调唱名法由意大利音乐理论家圭多·阿雷佐首创，也称"流动 do 唱名法"，即在视唱时，无论用什么调，一首歌的重音或中心音都是大调的 do 和小

调的 la，各级音节的唱名都不变化。

节奏唱名法是指节奏教学采用音节系统，并用符干记谱，以特定的音节来代替特定的时值，如四分音符为 ta，八分音符为 ti。儿童用节奏唱名唱出选自歌曲的节奏、节奏型，可体会节奏唱名的时值。

柯尔文手势法由英国人约翰·柯尔文在 1870 年首创，它包括七种不同的姿势，各代表音节中固定的某一唱名，通过在空间中所处的直观形象化的不同位置，帮助儿童理解音级之间的高低位置，使抽象的音高关系变得直观、形象。它是教师和儿童之间进行音高、音准交流的一个身体语言形式，甚至可以指挥儿童进行歌唱。具体手势如图 3-4：[①]

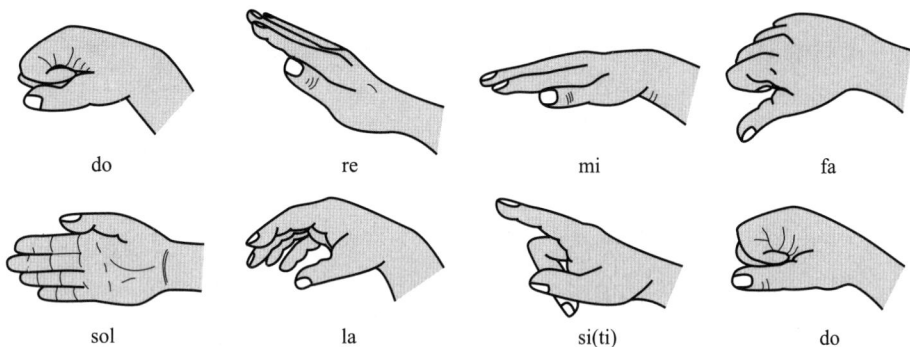

图 3-4 柯尔文手势法

▶案例 3-2

活动课例一：歌唱游戏"咕咕，你在哪？"

1=D　　 $\frac{2}{4}$

歌词大意是：（全体）　　 5　　 3　｜ 5　5　3　｜
　　　　　　　　　　　　 咕　　 咕，　 你 在 哪?

　　　　　　　　　　　　 5　　 3　｜ 5　5　3　｜
（儿童甲）　 咕　　 咕，　 你 在 哪?

配合歌曲游戏：一个儿童蒙上眼睛蹲在圈里，全体儿童歌唱一句"咕咕，你在哪"之后，教师指定某儿童唱重复的"咕咕，你在哪"，由圈中蹲着的儿童猜出唱歌的儿童。被猜中的儿童蒙上眼睛蹲进圈里，那个猜对的儿童在游戏再开始时替代教师选择新的"咕咕"。

这类游戏简单、时间短，重复多，但又有变化，儿童乐于在愉快的

---

① 马克.当代音乐教育［M］.管建华，乔晓东，译.北京：文化艺术出版社，1991：122.

气氛中多次重复歌唱，能较好地发展儿童的听觉与音色辨别能力。

活动课例二：歌唱游戏"找朋友"

儿童集体边走圆形队列边歌唱（人数应为奇数），圈内站着一名儿童。歌曲结束后，儿童需迅速找到伙伴，变成两人一对，找不到伙伴的儿童进入圈内，继续游戏。这个游戏帮助儿童感知与判断歌曲中的"结束"，在紧张热烈的气氛中找到朋友，建立友谊。

活动课例三：稳定的节拍与节奏的对照与结合

（1）儿童分成两组，相继先后歌唱同一首歌。A组伴随拍击稳定节拍，B组伴随拍击节奏（可拍手或敲击打击乐器），显示稳定的节拍与节奏的区别。

（2）两组同时歌唱，A组拍击节拍，B组拍击节奏，成为稳定的节拍与节奏的二声部。

（3）两个儿童歌唱，分别使用不同的打击乐器，一个人敲击节拍，另一个人敲击节奏。

以上练习在儿童集体训练的条件下，在节拍节奏的对比中，在多声部中发展儿童的节奏能力。这也培养了儿童互相配合、协调的能力，对儿童集体观念的培养具有潜移默化的作用。

活动课例四：识别音的强弱

（1）通过歌唱、朗读歌谣、讲故事和配合玩具木偶进行练习。例如，选择两个布袋木偶，一个是有一张小嘴巴的小鸭子，另一个是有一张大嘴巴的大鳄鱼。教师把他们套在手上，朗读歌谣时用它们嘴巴的一张一合做稳定节拍运动。朗读强的声调时，用鳄鱼大嘴巴的动作配合；朗读弱的声调时，用鸭子小嘴巴的动作配合，借助视觉形象加强儿童的理解。

（2）伴随动作获得音量对比的体验。如强时两臂伸展向两侧，弱时两臂收拢抱肩。还可以使儿童站成圆形队形，伴随歌唱或歌谣按照教师的要求做渐强、渐弱的练习。渐强时慢慢站起来，渐弱时慢慢蹲下去。或者是渐强时儿童弯腰低头、队形向圆心收缩；渐弱时抬头、队形慢慢向圈外延伸，这也暗示了力度的伸张与松弛，表现了渐强、渐弱的过程。

活动课例五：藏起来的歌曲

选择一首儿童熟悉的歌曲，在儿童歌唱过程中教师出示一种信号，如举起手或合拢手指等，此信号一出，儿童就停止发声，在内心继续歌唱，直到教师给出恢复的信号，再出声歌唱。

该活动可以培养儿童的默唱能力，培养儿童有均匀的节拍感觉、稳定的速度和音高等多种内心感觉。教师在开始这个活动时，信号可以表现得更有规律一些，如一般出现在乐句末尾，在熟悉后，逐步过渡到不规则地出现，但仍要在感觉到乐汇呼吸的地方交换。

活动课例六：即兴的回声游戏

（1）节奏回声模仿游戏。教师拍击节奏，儿童准确地"回声"式模仿。游戏时不但可以使用单纯的节奏拍击，还可以结合语言词意，使活动更加容易与有趣。内容可以使用儿童的名字，或结合特定的时间（早上、中午等）、季节（夏天等、冬天等）、环境的不同问候语。例如：

X X X　X X X
早 上 好　小 朋 友

X X X X　　　**X X X X X X X**
你 好! 冬 冬　　　春 天 来 到 百 花 开!

节奏回声模仿游戏中的节奏通常是四拍子的长度，包括四分音符与八分音符时值，有时还可以包括四分休止符。

把这些活动设计为游戏可以极大激发儿童的热情与兴趣，如设计为"山中的回声"；或者教师是电报发报员，儿童是接收员；教师是卫星地面控制站，儿童是通信卫星等。"回声"的连续需要连接紧凑，中间不能有停顿，稳定的节拍持续贯穿始终。

（2）旋律回声游戏。教师选择儿童熟悉的歌曲曲调，用新的不同歌词内容配合着歌唱，使儿童适应并感觉旋律与不同歌词的结合。即兴的词意要有趣味，而且要有新意。模仿、即兴应接的部分应在第一部分结束后，立即在下一拍进来，中间不要有停顿。通过即兴编唱可以使儿童思维敏捷，巩固他们已经掌握的音乐语言和技能，发展他们的创造力。

三、奥尔夫音乐教育的理论与实践

卡尔·奥尔夫（Carl Orff, 1895—1982）是世界著名的作曲家、音乐教育家。奥尔夫出生在德国慕尼黑一个有艺术素养的军人世家，受家庭环境的影响，奥尔夫从小对音乐和戏剧产生了浓厚的兴趣。他脍炙人口的作品《博伊伦之歌》《聪明姑娘》等在东西方各国经常上演。他的音乐教育体系也广泛流传五大洲，其基本教材《学校儿童音乐教材》（五卷本）已被译成约20种不同的文字，尤其按他的构思创制或改制的"奥尔夫乐器"（有固定音高的旋律打击乐器和无固定音高的节奏打击乐器）也被世界各国中小学和幼儿园广泛采用。

奥尔夫音乐教育体系的形成和发展已有 60 余年的历史。1962 年，奥尔夫和凯特曼访问日本，在日本掀起研究和实践奥尔夫教学法热潮。与东方文化的结合开始了奥尔夫音乐教育体系新的里程。1963 年，奥尔夫在奥地利萨尔茨堡建立了奥尔夫音乐学院。作为世界性的奥尔夫音乐教育国际中心，它每年向来自五大洲的学员传授奥尔夫音乐教育体系的理论和实践。

（一）奥尔夫音乐教育的目标

奥尔夫认为，音乐教育首先是人的教育。在音乐教育中，音乐只是手段，人的教育才是目的。

音乐教育不是致力于教会儿童学什么，而是启迪、发掘儿童生而俱有的这种习性，通过游戏式、即兴性的奏乐本身，通过音乐自然地表露自己的感受，通过语言、动作、表演和音乐的全面有机结合，通过提高儿童的音乐素养，使儿童学会音乐、掌握音乐。

（二）奥尔夫音乐教育体系的内容

奥尔夫音乐教育体系的内容主要由嗓音造型、动作造型、乐器演奏三个方面构成。

1. 嗓音造型

语言是交流和表露情感的一种载体，因此语言与音乐是密不可分的。嗓音造型是指歌唱活动与节奏朗诵活动，如运用声音的大小和快慢、朗朗上口的童谣和儿歌，让儿童或说或朗诵或歌唱，并加上身体动作、稳定的节拍，以训练儿童的节奏感。

2. 动作造型

音乐和动作是人类表达情感的基本要素，好的音乐和动作训练可以培养儿童的社会行为、独立性、交流和合作意识。动作造型指律动、舞蹈、戏剧表演、指挥及声势活动。声势活动是奥尔夫音乐教育体系独创的一种以简单而原始的身体动作发出各种有节奏声音的活动。最基本的身体动作是拍手、拍腿、跺脚和捻指，这四种动作构成的声势活动也被称为古典声势，可以演变出许多种不同的身体节奏动作组合。

3. 乐器演奏

通过适合儿童的打击乐器（包括奥尔夫教具以及其他乐器）即兴演奏并设计自己的音乐，发展儿童的主动性并对其进行能力训练。

（三）奥尔夫音乐教育的基本思想

1. 原本性音乐

奥尔夫一直强调，进行儿童音乐教育，应当从原本性音乐教育入手。他认为，原本的音乐绝不是单独的音乐，它是和动作、舞蹈、语言紧密结合在一起的；它是一种人们必需自己参与的音乐，即：人们不是作为听众，而是作为演奏者参与其间。[①] 它是先于智力的……接近土壤的、自然的、机体的、能为每个人学会和体验的、适应儿童的。原本性音乐也体现于各个具体的方面，它是和歌唱、演奏和形体动作、舞蹈合为一体的。其中，演奏使用的原本性乐器——奥尔夫乐器，是一种以节奏为主，并比较容易学会的原始乐器，和机体接近的乐器。但是，这种乐器不论是有或无固定音高的，都有精确的发音、优美的音色和丰富的表现力，演奏起来不会因为技术负担而束缚儿童的想象力、表现力和创造力。

2. 节奏第一

奥尔夫认为，音乐构成的第一要素是节奏而不是旋律。节奏是音乐的总的感觉，是音乐的骨架，是音乐生命力的源泉。奥尔夫强调从节奏入手进行音乐教育。通过节奏与语言、动作的结合对儿童进行节奏感的培养，是奥尔夫音乐教学实践的一大特色。节奏是一种富有艺术魅力的活生生的音乐语言，而人类的语言本身已含有生动、丰富而微妙的节奏，它是音乐节奏的来源之一。从小让儿童从语言出发掌握节奏，不仅容易，而且富有生命力。节奏与身体动作的结合，能使儿童在最基本的、简单的踩脚、拍手等动作组合过程中，培养对节奏的敏感性。

3. 倡导综合性

奥尔夫教学法是以节奏为纽带，将音乐、舞蹈、话剧、美术等各领域联系起来形成的一种综合性的艺术教学方式，目的是使各方面内容相互关联、层层递进，让儿童在轻松、愉快的氛围中，体验艺术教育的快乐，感受人类丰富的情感世界。

奥尔夫认为，音乐教育要为儿童创造全面、完整的综合性审美体验。因此，在奥尔夫音乐教育实践中，音乐教育活动都是创造、表演、欣赏及歌唱、诵读、舞蹈、奏乐的综合体，而单一的歌唱、欣赏、奏乐及纯音乐理论学习是不存在的。在这种综合性音乐教育模式中，儿童学得主动、学得愉快、学得自然，能较好地促进儿童身心的全面发展。

4. 强调即兴性和创造性

奥尔夫认为，即兴创造是每个儿童都具有的本性。在音乐教育的过程中，引导幼儿积极想象、发挥创造，是极为重要的。例如当儿童看到一幅画，他们可以按自己的理解用语言表达出来，并可通过简单的打击乐器进行即兴演奏。如果没有乐器，教师则可以引导儿童主动创造，发挥想象，用手、脚等或用其他物品进行表演。

---

① 李妲娜，修海林，尹爱青. 奥尔夫音乐教育思想与实践 [M].上海：上海教育出版社，2011：35.

> **▶认识儿童**
>
> 我们来看看奥尔夫音乐教育是怎样启发儿童的即兴创造力的：
>
> 当小朋友们第一天来到中心，他们只有四岁，对一切都感到陌生、害怕。妈妈要经常陪伴左右。教师还不熟悉他们的名字和个性，于是教师、孩子、家长围个圆圈坐在地上，教师用即兴编唱的方式向大家做自我介绍。开始儿童还有点儿怕羞。教师耐心引导他们，告诉他们怎样编唱，哪怕用一两个音都可以，例：**1   3 | 5   5 |**（我叫方方）或 **6   4 | 2   2 |**（我叫圆圆）。慢慢地，儿童开始觉得好玩，恐惧感就消失了，不再陌生了。教师从来不批评儿童的创作，而是保护他们的勇气，鼓励他们再创作。在以后的学习过程中不论是哪个学科、任何时候，教师都会抓住时机给儿童做创造练习。哪怕是短短的五分钟、十分钟，对他们将来一生都会有很大的影响。

5. 以儿童自然的本性为出发点，将音乐诉诸感性

奥尔夫认为，音乐是人与生俱来的一种本能，音乐是人人需要的，音乐教育重在挖掘儿童的音乐潜能，开发和培养、发展这个天性，使儿童健康成长。他认为，音乐对于儿童来说，首要的不是表演，不是艺术，而是内心的自我流露与相互的交流，是生活的必需，是人生的有机组成部分。

奥尔夫音乐教育不是不要知识、技能和表演，但其主要的着眼点不在于理性地传授知识、技能，而在于自然地、直接地诉诸感性，在感性的直接带动下，学会知识、掌握技能，发展幻想和体验的力量。奥尔夫认为，完全没有音乐感的儿童是罕见的，几乎每一个儿童从某一点上都是可以去打动、可以去促进的。教育上的无能出于无知，经常在这方面堵塞源泉、压制才能并造成其他的不良恶果。儿童在早期所体验的一切，在他身上被唤起和培养的一切，对其毕业是起决定性作用的。正是这些观念促使奥尔夫把儿童作为音乐教育改革的主要对象和起点，把学校当作音乐教育改革的主要场所和机构。

奥尔夫强调，音乐教育应是简单的、人人可以参与的。在音乐学习过程中，每个儿童都可以亲自参与、创造和表现真正属于自己的音乐。目前一些幼儿园教师以为奥尔夫教学就是节奏教学，并把节奏搞得非常难，说明他们并不理解奥尔夫的教学实质。

奥尔夫的贡献在于他创造了一种音乐理论和实践体系，使儿童能够从最自然的方式进入音乐世界的领域并从中获得最完整、最全面的音乐体验。他创造的体系可以使儿童有机会获得更多的关于交流、分享和共同创造的审美愉悦。同时，奥尔夫和他的继承者在音乐教育的领域内比较系统地探讨了近代教育所共同关心的有关儿童个性、社会性、创造性发展的一些实际问题，为音乐教育的未来发展

开创了具有重要意义的新思路。

▶**案例**3-3

活动课例一：节奏朗诵①

（1）从字词、姓名开始的节奏朗诵。

刚刚入园的孩子可以有节奏地报出自己的姓名，以相互认识，如：

X　X　|XXX　|X X X X|

王　　刚，　李天生，　欧阳惠山。

（2）选择孩子熟悉的动物名，进行节奏朗读。让每个孩子想一个小动物的名字，要求是两个字及以上的，有节奏地说出，如：

X　X　|X X X　|

白　　兔，　长颈鹿。

（3）交通工具类字词的节奏朗读。

让每个孩子想一个交通工具的名字，要求是两个字、三个字或四个字组成的词，然后有节奏地大声说出。孩子们按座位轮流进行，中途不要中断，也不要抢说。如：

X　X　|XXX　|X X X X|

卡　　车，　拖拉机，　公共汽车。

活动课例二：节奏朗诵《看花》②

X X X － | X X X － | X X X X | X － X － |

小 花 狗　　去 看 花，　红 花 白 花 和 黄 花，

XX XX X － | XX XX X － | XX XX X | X － X － |

红花 花花 花，　白花 花花 花，　黄花 花花黄 花， 花　　花。

X X X － | X X X － | X X X X | X － X － |

看 红 花，　　看 白 花，　　看 得 花 狗 眼 睛 花。

XX X X － | XX XX X － | XX XX X | X － X － ‖

红花 花花 花，　白花 花花 花，　黄花 花花黄 花， 花　　花。

开始时，儿童可以分别进行一个声部的朗诵，之后可以尝试将两个

☞音乐活动视频"爸爸去哪儿"

☞音频《开汽车》

---

①　李妲娜，修海林，尹爱青.奥尔夫音乐教育思想与实践［M］.上海：上海教育出版社，2011：35.

②　许卓娅.学前儿童音乐教育［M］.重庆：西南师范大学出版社，2000：41.

声部一起配合朗诵。

活动课例三：在游戏中感知与表现音的轻重

（1）音乐游戏"开汽车"

儿童围坐一圈，听音乐（连贯）做徒手开汽车的动作。

儿童站起，自己组成汽车，边听音乐边连贯做开汽车的动作游览森林，感受音乐的欢快、活泼。

儿童站起，自己组成汽车，听有连贯、有停顿的音乐。音乐响起的时候向前开车，音乐停顿的时候马上停车，用手做"刹车"的动作。

这是一个简单而有趣的游戏，幼儿可以自己扮演汽车，还可以与家长一起组成小汽车。通过这个游戏感知"顿音"和"连音"等各种音的变化。

（2）游戏"热闹的灯会"。

儿童人手一条纱巾，盖在脸上。儿童随着音乐自由走动，当听到重音的时候，掀开纱巾互相做个鬼脸，在游戏中感知乐曲的轻重变化。

活动课例四：在游戏中感知与表现音的长短

该游戏是专门为感受与分辨音的长短与顿跳而创编的，教师在运用时可以根据儿童的兴趣设计不同的游戏。在具体运用中可以有以下多种玩法，教师还可自编其他更多的玩法。

谱3-1

长 短 音

本曲选自于奥尔夫音乐

玩法建议：

玩法1：儿童每人拿一张废报纸，边听音乐边玩撕报纸的游戏。当听到长音响起时，儿童往下撕报纸，一直到顿音时停止；持续游戏，一直到音乐结束。儿童可以通过数撕下的报纸了解音乐中一共有多少长音。

玩法2：儿童把手中的旧报纸揉成一团，围成一圈站好。当音乐响起，儿童随音乐节奏左右摆动身体或将手中纸团逆时针传递；当听到长音响起时，儿童按逆时针方向，左手准备接同伴的纸团，右手同时准备把自己原先的纸团传递出去；当听到顿音时，纸团接、传动作正式完成。如此循环，一直到音乐结束。

玩法 3：刚开始玩游戏时，儿童一对一地面对面坐着或者站立。音乐响起后儿童随音乐节奏拍手；当听到长音响起时，一个儿童伸开手掌，掌心向下，另一个儿童伸出一根食指顶在其掌心上；当听到顿音时，伸开手掌的儿童迅速握紧手，去抓另一个儿童的食指，同时伸食指的儿童也马上把手指往下收，看谁的反应快。

等儿童熟练游戏后，教师可增大难度。儿童围成一圈坐好（或站好），儿童按逆时针方向，左手掌伸开，同时右手指顶在右边同伴的手掌心下。开始时边听音乐边拍手，当听到长音响起时，双手做好准备，当听到顿音时，左手去抓左边同伴的食指，右手同时躲避右边同伴的抓握。游戏中，既练习了听音乐反应能力，又训练了左右手的协调反应能力。

玩法 4：音乐响起后，儿童伴随音乐节奏自主地用动作表现摇泡泡水的动作；当听到长音响起时，儿童在音乐的长音处作吹泡泡动作；当听到顿音时，儿童作刺泡泡动作。如此循环，一直到音乐结束。

四、铃木音乐教育的理论与实践

铃木镇一（Suzuki Shinichi，1898—1998）是日本著名的音乐教育家、小提琴家，出生于一个乐器制造商的家庭。由于家庭环境的影响，铃木镇一从小就学习小提琴，1946 年在教幼儿演奏小提琴的实践基础上开始了其"天才教育体系"的建设，到 20 世纪 50 年代已取得显著成绩，60 年代中期，在日本接受其才能教育的儿童已超过 20 万。由于该体系能使许多儿童在较小年龄或较短时间内获得小提琴演奏技能方面的可观进步，因此很快获得世界音乐教育界的广泛关注，成为近现代儿童音乐教育体系又一被认可的重要体系。

铃木镇一通过大量的教学实践，形成了一套开发个人才能、使普通的儿童成为一个品德高尚、演艺精湛的音乐家的教育体系，即"铃木教学法"。铃木教学法主要是以儿童为对象，通过儿童的直觉、听觉以及每天的反复练习形成习惯，在良好的家庭环境中所进行的一种教育训练。同时，他还撰写了《莫扎特教育风暴》《用爱浇灌：铃木教学法——才能教育的最佳方法》《用爱哺育：铃木才能教育从零岁开始》等图书，宣传其音乐教育的思想与方法。

（一）铃木音乐教育的目标

铃木镇一认为，才能不是与生俱来的，任何一个儿童，如果有正确的教育方法，经过不断的努力，都可以成才。他极力反对家长急功近利的教育观念，强调音乐教育并不是为了培养出众的专业性人才，而是为了普及一种素质教育，使学习者学会做人的品质和做人的能力。他的教育目标是将每一个能力欠缺的儿童，改造成为一个才华横溢的人；将一个普普通通的儿童，改造成为一个出类拔萃的人。除了注重素质教育外，铃木镇一还追求"以人为本"的教育观，他希望所有的儿童都能感受到音乐，能通过音乐发展自己的才能。

（二）铃木音乐教育的基本思想

铃木镇一在日本儿童音乐教育上取得了令人惊叹的成就，引起世界各地音乐教育家的关注，其教育思想主要体现在以下几个方面。

1. 天才的能力源自早期教育

铃木镇一认为，从婴儿到幼儿、再从少年期到青年期、成年期，一个人在各个时代从环境中吸收与领悟知识的能力是不同的，年龄越小，吸收与领悟的可能性就越大，天才的能力来自良好的早期教育。

2. 才能是通过后天的有效教育发展起来的

铃木镇一认为，才能不是天生的，而是通过后天的有效教育发展起来的。他在《莫扎特教育风暴》一书中，列举了很多事例来证明自己信奉的理论：培育不出优秀的人才是因为没有采用优秀的教育方法；培育出了平庸的人是因为被平庸的人所培育的必然结果。他认为，才能教育需具备几个必要条件：

首先，为儿童提供优良的教育环境是才能发展的第一个必要条件。铃木镇一认为，每个儿童生来都是有能力的，他们在任何学科上的迟钝和困难，都预示着周围环境、教育或其他方面存在某种缺陷。优良的教育环境体现在：给儿童听由最好的作曲家创作的、最好的演奏家演奏的、最好的音响制作者制作的作品；让最好的教师来教儿童。铃木镇一认为，只要能为儿童创造出一种像祖国语言环境一样的优良音乐环境，让儿童每日沉浸于其中，任何儿童都可以掌握那些最优秀的人类文化遗产。

其次，才能是经过个体艰苦努力获得的，坚持不懈的大量练习是才能发展的第二个必要条件。铃木镇一曾一再强调：坚持不懈的练习和尽可能多的练习时间，不但是使儿童在音乐上能够形成快速直觉反应能力的重要条件，而且也有利于儿童形成坚韧不拔的意志品质和持之以恒的学习习惯。

再次，个人的艰苦努力是以个人对所从事事业的兴趣、热情为支撑点，积极情感的不断激发是才能发展的第三个必要条件。铃木镇一音乐教育体系在不断激励儿童的学习热情方面有着独特的方法，其中最有特色的就是"母亲参与"、"集体教学"与"音乐听觉训练"。

最后，倾听习惯与倾听技能的培养是音乐才能发展的第四个必要条件，因为敏锐的听力和直觉反应力的获得是以大量的高质量的倾听经验为基础的。

3. 音乐教育要培养儿童完美的性格和乐观的人生态度

在著作《用爱哺育：铃木才能教育从零岁开始》中，铃木镇一介绍了自己的人生哲学，以及培养儿童音乐能力的方法。他运用了大量具有说服力的实例来证实自己对儿童音乐教育的观点。在他看来，一个成年人的最大乐趣，莫过于开发儿童的潜能，从而让儿童表现出人类的和谐、优美。

铃木镇一认为，教育儿童不只是为了教会儿童某种音乐技能，更重要的是培养他们面对生活、解决问题和挑战自我的能力，也就是要教他们如何做人。而做父母的，最重要的一点是把孩子培养成一个具有美好心灵的人，这也就等于将他领上了一条幸福生活之路。只有当孩子觉得学习是快乐的，才让他开始学习，并且一定要在孩子还想学得更多的时候结束。对于孩子的教育，父母首先要以爱心和热情去努力培养他各方面的能力，要鼓励和赏识他，而不是一味地用责备和打击逼迫他们去"听话"，因为在威逼和恐惧中长大的孩子只能变成怯弱和虚伪的人。不要对孩子求全责备，不要动辄指责孩子，要多给孩子一些自由的空间，多给孩子一些适宜的奖励，夸奖远比指责的教育效果好。

4. 音乐教育的本质在于引导儿童感悟生命

只有真正感受到音乐之魂的儿童，才能从音乐中感悟出生命的意义。只有这样进行的音乐教育，才能有效培养儿童的能力，而不是简单教给儿童几首曲目。学习音乐，最重要的是要培养儿童的内心感觉。形成了良好音乐感觉的人肯定也就具备了心理上的协调能力。内在的音乐感觉能激发孩子的美好感情，能抚平孩子的心灵创伤，能安抚灵魂。

铃木镇一认为，培养儿童全面的才能比什么都更重要，因为片面而单一的才能往往可以和无能画等号。没有丰富的知识来充实自己，缺少丰富的想象力和广泛的兴趣爱好，任何一个人都不可能成为有所作为的伟大人物，更不可能获得完美而快乐的人生。

（三）铃木音乐教育的基本方法

铃木音乐教育有许多独特的方法，其中最具特色的就是母亲参与、集体教学以及音乐听觉训练。

1. 母亲参与

母亲在铃木音乐教育的教学活动中扮演了十分重要的角色。她们与自己的孩子一起开始音乐学习，并以自己对学习活动的热情态度和认真努力的实践行动来充当孩子的榜样；以自己随时学到的知识、技能充当孩子的课外学习指导；以母亲的权威和孩子之间的特殊感情关系来影响和激励孩子，使他们不断从母亲对他们的态度中看到自己的进步与不足，增加对自己的信心和要求。因此，争取母亲全力以赴的合作是铃木音乐教育在儿童早期技术才能教育方面获得成功的重要因素之一。

2. 集体教学

铃木镇一认为，在集体的、充满信心环境中，儿童之间可以获得更接近自身水平的技术榜样的激励。所以，他明确建议：每周应安排一次或至少每月应安排两次集体教学课，以便让年幼的儿童有机会和比他们年长、比他们水平高一些的儿童在一起学习。

3. 音乐听觉训练

铃木镇一认为，儿童学习音乐先应倾听完整的优秀音乐作品，而且需要熟悉到能够对这些音乐中的细微变化做出直觉反应的程度。铃木音乐教育对教学中的音乐听觉训练提出了以下具体要求：

第一，学习音乐必须从倾听完整的优秀音乐作品开始，而不是从辨认音符和分析乐谱开始。儿童每天都应该有时间来反复倾听正在学习的乐曲，听得不够的儿童将缺乏乐感。

第二，在儿童最初学习时，不应该进行视谱和视奏教学，以免分散儿童的精力，加重儿童的负担。

第三，儿童必须学会通过听来记住优秀的音乐作品和优秀演奏的音响，并在此基础上学会凭直觉来判断他们所听到的音乐音响的优劣。

第四，儿童必须学会通过听来发展并纠正自己演奏中的错误，并不断追求更好的演奏效果。

思考与实践

1. 结合理论学习，你认为幼儿园音乐教育的正确定位应该是怎样的？

2. 幼儿园音乐教育中音乐知识技能的学习与幼儿审美能力的培养之间是一种怎样的关系？请结合具体实例谈谈你的看法。

3. 幼儿园音乐教育应如何实现其教育意义。

4. 借鉴达尔克罗兹、科达伊、奥尔夫、铃木镇一等音乐教育教学理念，尝试设计一些体态律动、节奏游戏等，并在见习或实习的幼儿园应用。

推荐读物

[1] 杨立梅. 柯达伊音乐教育思想与匈牙利音乐教育 [M]. 上海：上海教育出版社，2011.

该书从历史发展、文化传统、教育哲学等角度分析了科达伊（柯达伊）音乐教育理论的形成与发展，以及匈牙利普通学校的音乐教育概况，为我国学校音乐教育提供了宝贵的借鉴。

[2] 许卓娅. 奥尔夫音乐教学的理论与实践 [M]. 上海：华东师范大学出版社，2021.

奥尔夫音乐教育体系是被世界广泛认可的，特别强调培养学习者创造性态度和能力的音乐教育体系之一，模仿、理解、应用、创造，再加上适时的、适当的分析，是奥尔夫音乐教育体系明确提倡的教学流程。该书介绍了奥尔夫音乐舞蹈教学的基本理论、奥尔夫教学方法与原则等方面的知识，提供了150余个国内外教师原创的教学案例，与精选的教学活动视频，有利于学习者从中体验到奥尔夫音乐教育教与学的价值与核心经验。

［3］杨立梅，蔡觉民.达尔克罗兹音乐教育理论与实践［M］.上海：上海教育出版社，2011.

该书介绍了达尔克罗兹音乐教育思想的基本观点、教学实践体系的组成部分与教学目标，重点阐述了体态律动、视唱练耳与即兴创作的教学过程、原理以及游戏性的教学实践活动，并辅以大量的活动案例。该书作为音乐教育学习的经典，可以使学习者全面理解达尔克罗兹音乐教育体系的理论与实践，较为深刻地认识达尔克罗兹融身体动作、音乐、情感为一体的体态律动音乐教学法在当代的运用与发展。

［4］尹爱青，曹理，缪力.外国儿童音乐教育［M］.上海：上海教育出版社，2011.

该书分别介绍了美国、德国、日本、苏联、匈牙利具有不同特点的儿童早期音乐教育的思想体系和教学实践。虽然各自的教学方法、教学对象、实验内容不同，但都从不同角度体现了一个共同的教育思想，即肯定每一个儿童的音乐潜能和发展前途，从儿童的个性、立场、经验出发，让他们快乐地进入音乐学习；以丰富的儿童早期音乐学习经验和音乐教育的审美、认知功能来奠定儿童身心全面发展的基础。

第四章 幼儿园音乐教育活动设计的原理

本章提要

本章第一节以《3～6岁儿童学习与发展指南》中艺术领域的教育目标为依据，对幼儿园音乐教育的总目标进行解读，从领域经验、学习素养、人格素养三方面入手，分析了歌唱、韵律、奏乐、音乐欣赏等几种音乐教育活动的实施目标，并以具体的实例探讨了不同结构化程度音乐教育活动的生成性目标、行为目标与表现性目标的设计原理；第二节从审美性、教育性、适宜性以及丰富多样性等要求出发，分析了歌唱、韵律、奏乐、音乐欣赏等几种音乐教育活动内容选择的基本要求，并以具体的音乐材料为例，探讨各种音乐教育活动内容组织的基本原理。

学习目标

1. 理解《3～6岁儿童学习与发展指南》中艺术领域教育目标的基本精神，明确幼儿园音乐教育目标设计的重要意义，掌握幼儿园音乐教育的总目标、各种教育内容的具体发展目标，以及不同结构化程度音乐教育活动目标设计的基本原理。

2. 理解幼儿园音乐教育内容选择与组织的基本要求，能初步为各年龄阶段幼儿选择适宜的音乐材料。

3. 能初步为各年龄阶段幼儿歌唱、韵律、奏乐、音乐欣赏等几种教育活动选择适宜的音乐材料，并设计相适宜的教育目标。

第一节　幼儿园音乐教育活动目标的确定

幼儿园音乐教育目标体现着音乐教育的价值取向，指导音乐教育活动设计与实施过程。

一、幼儿园音乐教育的总目标

（一）幼儿园音乐教育的基本目标

2001 年颁布的《幼儿园教育指导纲要（试行）》（以下必要时简称《纲要》）中关于幼儿园艺术领域教育的目标，表述如下：

（1）能初步感受并喜爱环境、生活和艺术中的美；

（2）喜欢参加艺术活动，并能大胆表现自己的情感和体验；

（3）能用自己喜欢的方式进行艺术表现活动。

2012 年印发的《3~6 岁儿童学习与发展指南》中关于幼儿园艺术领域教育的目标，主要有以下两个子领域与四个具体目标：

子领域一：感受与欣赏

目标 1：喜欢自然界与生活中美的事物

目标 2：喜欢欣赏多种多样的艺术形式和作品

子领域二：表现与创造

目标 1：喜欢进行艺术活动并大胆表现

目标 2：具有初步的艺术表现与创造能力

《幼儿园工作规程》（2016 年修订）从德、智、体、美四个方面制定了幼儿园保育与教育目标，其中美育的教育目标是：培养幼儿初步感受美与表现美的情趣和能力。

2020 年印发的《关于全面加强和改进新时代学校美育工作的意见》提出了各级各类学校美育课程的目标，要求学前教育阶段应开展适合幼儿身心特点的艺术游戏活动，培养幼儿拥有美好、善良心灵和懂得珍惜美好事物。

根据上述文件的精神，艺术不再是文明的摆设，不再是单纯的技艺，艺术就像装有生命之泉的杯子，富有生命活力的艺术甘泉从中倒出，供幼儿品尝。因此，幼儿园艺术教育不应是简单的艺术知识与技艺的教育，而是一种真正塑造人的教育，幼儿园艺术教育以塑造幼儿和谐完美人格作为其终极目标。

实际上，幼儿园音乐教育不是为了培养未来专门的音乐人才，也不在于教会幼儿一些简单的歌曲或舞蹈，而是为了让幼儿在音乐中受到美的熏陶，在音乐活动中满足活动与交往的情感需求和游戏需要，美化和丰富幼儿的心灵，让音乐真正走进幼儿的生活，让幼儿的生活充满音乐，使音乐成为幼儿生活中不可缺少的一部分，最终达到促进幼儿全面、健康、和谐、快乐成长的目的。

（二）幼儿园音乐教育的实施目标

依据上述文件的要求，结合艺术领域的教育目标以及幼儿园音乐教育的特点，我们可以从以下几个方面确立幼儿园音乐教育的实施目标：

1. 领域经验目标

在音乐活动中，幼儿能逐步感受与认识环境、生活与音乐中的美，初步了解与认识各类音乐的表现形式与表现手段，习得与掌握一些必要的、粗浅的音乐知识技能，积累音乐活动的相关经验，并在音乐活动过程中逐步发展其审美感知、审美理解、审美记忆、审美想象以及审美创造等方面的能力。

2. 学习素养目标

幼儿逐步学会用更加有效的方式进行感知、理解、记忆、操作，迁移应用或创造性应用所学知识技能；养成反思评价自我完善的主动学习习惯；学会在集体中与同伴相互学习相互帮助。

3. 人格素养目标

幼儿能学会遵守社会规范维护学习生活秩序；学会与同伴积极交流，树立合作意识与团队精神，共同分享各自对音乐的理解与快乐；逐步养成热爱生活、活泼开朗、积极向上的良好个性以及文明高雅的气质，达到以美促健、以美启智、以美储德的协调发展，成为一个兴趣广泛、性情高雅、心灵丰富、身心健康的全面健康和谐发展的人。

（三）不同结构化程度音乐教育活动的目标设计

幼儿园音乐教育活动目标是幼儿园音乐教育活动预期结果的标准与期盼，陈述的是教育者期盼通过每一次音乐教育活动所达到的成效。幼儿园音乐教育活动的结构化程度，是反映幼儿园音乐教育活动性质的重要指标。

从理论上讲，在从无结构化的"自发性音乐活动"到完全结构化的"集体音乐教学活动"的连续体上，可以有无数种陈述幼儿园音乐教育活动目标的方式。大致地说，低结构化幼儿园音乐教育活动的目标表述，以强调过程、比较宽泛的生成性目标为主；高结构化幼儿园音乐教育活动的目标表述，以强调结果、比较具体的行为目标为主；而在生成性目标与行为目标之间的是强调幼儿个性化音乐表现的表现性目标，如图 4-1 所示。

1. 生成性目标

生成性目标是在幼儿园音乐教育活动过程中生成的，关注的是幼儿参与音乐活动的过程。在幼儿自发开展的音乐活动以及音乐区角活动等结构化程度较低的音乐教育活动中，教师应根据幼儿的兴趣、需要以及活动开展的具体情况，在幼儿、教师与教育情境的交互作用中生成目标，并在活动过程中随时调整目标。

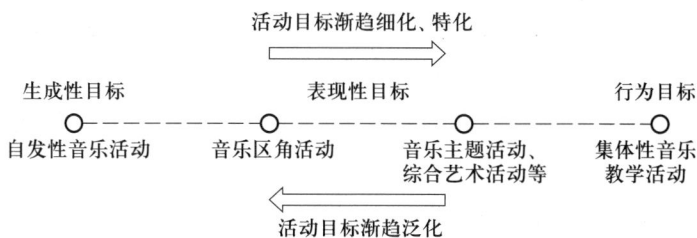

图 4-1　幼儿园音乐教育活动目标

例如，自发性音乐活动完全是由幼儿自主自发产生的音乐活动，属于无结构化的音乐教育活动。此类音乐教育活动的产生是教师无法预先估计的，故而不适宜事先选择可操作的方式去界定其目标。而音乐区角活动主要是由教师在活动室中开辟一个专门的区角，区角内放置各种音乐活动所需的材料、道具等，供幼儿自由选择、自主开展各种形式的音乐活动。音乐区角活动是由幼儿发起的探索性音乐活动或表现性音乐活动，属于结构化程度较低的音乐教育活动，其活动目标较为泛化。这类活动目标是隐藏在教师心中，通过提供材料、共同游戏或引导、分享等活动潜移默化地体现出来的。音乐区角活动的活动目标应重点体现在引导幼儿主动积极地参与音乐区角活动，喜欢自由探索与自主表现，能与同伴合作交流等方面。

2. 行为目标

行为目标是以幼儿具体的、可被观察的音乐活动行为作为表述对象的教育目标，指向音乐教育活动实施以后在幼儿身上所发生的行为变化。在陈述幼儿园音乐教育活动的行为目标时，教师应选择能够清晰描述幼儿音乐活动行为以及其他行为的动词，所描述的行为也应是幼儿通过音乐活动能形成的、可观察的、可测量的具体行为，例如"演唱""用身体动作表现""演奏"，等等。

在为高结构化的音乐教育活动设置活动目标时，教师心中必须有很强的"目标意识"，以幼儿园课程目标为中心，将高层次的课程目标层层分解，将总体目标落实到每一个具体的音乐教育活动中去。

以小班歌唱活动"迎春花"为例，该活动的领域经验目标可以陈述为：初步学唱歌曲，学习用轻快的歌声表现小蜜蜂可爱的形象。

在上述目标中，"幼儿"是主体，"学唱"和"学习"是行为动词，"初步"以及"用轻快的歌声表现小蜜蜂可爱的形象"是行为的达成程度。

3. 表现性目标

表现性目标强调幼儿个性化的音乐表现，指向幼儿创造性音乐能力的培养。表现性目标不规定幼儿在完成音乐活动后必须获得的音乐知识与技能或应获得的音乐活动行为，而是指向每个幼儿在音乐教育情境中的个性化表现。幼儿已有的音乐知识技能是这种活动得以进行的基础条件。表现性目标鼓励幼儿运用已有的音乐知识技能，创造性地进行个性化的表现。因此，表现性目标是唤起性的而非规定性的，具有不可预测与不可控制性。

以中班韵律活动"跷跷板"为例，该活动的学习素养目标可以陈述为：在生活经验与熟悉乐曲的基础上，尝试运用身体各部位创编以及幼儿两两合作创编表现跷跷板"一上一下"的动作。

在上述目标中，强调幼儿运用已有的生活经验与动作经验，用身体各部位（手臂、肩膀、头、脚等部位）创造性地表现跷跷板"一上一下"的动作，以及幼儿两两之间的合作表现。在这里，幼儿已有的关于跷跷板的生活经验以及耸肩、跷脚、互相合作压跷跷板等动作经验是该活动开展的基础条件。幼儿的创造性表现是唤起的，无法事先预测可达到的水平，与幼儿的动作能力及教师的引导启发密切相关。

以大班打击乐器演奏活动"进行曲"为例，该活动的人格素养目标可以陈述为：进一步学习看指挥演奏和初步尝试进行演奏的指挥；尽力保持与同伴整齐地开始、进行和结束演奏，尽力保持音色音量和节奏的和谐一致；随时关注乐器的轻拿、轻放，演奏过程中不将乐器掉落；演奏结束后收拾、整理。

二、幼儿园歌唱活动目标

幼儿园歌唱活动的目标不仅仅是为了教幼儿学唱几首歌，其价值追求更多在于促进幼儿学会用歌唱的方式表达心声、抒发情感与交流思想，能够自我享受或与他人共享歌唱的快乐。因此，幼儿园歌唱活动的目标应主要着眼于指导幼儿学习用自然、好听的声音正确演唱歌曲，尝试用歌声表达自己的思想、抒发内心的情感体验。在歌唱活动中，幼儿的自主表现、情感体验的抒发与对正确歌唱技能与方法的学习都是必不可少的。

（一）幼儿园歌唱活动教学目标

一般而言，幼儿园歌唱活动教学目标具体体现在以下三个方面：

1. 领域经验目标

幼儿能够感知、体验、理解歌曲所表达的内容、情感与意义；学习运用各种方式理解与记忆歌词，能够初步正确地演唱歌曲；学习较自然地运用声音表情表现歌曲，知道并努力调整自己的声音以与集体相协调；学习运用创造性的方式进行一定的歌唱表现；知道如何保护自己的嗓音等。

2. 学习素养目标

幼儿能初步养成认真观察、学会学习等良好学习习惯。

3. 人格素养目标

幼儿能潜移默化地受到歌曲的情感激励，愿意积极主动地参与；能体验并积极追求参与活动的快乐，体验并积极追求唱出美好声音的快乐，体验并积极追求用歌声与同伴交流的快乐，体验并积极追求集体性歌唱活动中声音和谐与情感默契的快乐等；初步学会运用歌声以及眼神、体态等与同伴合作交流等社会性行为能力等。（请注意，该目标主要在幼儿歌唱活动的过程中进行培养。）

当然，上述目标并非在一次活动中就要全部完成，或者每次歌唱活动都要完成每一方面的目标。教师应根据歌曲内容、幼儿能力发展水平与实际情况等确定每次歌唱活动的主要目标。

（二）不同结构化程度歌唱活动的目标设计

1. 生成性目标

幼儿园歌唱活动的生成性目标是在歌唱活动过程中生成的目标，关注的是幼儿歌唱活动的过程，较为凸显的是情感、态度发展。在幼儿自发性歌唱活动以及歌唱区角活动中，教师应根据幼儿的兴趣和需要以及活动开展的具体情况，在幼儿、教师与教育情境的交互作用中生产目标，重点引导幼儿积极主动地参与歌唱活动，喜欢用歌声表达思想、交流情感等，帮助幼儿享受歌唱的乐趣。

以歌唱区角为例，幼儿在歌唱区角里自由自主地选择喜欢的歌曲进行演唱，其目标可以定位为：愿意主动参与歌唱活动，喜欢用歌声表达思想，享受歌唱的乐趣。

如果教师发现幼儿在歌唱区角中存在大喊大叫的现象，那么就需要及时调整目标，在生成性目标中加入一条：能努力控制自己的情绪，学习用自然的、好听的声音歌唱。

2. 行为目标

幼儿园歌唱活动的行为目标指向在歌唱活动实施以后，幼儿在歌唱知识、技能等方面可能形成的可观察的、可测量的具体行为，较为凸显的是歌唱知识、技能方面的发展。

歌唱知识、技能的培养需要循序渐进，为此，教师在为不同年龄段幼儿设置歌唱活动教育目标时，心中必须有很强的"目标意识"并落实到每一个具体的歌唱活动中去。

以大班歌唱活动"春天里来"为例，其活动目标可以定位为：

（1）感受歌曲欢快活泼的情绪，初步学唱歌曲；

（2）在教师的提示下，探索使用图示法理解、记忆歌词；

（3）体验通过自己探索学会歌唱的快乐。

上述活动目标的前两个目标都是具体、可观察到的行为目标，第三个目标则属于相对泛化的生成性目标，但也能够体现出教师的设计意图，即幼儿通过自己探索学会演唱歌曲，并能在挑战自我的过程中感受快乐。

3. 表现性目标

幼儿园歌唱活动的表现性目标强调幼儿个性化的歌唱表现，指向幼儿创造性歌唱能力的培养。表现性目标鼓励幼儿运用已有的歌唱知识技能，创造性地运用嗓音进行个性化的表现。比如，幼儿可以在学习一定数量的歌曲以及具有一定的生活经验基础上，开展续编、改编歌词以及即兴创编歌曲等各种创造性歌唱活动。

以生活化歌唱活动"快乐的六一"为例，该活动的主要目标可以陈述为：

（1）根据自己在"六一"儿童节的快乐经历，与家长共同创编说词并以图谱的方式记录。

（2）能将说词内容按教师的鼓点节奏自然地融入歌曲《我们的节日》的旋律中，通过说唱的方式抒发自己的快乐体验。

（3）在交流分享的过程中，积极提供自己的创意，认真了解、热情评价他人的创意，体验自我表现和共同创建的快乐。

上述活动目标重在鼓励并引导幼儿运用歌唱或者说唱等方式表达自己在"六一"儿童节中的生活经历与快乐体验。本次活动的歌曲载体是幼儿十分熟悉的流行歌曲《我们的节日》，该班幼儿之前已经十分熟悉该歌曲的旋律，而且每个幼儿在儿童节中都有自己难忘的经历与体验，这些都是实现上述表现性目标的基础。当然，每个幼儿在儿童节中的体验都可能有所不同，因此创编出来的歌曲富于个性化。

三、幼儿园随乐韵律活动目标

（一）幼儿园随乐韵律活动教学目标

幼儿园随乐韵律活动的主要目的在于发展幼儿身体动作的节奏感与协调性，培养幼儿随乐动作能力以及创造性地运用身体动作表现生活经验与个人情感的能力等。

幼儿园随乐韵律活动包括律动、舞蹈、音乐游戏、各种身体节奏活动等，具体来讲，不同活动内容的价值追求在重点上各有侧重。如律动的教育价值主要体现在帮助幼儿运用身体动作与音乐相呼应以及发展身体动作的协调性、反应力等；创造性韵律活动的教育价值主要体现在引导幼儿大胆、创造性地运用身体表现生活中的各种形象以及自己对音乐的理解与想象；集体舞的教育价值侧重引导幼儿在集体中找到自己的正确位置，学习合理运用身体动作、表情眼神等与同伴交流情感等；音乐游戏的教育价值则重点体现在充分运用音乐游戏发展幼儿对音乐某些表现手段的感受与反应能力，让幼儿感受到音乐游戏的快乐等。

幼儿园随乐韵律活动的实施目标具体体现在以下几个方面：

1. 领域经验目标

幼儿能够感受与理解随乐动作所表达的内容与情感，并认真地学习与再现；初步积累一些生活经验以及简单的动作语汇，尝试运用身体动作创造性地表达自己对音乐作品的理解认识、联想与想象、情感体验等；能注意自己的动作协调性，注意体态以及身体的姿势美；能运用道具进行动作表现。

2. 学习素养目标

幼儿喜欢用身体动作探索音乐；能够快速精准地观察模仿和记忆动作；也喜欢用自己的方式改造和重组已经习得的动作模式；喜欢对别人教授自己的动作和创编动作的想法；也喜欢向别人学习新的动作和新的创编想法。

3. 人格素养目标

幼儿乐于参与随乐韵律活动，喜欢玩音乐游戏；能够享受参与节奏活动、律动、舞蹈以及音乐游戏的快乐，能够体验并积极追求运用身体动作大胆模仿生活、表达自己情感体验的快乐，能够体验并积极追求与同伴共同表演的快乐；能够与同伴交往、合作，并运用身体动作、表情、眼神与同伴交流，养成与同伴共享活动空间的习惯与能力，养成遵守游戏规则的习惯。

（二）不同结构化程度随乐韵律活动的目标设计

1. 生成性目标

幼儿园随乐韵律活动的生成性目标是在随乐韵律活动过程中生成的目标，关注的是幼儿律动、舞蹈等随乐韵律活动的过程，比较凸显的是情感、态度方面的发展。在幼儿自发性律动舞蹈活动以及表演区角活动等音乐活动中，教师应根据幼儿的兴趣和需要以及活动开展的具体情况，在幼儿、教师与教育情境的交互作用中生成目标，重点引导幼儿愿意主动积极地参与韵律活动，喜欢用身体动作表达思想，交流情感等，帮助幼儿享受韵律活动的乐趣。

以表演区角为例，幼儿在表演区角里自由选择喜欢的音乐进行自主表演，其目标可以定位为：愿意积极参与韵律活动，喜欢用身体动作表现音乐、表达思想，享受自由表演的乐趣。

如果教师发现幼儿在表演区角中存在动作内容与音乐作品情绪脱节，或动作与音乐节奏不符等现象，那么就需要及时调整目标，在目标中加入：能够认真倾听音乐进行表演，使自己的动作与音乐的情绪、节奏匹配，努力追求动作的姿势美与协调美。

2. 行为目标

随乐韵律活动中的行为目标指向幼儿在随乐韵律活动实施后，预期形成的可观察的、可测量的具体行为，较为凸显的是相关知识、技能等方面的发展。

幼儿动作技能的培养同样需要循序渐进，教师在为不同年龄段幼儿随乐韵律活动设置目标时，心中必须有很强的"目标意识"并落实到每一个具体的随乐韵律活动中去。

以大班随乐韵律活动"小蝌蚪"为例，其活动的主要目标可以定位为：
（1）领域经验目标，能随乐有节奏地表现小蝌蚪活泼可爱的形象，并努力追求动作的姿势美;（2）学习素养目标，学习根据语言提示记忆动作顺序;（3）人格素养目标，自由游动的过程尽力不干扰他人的运动，并在遇到他人时使用姿态表情眼神自然热情地与对方交流。

这些活动目标是具体、可观察的行为目标，因此活动的每一环节都要紧紧围绕这些目标进行设计。

3. 表现性目标

随乐韵律活动中的表现性目标强调幼儿个性化的动作表现，指向培养幼儿的动作表现能力。表现性目标鼓励幼儿运用已有的动作经验，创造性地运用身体动作进行个性化的音乐表现。例如，幼儿可以在学习一定数量的基本动作以及具有一定的生活经验基础上，根据歌曲或乐曲创编动作，或根据某一生活经验创编律动舞蹈等。

前述生活化的律动创编活动"跷跷板"就体现了这样的目标设计。

四、幼儿园奏乐活动目标

在奏乐活动中，幼儿手、眼、脑、心并用，在大脑建立起复杂的神经联系，让头脑变得灵敏、聪慧。奏乐活动的价值追求主要体现为幼儿在演奏过程中身体各部分的协调、自己与同伴以及指挥等的合作，以及对音乐整体音响效果的寻求、对演奏状况的把握等。奏乐活动可以锻炼与发展幼儿的观察力、记忆力、想象力、创造力、自制力、合作协调能力等。

（一）幼儿园奏乐活动教学目标

在奏乐活动中，幼儿的发展目标具体体现在以下几个方面:

1. 领域经验目标

幼儿能够知道常见打击乐器的名称，初步辨别打击乐器的音色，基本正确地掌握熟悉乐器的持、握、演奏、消除演奏余音以及收放乐器的方法等;能够比较自如地演奏常见的打击乐器，努力奏出和谐、美好、有表现力的音响;知道如何运用节奏型的简单变化规律进行创造性的表现;理解指挥的基本手势，能根据指挥的提示演奏乐器;初步尝试进行简单的指挥，能较清楚明确地作"准备"、"开始"与"结束"等相关的基本指挥手势，知道如何用指挥动作表现节奏与音色的变化等。

2. 学习素养目标

幼儿能够快速精准地观察模仿记忆再现演奏的节奏和动作;喜欢探究乐器的演奏动作和音色，在教师和同伴的启发与帮助下参与对演奏方案的替换微调和重组。

3. 人格素养目标

幼儿乐于参与乐曲演奏活动，喜欢探索乐曲的各种演奏方法和音色变化的关系;能够体验并努力追求参与乐曲演奏活动的快乐，能够体验并积极追求运用打击乐器奏出美好音响的快乐，能够体验并积极追求与同伴共同合作演奏中的声音和谐与情感默契的快乐。

幼儿能爱护乐器，体现对乐器负责的责任感；在奏乐活动中与同伴相互配合，能与指挥交流并积极响应指挥的要求；遵守打击乐器演奏的常规，养成主动追求活动秩序的审美态度与习惯。

（二）不同结构化程度奏乐活动的目标设计

1. 生成性目标

幼儿园奏乐活动的生成性目标指在幼儿乐曲演奏过程中生成的目标，关注的是幼儿奏乐活动的过程，较为凸显的是情感、态度等方面的发展。在幼儿自发进行的奏乐活动以及奏乐区角活动中，教师应根据幼儿的兴趣和需要以及活动开展的具体情况，在幼儿、教师与教育情境的交互作用中生成目标，重点引导幼儿乐于参与演奏活动，喜欢探索打击乐器的各种演奏方法和音色变化的关系；能够体验并努力追求参与演奏活动的快乐，能够体验并积极追求运用打击乐器演奏出美好音响的快乐等。

以区角中的奏乐活动为例，其目标可以定位为：乐于参与乐曲演奏活动，喜欢探索打击乐器的各种演奏方法并大胆演奏。

如果教师发现幼儿在区角演奏活动中存在不爱护打击乐器、不遵守打击乐器演奏的基本常规，或配合不够默契等现象，那么就需要及时调整目标，在目标中加入：能够自觉爱护乐器，在演奏中与同伴相互配合，遵守演奏的常规，养成主动追求活动秩序的审美态度与习惯。

2. 行为目标

奏乐活动中的行为目标指向幼儿在打击乐器演奏活动实施后，预期形成的可观察、可测量的具体行为，较为凸显的是与所演奏的打击乐器相关的知识技能，对所演奏音乐作品的情绪、结构等音乐知识的感知与表现等方面的发展。

以大班奏乐活动"木瓜恰恰恰"为例，其活动的主要目标可以定位为：

（1）领域经验目标：随时认真关注指挥手势，及时配合指挥的要求，并能够尽量注意用姿态和眼神与指挥交流。

（2）学习素养目标：学习看图谱进行徒手练习与分声部演奏乐器。

（3）人格素养目标：完整欣赏音乐作品，感受并体验音乐的情绪、节奏与结构。

上述活动目标都是具体、可观察到的行为目标，教师在活动的每一环节都要紧紧围绕这些目标进行设计。

3. 表现性目标

奏乐活动中的表现性目标强调幼儿在一定演奏经验的基础上，根据音乐的特点，自主选择乐器与节奏型，进行创造性的配乐演奏。

以中班奏乐活动"好玩的纸乐器"为例，其活动的主要目标可以定位为：

（1）能够使"乐器"发出好听的声音，不发出扰人的噪音；

（2）知道并乐于探索各种材质的纸张能够发出的音色及用不同演奏方式发出的音效，能够大胆、创造性地开展各种探索性演奏活动；

（3）乐于与同伴交流自己的探索与发现，能够使自己的演奏与同伴、集体相协调。

五、幼儿园音乐欣赏活动目标

幼儿园音乐欣赏活动的价值追求主要体现在：引导幼儿怀着欣赏音乐的情绪情感，主动追求从音乐中获取自我满足与自我发展；有效激发幼儿对音乐的兴趣，开阔他们的音乐视野，培养幼儿对音乐的感知力、注意力、想象力和创造力，并在欣赏中获得初步的审美能力与健康的审美情趣，陶冶美好的思想情操。

自本世纪始，经过 20 多年的发展，幼儿园音乐欣赏活动这种特别的应用教育活动类型已经不复存在。同音乐游戏活动一样，欣赏和游戏已经转换成两种上位的应用教学基本原则。任何不具备这两种性质的活动，都属于不合格的音乐教育活动。上述幼儿园音乐欣赏活动的价值追求已经成为所有类型的音乐教育活动共同追求的目标。为了表示对"欣赏"这一应用教学基本原则的重视，本书特保留这部分内容，以供幼儿园教师参考。

（一）幼儿园音乐欣赏活动教学目标

幼儿园音乐欣赏活动应努力实现如下三个方面的发展目标：

1. 领域经验目标

幼儿能够感受与理解音乐作品中基本的表现手段，能够再认与区分欣赏过的音乐作品，具有一定的音乐记忆力。

2. 学习素养目标

幼儿体验、理解音乐欣赏作品所表达的内容与情感，并展开大胆的联想与想象；初步形成一些简单的音乐知识，积累一定的音乐、舞蹈语汇，并在具体的音乐活动中加以应用；初步了解应如何从音乐欣赏活动中获得各种艺术与非艺术的经验，尝试运用身体动作、语言文学、美术等各种艺术表现手段大胆表达自己对音乐作品的理解认识、联想与想象、情感体验等。

3. 人格素养目标

幼儿乐于参与音乐欣赏活动，有积极的欣赏态度；能专注、认真地欣赏音乐作品，养成安静倾听、观赏的习惯；能够体验并享受音乐欣赏过程的快乐，能够体验并积极追求欣赏过程中大胆表达自己情感体验的快乐，能与他人分享欣赏音乐作品的快乐；对各种形式、风格的音乐作品有较广泛的爱好。

幼儿能潜移默化受到音乐作品的情感熏陶与陶冶；初步养成认真倾听、大胆表现等良好学习习惯；能与同伴分享欣赏的快乐以及各人的感受，养成与同伴合作交流的社会能力；初步形成尊重并接纳各种民族、各种风格音乐艺术及其文化习俗的意识等。

（二）不同结构化程度音乐欣赏活动的目标设计

1. 生成性目标

幼儿园音乐欣赏活动的生成性目标是在音乐欣赏过程中生成的目标，关注的是幼儿音乐欣赏的过程，较为凸显的是情感、态度方面的发展。在幼儿自发性音乐欣赏活动、欣赏区角以及日常生活活动中的音乐欣赏活动中，教师应根据幼儿的兴趣和需要以及活动开展的具体情况，在幼儿、教师与教育情境的交互作用中生成目标，重点引导幼儿积极主动地倾听音乐，能够根据自己的理解大胆想象音乐，并喜欢用身体动作、绘画、图谱、语言等各种方式表达对音乐的理解，帮助幼儿享受欣赏音乐的乐趣。

以幼儿午睡起床时的音乐欣赏为例，其目标可以定位为：愿意积极参与音乐欣赏活动，享受欣赏音乐放松身心的乐趣。

如果教师发现幼儿在该音乐欣赏活动中存在动作表现与音乐作品情绪脱节，甚至听音乐时四处跑动等现象，那么就需要及时调整目标，在目标中加入：能够专注倾听音乐，尝试运用身体动作、语言等方式表达与交流听音乐的感受。

2. 行为目标

音乐欣赏活动的行为目标指向幼儿在音乐欣赏活动实施后，预期形成的可观察的、可测量的具体行为，较为凸显的是与所欣赏的音乐相关的知识、音乐审美能力等方面的发展。

幼儿音乐知识的丰富与审美能力的培养需要一个循序渐进的过程，因此，教师在为不同年龄段幼儿设置音乐欣赏活动目标时，心中必须有很强的"目标意识"并落实到每一个具体的活动中去。

以小班音乐欣赏活动"小燕子"为例，其活动的主要目标可以定位为：感受3/4拍音乐"强弱弱"的节奏特点，能够初步分辨音乐中的连贯与跳跃，尝试用动作与图示等方式表现音乐内容。

在上述活动目标中，"3/4拍音乐"强弱弱"的节奏特点""音乐中的连贯与跳跃"等都是具体、可观察到的行为目标，教师在活动中的每一环节都要紧紧围绕这一目标进行设计。

3. 表现性目标

在音乐欣赏活动中，表现性目标强调幼儿对于音乐个性化的审美感知、想象与表现，指向幼儿创造性的音乐审美感知、想象与表现能力的培养。表现性目标鼓励幼儿运用已有的音乐经验、生活经验和动作经验，大胆想象音乐，并创造性地运用身体动作、美术、语言、表演等方式进行个性化的音乐表现。

下面以大班音乐欣赏活动"钟表店"为例进行分析。《钟表店》是由德国著名作曲家查理·奥尔特创作的描绘性标题乐曲。乐曲采用造型性表现手法，一开始奏出八拍模仿钟声报时，作为前奏；随后，乐曲奏出模仿钟表店里挂钟、闹钟、怀表等各式钟表有规律的滴答声和嚓嚓声；时而响起几声口哨，随后还响起了模仿发条松弛和钟表匠上发条的声响，钟表继续走动；接着，乐曲还出现了由八音盒奏出的苏格兰民歌旋律；最后，乐曲在各式各样的时钟同时敲响四点的一片音乐声中结束。本次欣赏活动的目标可以定位为：

（1）认真倾听音乐，感受音乐中音高、节奏、速度、力度风格截然不同的三个乐段的鲜明对比；

（2）能够根据音乐的变化与个人的生活经验大胆想象，并尝试进行故事讲述与合作表演；

（3）在安静倾听时，尽量不干扰别人的倾听；在需要进行表达和探索时，注意维护共同活动的秩序，如运动过程中不碰撞他人；在需要合作和交流时，自然热情地使用姿态和眼神。

在上述目标中，幼儿对音乐的审美感知是基础，重点在于根据幼儿的兴趣与经验，引导幼儿根据音乐的变化大胆展开想象，并依照想象的情境进行表演。幼儿既可以根据作曲家的原意进行感受与想象，也可以展开自由想象。

> ▶**认识儿童**
>
> 　　上述案例中，有些幼儿将音乐想象成钟表店里各种时钟争相表演，向顾客展示自己好听的节奏与优美的舞步，希望得到顾客的青睐。还有些幼儿将音乐中前面与中间出现的钟声想象成魔法师的魔法音，当第一遍魔法音响起时，墙上的钟都变成小木偶，随着 A 段音乐跳起轻快的舞蹈；当第二遍钟声响起时，公主、王子出来了，木偶都不能动了，公主、王子随着 B 段音乐跳起了优美、缓慢的舞蹈；当第三遍钟声响起时，公主、王子与小木偶一起跳起欢快的舞蹈；最后，四点钟声敲响，舞会结束。幼儿就是这样依照个人的兴趣与生活经验进行想象，并运用故事、表演等方式大胆表现。

第二节　幼儿园音乐教育活动内容的选择和组织

幼儿园音乐教育活动内容多样，形式丰富，主要有歌唱、随乐韵律、奏乐、音乐欣赏四种音乐教育活动。

一、幼儿园歌唱活动内容的选择和组织

（一）幼儿园歌唱活动内容的选择

幼儿园歌唱活动材料主要是歌曲。幼儿园歌唱活动所选择的歌曲，总体上应符合审美性、教育性、适宜性，以及内容、形式、情绪与风格的丰富性与多样性等要求。

1. 歌曲的审美性

审美是音乐的核心，幼儿园歌唱活动所选择的歌曲，应符合音乐艺术审美的基本要求。首先，歌曲的旋律应优美动听，能激发幼儿学唱的兴趣，给欣赏者与演唱者美的享受。音乐艺术审美的要求不仅体现在歌曲的旋律上，还体现在歌曲歌词的艺术美上，即歌词朗朗上口、优美抒情、幽默诙谐、富有情趣。同时歌曲的词曲结合应和谐一致。

如歌曲《走路》就能较好地体现歌曲音乐艺术审美的要求。其旋律动听，歌词生动，旋律不仅能很好地配合歌词的韵味，还能恰当地体现不同小动物走路的轻重快慢等变化，词曲结合非常和谐。

谱 4-1

2. 歌曲的教育性

幼儿天生喜爱歌唱，歌曲对幼儿心灵的影响是潜移默化的。歌曲的教育性并非单纯指歌曲的歌词一定要具有道德教育的意义，而是幼儿园歌唱活动所选择的歌曲应该都是健康向上的，能激发幼儿对生活的热爱与向往，熏陶幼儿高尚美好的情操。

如幼儿十分喜爱的《迷路的小花鸭》《小蚂蚁避雨》等歌曲，对他们的品行

教育正如春雨润物，自然而深远。

3. 歌曲的适宜性

为不同年龄段幼儿选择的歌曲，应符合其歌唱能力的发展水平，并在此基础上逐步促进幼儿歌唱能力的发展。

（1）歌词的选择。为幼儿选择的歌曲，其歌词一般应具备以下几个特点：

首先，歌词反映的主题与形象应单一，且是幼儿熟悉、理解并感兴趣的。幼儿的年龄较小，生活经验有限，应选择一些他们生活中熟悉、能够理解并感兴趣的主题作为歌唱活动的题材，才能吸引幼儿的兴趣，并易为幼儿所理解和接受。

其次，内容与文字应富有童趣并易为幼儿所理解和记忆。所选歌曲的歌词文字应简单并能为幼儿所理解，歌词结构应简单，多重复，歌词篇幅应短小易记，通常有象声词的歌曲幼儿学得快、记得快，同时也为幼儿提供了更多的编唱机会。

最后，歌词形象应鲜明，适合用动作表现或进行游戏。幼儿天性好动，感情外露，因此唱唱跳跳、唱唱玩玩自然成为他们最喜爱的一种音乐表现活动。

（2）曲调的选择。为幼儿选择的歌曲，其曲调一般应具有以下几个特点：

首先，曲调的音域应适合幼儿演唱，有利于幼儿唱出自然优美的歌声。教师应根据不同年龄段幼儿的音域，选择符合他们最佳音域的歌曲。尽量避免幼儿演唱音域过高过低的歌曲，以保护幼儿的声带。

其次，曲调的节奏应较简单，符合幼儿的歌唱能力与成长的需要。为 4 岁以下幼儿选择的歌曲，节奏应主要由二分音符、四分音符、八分音符组成；为 4～6 岁幼儿选择的歌曲，可以适当增加一些附点音符、十六分音符、切分音符等难度较大的节奏，还可为 6 岁幼儿选择带"弱起"节奏的歌曲。

再次，曲调的旋律应较为平稳。幼儿一般不适合演唱旋律起伏太大的歌曲，4 岁以下幼儿演唱歌曲的音程跳进多为三度及以下的音程，4 岁以下的幼儿在演唱小二度音程的歌曲时也存在较大困难；4～6 岁幼儿可以演唱四度、五度与八度音程，但不宜演唱六度、七度以及连续大跳的音程的歌曲。

最后，曲调的结构应短小工整。幼儿一般不适宜演唱结构过于长、大的歌曲，为 4 岁以下幼儿选择的歌曲，以含 2～4 个乐句为宜，总长度 8 小节左右，每一乐句的长度最好相当；为 4～6 岁幼儿选择的歌曲，可以有 6～8 个乐句，总长度增至 16～20 小节。

幼儿歌曲曲调的结构一般较工整，乐句与乐句之间，在长度上是相等的，在节奏上是相等或相似的，偶尔也可以有些不工整的乐句，但总体上应以工整为主。4 岁以下幼儿所唱的歌曲，一般多为一段体或一段体的分节歌；4～6 岁幼儿可以演唱一些简单的二段体以及三段体的歌曲，但仍以一段体歌曲为主。

4. 内容、形式、情绪与风格的丰富性与多样性

为幼儿选择的歌曲，题材应广泛，既有反映幼儿喜爱的动物、植物以及自然界变化等题材的歌曲，也有反映幼儿日常生活、游戏、学习等题材的歌曲，还有反映社会生活、节日、幼儿熟悉的成人劳动生活等题材的歌曲。

为幼儿选择的歌曲，形式应多样，应让幼儿感受独唱、齐唱、对唱、接唱、轮唱、双声部合唱等多种演唱形式。

为幼儿选择的歌曲，情绪应丰富多样，不同年龄段的幼儿都应感受和表现活泼欢快、优美抒情、安静甜美、雄壮有力等各种情绪的歌曲，从而丰富自身的艺术体验，增强歌唱表现能力。

此外，教师还应根据本班实际，选择一些富有我国各民族风格以及国外脍炙人口且民族风格浓厚的幼儿歌曲，组织幼儿进行感受与表现。

（二）歌曲的分析与组织

教师选择好歌曲后，不仅要熟悉歌曲，还应能够分析歌曲。

首先，教师要在反复练习的基础上达到熟练地演唱与弹唱，并且能够通过声音的强弱、快慢、音色、呼吸等各种技巧来准确、生动、细腻地表现歌曲的情感与内容。

其次，教师还要能够分析歌曲的重难点，即教师在了解本班幼儿现有音乐发展水平的基础上，找出该歌曲的教学重点与难点，并思考解决与突破的方法与策略。

下面，以歌曲《大灰熊》和《三条鱼》为例进行分析：

谱 4-2

《大灰熊》这首歌曲具有很强的故事性，该歌曲的难点在于引导幼儿通过控制声音的轻重来表现歌曲的情节内容，如演唱"请你走路轻轻，非常非常轻轻"这一句，宜用渐弱的声音进行演唱，而最后一句"它就要发怒"则应唱得比较强。对歌曲轻重的表现是幼儿歌唱技能的难点，因此，教师除了可以通过反复的富有表现力的范唱让幼儿充分感受这一变化外，还可以引导幼儿通过动作、体态、游戏等方式直观体验声音与动作上轻重的力度变化。

谱 4-3

《三条鱼》这首歌曲具有很强的故事性和社会性，这首歌曲的重点在于引导幼儿理解并掌握一条鱼儿、两条鱼儿、三条鱼儿在水里游弋时的动作与情感体验，难点在于引导幼儿通过控制声音的力度、速度，表现一条鱼儿在水里游时孤孤单单的难受的感受，两条鱼儿在水里游时摇尾巴、碰头的快乐，以及三条鱼儿一起在水里游并成为好朋友的快乐体验。在歌唱活动中，情感的体验与表达以及感受歌曲、表现歌曲是教育过程中的难点，因此，教师除了可以通过自身富有感染力的演唱，帮助幼儿感受并表现这一情感外，还可以通过故事、体态、游戏等方式鼓励幼儿主动探索，进行直观地体验与表现。

二、幼儿园随乐韵律活动内容的选择和组织

（一）幼儿园随乐韵律活动内容的选择

幼儿园随乐韵律活动的材料主要包括动作、音乐与道具三个方面。因此，教师在为幼儿选择随乐韵律活动材料时应着重考虑以下几个方面。

1. 动作材料的选择

随乐韵律活动动作材料的选择，应主要考虑幼儿的兴趣与能力，侧重体现在动作的类别与难度上。

（1）动作的类别。随乐韵律活动的动作主要包括模仿动作、基本动作与舞蹈动作三种类型。

> ▶认识儿童
>
> 　　3～4 岁幼儿最感兴趣的是模仿动作，因此，教师在为 4 岁以下幼儿选择韵律活动的动作类别时，宜以该年龄段幼儿熟悉与感兴趣的模仿

———————————
① 来自《小小智慧树》视频，由本书作者记谱。

动作为主，如梳头洗脸、打鼓吹号以及各种动物、交通工具等。3～4岁幼儿对跟着音乐做熟悉的动作也较感兴趣，教师可选择走路、拍手、点头、拉耳朵、用手指点等基本动作。3～4岁幼儿的舞蹈动作宜选择一些简单的舞步配上幼儿熟悉的模仿动作，如小碎步开飞机、小碎步学小老鼠跑来跑去等。

4～6岁幼儿对模仿动作仍然抱有浓厚的兴趣，因此，教师仍应多选择模仿动作。只是该阶段幼儿模仿动作的主题与内容应有所扩展，如动画片中的卡通形象孙悟空、哪吒、花仙子、机器人等，幼儿十分喜欢模仿这些动作并进行创编。同时，为中大班幼儿选择韵律活动材料时，教师可以逐步增加舞蹈动作的内容，以满足幼儿的发展需要。

（2）动作的难度。为不同年龄段幼儿的随乐韵律活动选择动作教材，其难度应以幼儿身体动作的发展顺序以及动作能力的发展水平为依据。具体内容参见幼儿随乐运动能力发展特点中的身体动作能力发展部分。

2. 音乐材料的选择

为幼儿随乐韵律活动选择的音乐材料，总体上应具有以下特点：

（1）节奏清晰、结构工整。随乐韵律活动是一种有秩序、有节奏、有规则的身体动作，而节奏清晰、结构工整的音乐能较好激发幼儿随乐律动的愿望，也更适宜用动作来表现音乐。

（2）旋律优美、形象鲜明。除了少数特殊需要的音乐之外（如无旋律的节奏舞蹈），幼儿随乐韵律活动的音乐应旋律优美、形象鲜明。旋律优美动听的音乐容易吸引幼儿，更易激发幼儿随乐律动的欲望；形象鲜明的音乐有利于幼儿用动作模仿与表现音乐形象。

（3）速度适宜。随乐韵律活动的音乐速度应适中，太快或太慢的音乐幼儿动作难以配合。尤其在小班，教师还应尽力以音乐伴奏主动配合幼儿的动作速度。在整个幼儿期，随乐韵律活动的音乐应以中速为宜，待幼儿控制动作的能力增强后，才可以适当选择稍快、稍慢以及速度逐渐变化的音乐。

（4）"一曲多用"或同一动作选择同性质的多首曲子。为了更好地发展幼儿听音乐表现动作的能力，而不是简单根据音乐条件反射地做动作，发展幼儿的音乐感受能力以及应变能力，在选择随乐韵律活动的音乐时，提倡"一曲多用"以及同一动作选择同性质的多首曲子。所谓"一曲多用"，是指音乐的基本旋律不变，改变旋律的音区、速度、力度以及节奏等要素，使音乐的整体情绪、性质发展改变，从而改变随乐韵律活动的动作。如改变歌曲《苹果》的节奏与演奏力度，该随乐韵律活动的内容就可以从摘苹果变为抬苹果、抬苹果后休息等。

谱 4-4

苹 果

1=C 4/4

（摘苹果）

| 5 5 3 6 | 5 5 3 - | 1 3 5 3 | 2 2 1 - |
|树 上 许 多 红 苹 果，   一 个 一 个 摘 下 来。|

| 5 5 3 6 | 5 5 3 - | 1 3 5 3 | 2 2 1 - |
|我 们 喜 欢 吃 苹 果，   身 体 健 康 多 快 乐。|

（抬苹果）

| 5. 5 3. 6 | 5. 5 3 - | 1. 3 5. 3 | 2. 2 1 - |

| 5. 5 3. 6 | 5. 5 3 - | 1. 3 5. 3 | 2. 2 1 - |

1=C 3/4

（抬苹果后休息）

| 5 - 5 | 3 - 6 | 5 - 5 | 3 - - | 1 - 3 | 5 - 3 | 2 - 2 | 1 - - |

| 5 - 5 | 3 - 6 | 5 - 5 | 3 - - | 1 - 3 | 5 - 3 | 2 - 2 | 1 - - |

所谓同一动作选择同性质的多首曲子，是指同样的动作不必固定配合某一特定的乐曲，而应配以性质相似的多首曲子以发展幼儿的迁移能力。如同样是表现鸟在飞，教师可以任意选择几首抒情优美的音乐即兴演奏，引导幼儿随乐律动。

3. 道具的选择

在幼儿随乐韵律活动的过程中，大部分情况下并不需要使用道具。如若需要，教师选择的道具应具备以下特点：

（1）新颖有趣，有助于增加活动的趣味性，增强动作的表现力。

（2）操作简便，不妨碍幼儿的动作表现，不分散幼儿的注意力。道具不可太大、太重，应使用方便。道具的使用不应干扰幼儿的音乐表现，或者分散幼儿的注意力。

（3）增强幼儿的美感，引发和丰富幼儿对音乐及其动作的联想与想象。道具不可粗制滥造，造型、色彩等方面应富于美感。

（4）安全卫生，经济实用。道具不应存在对人体造成伤害的潜在危险，不应耗费教师太多的财力与精力，教师应尽量利用废旧材料制作道具。

（二）幼儿园随乐韵律活动材料的分析与组织

教师在选择好随乐韵律活动材料后，首先需要对音乐材料进行分析，重点分析该音乐材料的情绪、节奏、结构及其主要表现手段，思考引导幼儿感受与体验音乐的方式和方法；其次，教师对动作材料进行分析，在了解本班幼儿动作发展水平的基础上，找出基本动作或者动作创编的重难点，并思考解决的方法与策略；最后，教师还要考虑是否需要准备道具，哪些道具是必要的，怎样引导幼儿使用道具等。

下面以随乐韵律活动"洗手帕"为例，分析该音乐材料的主要表现手段与教学重难点等。

谱 4-5

洗 手 帕

1=G　2/4

欢快地
A

汪爱丽　曲
程英　配词

| 1· 1 3 | 1 1 3 | 1 3 | 5 - | 5 5 3 5 | 5 3 |
| 嗨 嗨 嗨 | 嗨 用 力 搓， | 嗨 嗨 嗨 嗨 |

B

| 5 3 | 1 - | i i i 6 | 5· | 6 i i 6 | 5 - |
| 用 力 搓。 | 嚓嚓嚓嚓 嚓 | 嚓 轻 轻 搓， |

A′

| 6 6 6 5 | 3· | 5 6 6 6 5 | 3 - | 1 1 3 1 | 1 3 |
| 嚓嚓嚓嚓 嚓 | 嚓 轻 轻 搓， | 嗨 嗨 嗨 嗨 |

| 1 3 | 5 - | 5 5 3 5 | 5 3 5 | i i | i - ‖ |
| 用 力 拧， | 抖 一 抖抖 | 一 抖晾 起 | 来。 |

随乐韵律活动"洗手帕"的音乐材料可以分解为 A—B—A′三部分：A 段音乐力度较强，节奏稍慢，适合表现用力搓手帕的动作；B 段音乐较为轻快，适合表现轻轻搓手帕的动作；最后 A′段与 A 段音乐总体形象一致，但最后几个音是上行的，适合表现往上甩、晾手帕等动作。由于音乐简短、对比鲜明，该活动的动作基本上为搓、洗、拧、抖、晾等简单动作，题材与幼儿的生活联系紧密，易为小班、中班的幼儿感知、理解与表现。为了帮助幼儿有效迁移生活经验，教师可以事先组织幼儿进行洗手帕的劳动体验（但并非指随乐韵律活动时提供真实道具）；同时，为了便于幼儿在随乐韵律活动中较好地运用相应的力度有节奏地做动作，教师可以伴随音乐辅以语言提示（见谱 4-4）。

有时，一些随乐韵律活动的材料需要进行处理才能使用，处理的主要依据是本班幼儿的实际能力。倘若一份音乐材料与动作材料本班大多数幼儿都觉得太难，教师就应将它进行简单化处理。同时，教师应根据本班不同性别幼儿随乐韵律活动的兴趣与偏好，对活动材料进行适当处理，以使不同性别的幼儿都有自己适合的表现空间。

三、幼儿园奏乐活动内容的选择和组织

幼儿园奏乐活动的材料十分丰富，可以是常见的打击乐器演奏材料；可以是幼儿自己的身体部位，如拍手、跺脚、拍肩等；也可以是各种可以发声的生活物品，如纸张、碗筷等；还可以是自制打击乐器。

（一）幼儿园奏乐材料的选择

1. 乐器

在幼儿园常用的打击乐器中，音量较小的乐器有小铃、三角铁、双响梆子等；音量中等的乐器有沙球、铃鼓等；音量较大的乐器有小钹、手鼓、大钹等。有条件的幼儿园还可设置木琴、钢片琴等带有旋律的打击乐器。

（1）小铃。又名碰铃，音色清脆、明亮，声音具有延长性。小铃常用于优美、悦耳的乐曲中，气氛活泼，敲击不宜过多、过重，以一小节一次为宜，还可以用于乐段、乐句的末尾。

演奏方法：两手各持一只铃，将铃上的绳索牵在手指上，互相碰击。如奏断音，碰击后将铃贴在衣服上，音即止。

（2）三角铁。三角铁的音色比小铃更清脆、明亮，延长音也更长。音量大于小铃，但也能演奏弱音。三角铁常用于优美活泼的乐曲中，像小铃一样，可以一小节打一次，也可与小铃交替运用或同时运用。

演奏方法：左手持绳索牵挂住三角铁，右手持打锤敲击。奏颤音或震音时，将打锤放到三角铁里边转圈敲打。如奏断音，也是碰击后将铃贴在衣服上止音。

（3）双响梆子。又名双音响筒，音色比木鱼清晰，能奏出纯五度音程。双响梆子演奏方便，在 $\frac{2}{4}$ 拍（<u>× ×</u>　<u>× ×</u>）中可 <u>左右</u>　<u>左右</u>演奏四个声音，以表现马蹄声或跳跃活泼的舞曲气氛。

演奏方法：左手握住木柄（根音在左边，五度音在右边），右手持木棒，按乐曲节拍左、右敲击。如果乐曲是 $\frac{3}{4}$ 拍，则左、右、右敲击。

（4）沙球。由于沙子在球内互相冲击，沙球可以发出一种清晰的沙沙声。沙球常用来表现轻快、活泼的乐曲或歌曲。

演奏方法：双手各持一球，常是左手往下击前半拍，右手往下击后半拍。在 $\frac{2}{4}$ 拍中，左、右击拍；在 $\frac{3}{4}$ 拍中，左、右、右击拍。

（5）铃鼓。铃鼓是一种单面鼓边上装有五六对小铃片的打击乐器。演奏时，既有热烈地片片铃声，又有鼓的共鸣声。铃鼓常用于表现跳跃、活泼、热情、奔放的舞曲中。

演奏方法：右手中指从鼓边一圆孔中往外插入后握住铃鼓，鼓面对着左手。演奏时，常在弱拍上摇动铃鼓，发出沙沙铃声；也可在强拍上用左手敲击鼓皮。如在 $\frac{3}{4}$ 拍中，第一拍用左手敲鼓皮，第二、三拍用右手摇鼓身两次。

（6）小钹。又名小镲，音色铿锵、热烈，音响较大。小钹常用于热烈的乐曲和舞曲中，表现欢乐、热烈的气氛。

演奏方法：双手各持一片小钹，用大拇指将绳子牵住，不要用手心握住钹身，以免声音受阻。钹有延长音，演奏结束时可将钹贴在衣服上止音。

（7）手鼓。手鼓形似铃鼓，但直径较大，鼓边内侧周围装有多个铁圈。手鼓音色洪亮而清脆，强音和弱音都可以演奏。手鼓常用于新疆舞曲的伴奏。

演奏方法：双手握住鼓边下端，左手前抬，以手掌牵托鼓边，右手大拇指扶持鼓边，使鼓面向前方。演奏时，左手的二、三、四指并齐，敲击鼓面边缘，右手以食指和中指敲击鼓面边缘，敲后手指立即放开，否则声音不清脆，缺乏共鸣。乐曲中的强拍、强音用左手敲击，弱拍、弱音用右手敲击。

（8）鼓。鼓的种类甚多，上述铃鼓、手鼓都是鼓的一种。此外，还有戏曲中用的"板鼓"，在十番锣鼓、民乐合奏中负有指挥任务的"堂鼓"，陕北流行的腰鼓队中的"腰鼓"，说唱音乐中为"单弦牌子曲"伴奏的、八角形的"八角鼓"，民间唱道情用的、用手指敲打的"鱼鼓"，北方说唱音乐"大鼓"伴奏用的"书鼓"，云南西部傣族人用的形状略似象脚的"象脚鼓"，军乐队用的大军鼓和小军鼓（即配有丝弦的小鼓），管弦乐队中采用的具有固定音高的定音鼓等。

幼儿园中常用的是小堂鼓。小堂鼓在戏曲中常用来表现战争场面，故又称"战鼓"，或小鼓。小堂鼓大小不一。目前轻音乐演奏中采用的排列整齐、具有一定音高的堂鼓，称"排鼓"，表现力较强。

在舞曲、乐曲或歌曲的演奏中，均可运用小堂鼓。在单独演奏打击乐、没有指挥的情况下，鼓能起指挥作用。

演奏方法：常用两根鼓槌敲击鼓面或鼓边。不需要热烈的伴奏时，只需一根鼓槌，击出强拍声音就可以了。

（9）大钹。又名大镲，直径较大，只有一片。音色雄伟、庄严铿锵、结实；既能延长，又能体现强弱变化；声音近似大锣。人们常用它代替大锣。大镲在乐曲、歌曲、舞曲中均可采用，但往往只需在必要之处用一两次。

演奏方法：左手牵挂大镲，右手用一个包有橡皮的锤子，向镲边敲击。乐队中，常把镲固定在木架上演奏。

总而言之，教师在为幼儿选择打击乐器时应主要考虑以下几点：乐器的音质要好，能奏出和谐动听的乐音；乐器的形状、大小、重量要适合不同年龄段的幼儿把握；乐器的特定演奏方法要适合特定年龄幼儿的动作发展水平。

2. 音乐

教师为奏乐活动选择相关音乐作品时，应遵循以下基本原则：节奏明晰、结构工整、旋律优美、形象生动鲜明；宜选择幼儿比较熟悉的音乐作品；音乐作品的长度不宜太长，幼儿年龄越小，音乐作品的长度应越短，节奏应十分简单清晰；音乐的结构不宜太复杂，小班一般适宜一段体，中班、大班的音乐可以是一段体，也可以是二段体或三段体，但段落之间的对比应较为明显。

3. 配器方案

教师在设计幼儿园打击乐曲的配器方案时应注意：

（1）适合幼儿的实际能力。具体包括适合各年龄段幼儿使用乐器的能力以及幼儿对变化做出反应的能力，配器方案中的节奏变化与音色变化的频率与复杂程度应是幼儿能够接受的。

（2）配器要讲究艺术性。首先，配器产生的音响效果应与音乐的性质、风格、结构相一致。如为乐曲《小星星》配器，应选配声音清脆明亮的小铃、三角铁，而为乐曲《解放军进行曲》配器就应选择声音洪亮有力且节奏清晰的铃鼓、小钹等。

其次，配器产生的音响效果应有整体统一的美感，避免杂乱无章；同时尽量要有变化、有呼应、有对比，避免单调。如进行节拍上的强弱对比，音量大的低音乐器一般多用在强拍，而音量小的高音乐器一般多用在弱拍；进行音色的对比，以乐段或乐句为单位选择不同音色的乐器，达到对比的效果；进行节奏、力度的对比等。

（二）幼儿园奏乐材料的组织

幼儿园打击乐曲的配器方案的表述方式有两种：一是传统的通用总谱，如简谱与五线谱；二是现在教师常用的变通总谱。目前学前教育阶段较普遍使用的变通总谱有"动作总谱""图形总谱""语音总谱"三种。下面以乐曲《小红帽》中的第一句旋律为例[①]，对通用简谱总谱和变通总谱进行展示。

---

① 许卓娅.打击乐器演奏活动［M］.3版.南京：南京师范大学出版社，2021：2.

谱 4-6

通用简谱总谱

	1 2 3 4	5　3 1	i　6 4	5　3
碰铃	0　0　0　0	0　x　0	x　0	x　0
沙球	x　0　x　0	0　0　0	0　0	0　0
木鱼	0　0　0　0	0　0　x	0　x	0　x
铃鼓	x　0　x　0	0　0　0	0　0	0　0

动 作 总 谱

	1 2 3 4	5　3 1	i　6 4	5　3
节奏	x　0	x　0	x　x	x　x
动作	拍手	拍手	拍头　拍肩	拍头　拍肩

拍手——铃鼓、沙球　　拍头——碰铃　　拍肩——木鱼

图 形 总 谱

	1 2 3 4	5　3 1	i　6 4	5　3
节奏	x　0	x　0	x　x	x　x
图形	〰	〰	♪　●	♪　●

〰——铃鼓、沙球　　♪——碰铃　　●——木鱼

语 音 总 谱

	1 2 3 4	5　3 1	i　6 4	5　3
节奏	x　0	x　0	x　x	x　x
语音	走	走	滴　笃	滴　笃

走——铃鼓、沙球　　滴——碰铃　　笃——木鱼

四、幼儿园音乐欣赏活动内容的选择和组织

尽管幼儿园音乐欣赏活动已成为所有音乐教育活动的基本要素，而非单独一类的音乐教育活动，但考虑到前后知识体系变更衔接需要，此处及书中其他章节中的相关内容暂时保留，以供幼儿园教师参考。

（一）音乐欣赏作品的选择与组织

幼儿音乐欣赏活动使用的音乐作品主要有歌曲、器乐曲（包括标题音乐与无

标题音乐）、戏曲等。与歌曲选材的基本要求相似，为幼儿音乐欣赏活动选择的音乐作品，总体上也应符合审美性、教育性、适宜性以及丰富性与多样性等方面的基本要求。

审美性主要指的是音乐作品要有较强的艺术性，音乐形象鲜明，无论在听觉还是在视觉等方面都能给欣赏者以美的享受。

教育性主要指的是音乐作品的艺术形象应积极向上，有助于陶冶幼儿的心灵，激发幼儿热爱生活的愿望，培养幼儿健康的审美情趣。

适宜性主要指的是音乐作品所表达的内容、形象与情感应贴近幼儿的生活，易为幼儿所感受与理解。音乐作品的形式应比较简单，结构单纯工整，篇幅较短。其中，为年龄较小的幼儿选择的音乐作品中，歌曲的比例可适当增加，歌词简单明了，主题鲜明，如《打电话》《小燕子》等；乐曲的形象宜鲜明单一，篇幅短小，如欣赏曲《拍球》，形象鲜明地描写拍球的节奏与快乐，欣赏曲《大象与小鸟》，大象与小鸟的音乐形象对比十分鲜明，年龄较小的幼儿也能很快地感受、理解与表现。为年龄较大的幼儿选择的音乐作品可适当增加器乐曲的比例，无标题音乐的比例也可适当增加，音乐的长度可适当增长，且音乐形象可以更加丰富，但要努力贴近幼儿的生活经验与理解水平，符合幼儿倾听、理解能力的发展水平。如器乐曲《动物狂欢节》，描绘了许多可爱、栩栩如生的动物形象，很受中班、大班幼儿的欢迎。

丰富性与多样性是指提供给幼儿欣赏的音乐作品的内容、题材、表现形式、风格应丰富多样，以扩大幼儿的音乐视野，丰富幼儿听音乐的经验。音乐作品的内容宜多样，除了歌曲、器乐曲外，还可适当增加戏曲等内容；音乐作品的题材应广泛，可以是反映自然界的，如动植物、季节特征、天气变化等，也可以是反映社会生活的，如节日、成人的劳动、歌颂祖国、军队、英雄等，也可反映幼儿的生活、学习、游戏等；音乐作品的表现形式宜多，如歌曲可有独唱、齐唱、轮唱、重唱、二声部合唱等不同演唱方式，器乐曲可以选择各种典型乐器的独奏曲、合奏曲、重奏曲等，还可选择军乐、民乐、管弦乐、交响乐（片段）；曲目风格也应多样，可包含我国各民族以及世界各地优秀的歌曲、乐曲、戏曲等。

教师选择好音乐作品后，首先需要对该音乐作品进行了解与深入的分析，了解作曲家的生平、音乐中蕴含的音乐知识，分析音乐作品的情绪、内容、结构及其主要表现手段；其次，教师在了解本班幼儿现有音乐发展水平的基础上，还需找出欣赏该音乐作品的重点与难点，并思考解决与突破的方法与策略。

若由教师进行表演，教师应对所选择的音乐作品进行充分的练习，确保演唱、演奏及其动作表演等的感染力与艺术水准。

（二）音乐欣赏辅助材料的选择与组织

在音乐欣赏过程中，幼儿常常要借助一些辅助手段，如视觉、运动觉、语言觉等，以强化听觉感受。所以，教师在引导幼儿欣赏音乐作品时常常要配合一些辅助材料，常见的辅助材料有动作材料、视觉材料、语言材料等。

动作材料主要指符合音乐的性质且能基本反映音乐的节奏、结构、旋律、内容与思想感情的身体节奏动作、舞蹈动作以及夸张滑稽的动作等。这些动作不宜太难，应是大多数幼儿都能自然表现的，同时动作不必追求过于具体与统一，应有助于幼儿独立选择与自主表现。

视觉材料主要指能形象反映音乐的形象、内容、节奏特点与结构等的可视材料，它可以是图片、幻灯、录像、多媒体课件等。在准备与制作这些视觉材料时，应在线条、构图、造型、色彩、氛围等方面与音乐的情绪、内容相吻合，画面的变化应与音乐的变化相一致，帮助幼儿感受、理解音乐的意境与形象，达到艺术沟通的效果；同时还不能限制幼儿的思维，应留给幼儿更多想象的空间。

语言材料主要指含有艺术形象的有声文字材料，可以是故事、散文、诗歌、儿歌、童谣或者谜语等。语言材料的选择应与音乐的情感基调相一致，有助于幼儿产生相似的情感体验，达到艺术沟通的效果；同时必须语言优美、文学性强，能为幼儿所理解、接受与喜爱。如欣赏舒曼的《梦幻曲》时，教师辅以配乐散文朗诵《梨子小提琴》，有助于幼儿更好地理解音乐的意境，达到情感沟通与交流的效果。

☞故事《梨子小提琴》

（三）幼儿园音乐欣赏材料的分析与组织

一般来讲，给幼儿欣赏的音乐作品应比较简短，许多优秀的音乐作品曲子较长，结构较复杂，幼儿不容易理解与记忆。因此，教师必须根据幼儿的欣赏水平，在深刻分析音乐作品的音色、结构、风格、性质等特点的基础上进行剪辑。如把结构较为复杂的音乐剪辑为幼儿容易感受的 A—B 结构、A—B—A 结构或 A—B—C 结构，使音乐变得短小且有规律，幼儿就容易理解和感受。

下面，我们继续以大班音乐欣赏作品《钟表店》为例，分析该音乐作品的主要特点与欣赏重难点。

《钟表店》一开始奏出八拍模仿钟声报时，作为前奏；随后，乐曲奏出模仿钟表店里挂钟、闹钟、怀表等各式钟表有规律的滴答声和嚓嚓声。时而响起的几声口哨声，使人联想到悠闲自在的钟表匠边吹口哨边打扫着店堂。随后还响起了模仿发条松弛和钟表上发条的声响，钟表继续走动。接着，乐曲还出现了由八音盒奏出的苏格兰民歌旋律。最后，气氛热烈，乐曲在各式各样的时钟同时敲响四点的一片音乐声中结束。音乐主要分为 A—B—A 三段，其中 A 段音乐轻快活泼，表现了钟表店里的钟表在快乐工作的情景，B 段音乐优美缓慢，表现夜晚钟表们准备休息、放松的感觉。

☞《钟表店》乐谱

在组织幼儿欣赏过程中，教师可以引导幼儿认真倾听音乐，感受音乐中音高、节奏、速度、力度风格截然不同的三个乐段的鲜明对比，同时，可以根据幼儿的兴趣，运用不同的故事方式引导幼儿根据音乐的变化大胆展开想象。幼儿既可以根据作曲家的原意进行感受与想象，也可以自由展开想象的翅膀。如部分幼儿将音乐想象成钟表店里各种时钟争相表演，向顾客展示自己的好听的节奏与舞步，希望得到顾客的青睐。有些幼儿将音乐中前面与中间出现的钟声想象成魔法师的魔法音：当第一遍魔法音响起时，墙上的钟都变成小木偶，随着 A 段音乐跳起轻快的舞蹈；第二遍钟声响起时，公主和王子出来了，木偶都不能动了，公主和王子随着 B 段音乐跳起了优美、缓慢的舞蹈；第三遍钟声响起，公主、王子与小木偶一起跳起欢快的舞蹈，最后，钟声敲响，舞会结束。

思考与实践

1. 结合理论学习，谈谈你对幼儿园音乐教育目标定位的认识。

2. 请以幼儿园某一音乐活动为例，分析该活动中的情感、态度发展目标、音乐知识技能与能力发展目标、人格塑造目标以及三个目标之间的关系。

3. 不同结构化程度音乐教育活动的目标设计有什么区别？请结合具体教学实例，设计相应活动的教育目标。

4. 幼儿园音乐教育活动的内容该如何选择？请结合各年龄阶段具体的教学实例，评析其内容选择的科学性。

5. 尝试为小、中、大班幼儿分别选择一种音乐教育内容，并设计具体的教育目标。

推荐读物

[1] 许卓娅. 歌唱活动 [M]. 3 版. 南京：南京师范大学出版社，2021.

[2] 许卓娅. 韵律活动 [M]. 3 版. 南京：南京师范大学出版社，2021.

[3] 许卓娅. 打击乐器演奏活动 [M]. 3 版. 南京：南京师范大学出版社，2021.

[4] 许卓娅. 欣赏活动 [M]. 3 版. 南京：南京师范大学出版社，2021.

上述 4 本书是"幼儿园音乐教育研究丛书"的 4 个分册。该丛书包括 400 余个各具特色的音乐教育活动，以及对音乐领域常见理论问题的解答。书中的活动设计理论和活动设计范例均已在幼儿园经过十余年的反复实践和改进，具有较好的操作性和良好的实践效果。

第五章　幼儿园不同结构化程度
音乐教育活动的设计

本章提要

　　本章第一节介绍了不同结构化程度的音乐教育活动连续体中的七个节点及其设计思路；第二节介绍了高结构化和纸结构化的音乐教育活动的组织实施步骤及要点；第三节至第六节分别介绍了在不同结构化程度上的歌唱活动、奏乐活动、随乐韵律活动以及音乐欣赏活动的一般设计思路。

学习目标

　　1. 了解音乐教育活动可由不同结构化程度的连续体组成。

　　2. 了解不同结构化程度的音乐教育活动的组织实施步骤及要点。

　　3. 掌握歌唱、随乐韵律、奏乐以及音乐欣赏等不同类型的音乐教育活动的一般设计思路。

第一节　不同结构化程度的音乐教育活动及设计

一直以来，我们都习惯了以一种结构化的标准（即教师对学习过程控制的程度）来进行幼儿园音乐教育活动设计。自从有理论提出结构化程度有所谓"高与低"的不同后，有一段时期，许多学前教育工作者都曾经误以为：只有低结构化的教育设计才是最有利于幼儿自主学习能力发展的。实际上，结构的适宜性从来都是需要遵循天时、地利、人和的历史生态原则的。只有"高"是能使幼儿挑战的"高"，"低"是基于幼儿现有经验的"低"，才能够更好地保障幼儿学习主动性的正常发展，而不致沦落为那种"高不成、低不就"的阻碍幼儿学习积极性发展的低效设计状态。

经过编写者多年的探究，对于不同结构化程度的音乐教育活动可以组成一个连续体的认识，已经基本上形成。这个连续体大约可以分出七个节点，下面将逐一介绍。

一、教师参与的幼儿自发音乐活动

教师参与的幼儿自发音乐活动是指，在幼儿产生自发的音乐活动行为后，教师用自己的行动不断激发、维持幼儿自发的音乐活动行为或引导幼儿音乐活动行为的方向，进而构成的幼儿在先、教师在后的音乐教育活动，该类型活动可以算作幼儿控制比例最大的音乐教育活动类型。如果教师基本不参与，该类型活动就只能算作幼儿的自发音乐享受或音乐学习活动。当然，教师的参与在这种类型活动中还可以再根据教师参与的程度细分为不同结构化水平。这里不再赘述。

这类活动设计大致可以遵循的是：在幼儿产生自发的音乐活动行为后，教师用自己的行动不断激发、维持幼儿的自发音乐活动行为或引导幼儿音乐活动行为的方向，进而构成幼儿在先、教师在后的基本设计思路。例如，幼儿在等待、转换、休息、散步等生活活动环节和自由游戏环节，产生歌唱、律动、奏乐等自我娱乐、相互交往的外显行为时，并且教师对其内容、形式、行为方式判断为健康、安全、不影响他人时，教师可以用微笑的表情、体态语表示赞同和鼓励，还可以自己参与应和或鼓动周围其他幼儿参与应和。但教师需要注意，对于年龄较小的、个性内向或有其他环境过敏、社会退缩的幼儿，教师的参与很可能会扼杀这次自发的享乐性活动。当教师判定这类活动对该幼儿或周围他人的健康、安全、精神情感方面可能产生负面的消极影响或正面的积极影响时，教师一般应该进行引导性的即兴设计，以消解负面的影响或扩大正面的影响。

二、教师与幼儿共同并不断重新建设的音乐区角中的音乐活动

音乐区角是一般幼儿园都可能设置的、幼儿能做自主选择的游戏区域。在这个区域里，有经验的幼儿园会鼓励有经验的教师循序渐进地与幼儿共同协商、共同建设。而且这种师幼之间的协商共建活动是常建常新。

在幼儿园音乐区角中，幼儿在教师的放权和指导下发展各种做自主选择和发表创意的能力。如教师可以循序渐进地与幼儿共同协商：什么时机应该投放哪些活动材料，如音乐、服装、道具、乐器、制作服装道具乐器的材料，音乐区角的环境布置，以及是否需要提供演出的节目单，怎样制作节目单，是否要建设剧场，是否需要建设排练、演出游戏的组织、规则等。当然，这种师幼之间常建常新的协商共建活动应该是：谨慎地遵循幼儿心理发展的时机和水平。

三、教师设计、布置并不断改变的音乐区角中的音乐活动

该类型活动与上一类活动的相同之处在于：这仍旧是幼儿能做自主选择的游戏区域。而不同之处就在于：在最初的区角建设过程中，主要是以教师的设计思路为主的。在区角游戏逐渐步入正轨之后，教师需要随时关注幼儿在游戏中产生新问题、新需要，并能够不断根据这些需要对区角材料、区角环境布置进行更新。

在最初的音乐区角建设过程中，教师的设计思路应主要遵循本班的课程进展和幼儿的实际经验。在区角游戏逐渐步入正轨之后，教师要关注幼儿在游戏中产生的新问题、新需要，并不断根据这些需要对区角材料进行更新。例如，班级教授新的歌曲、律动游戏以后，需要将新的音乐和道具、乐器投放到音乐区角中，发现幼儿对陈旧的材料不再感兴趣了，需要将某些旧材料撤换下来，或赋予它们新的意义。年龄较小的幼儿可能会需要更封闭的空间来保障表演的安全感；中班、大班的幼儿需要建立某些自醒规则或提示性环境布置，以便幼儿直觉顾及其他区域幼儿游戏的需要。

四、教师从幼儿的兴趣中生发并与幼儿共建的集体音乐教育活动

集体教育活动相对自发活动和区角活动来说肯定是教师控制比例较高的活动类型。但近些年来，许多教师已经开始尝试从活动的主体或内容入手，将幼儿在日常生活或其他领域教育活动中临时生长出来的兴趣焦点吸收到其设计的集体音乐教育活动中来，以便幼儿能够感受到他们对教师和课程教育决策的影响力，进而发展出一种"做自己的学习的主人"的朦胧的体验。但对于大多数教师来说，在这种活动类型中给予幼儿更大的决策空间还是比较困难的，比较容易进入"放

任自流"的教师和幼儿都会感到"低效"——茫然或焦虑的状态。

这种类型活动的一般设计思路是：将幼儿在日常生活或其他领域教育活动中临时生长出来兴趣焦点吸收到教师设计的集体音乐教育活动中。如在美工制作或科学制作活动中，可能产生与音乐舞蹈戏剧表演有关的服装、道具、乐器制作的兴趣；在文学、体育、健康、社会和日常生活活动中，可能产生与音乐创作表演有关的故事和动作。如果要和幼儿共建音乐作品，教师就必须要有知识积累，具备音乐即兴创作能力。只有这样，教师才可以保证在引导幼儿的感受、表达音乐时至少有一个音乐的逻辑框架可以依据，否则，就可能引发"低效"的后果。

五、教师根据幼儿兴趣设计的并预留幼儿生成空间的集体音乐教育活动

此类集体音乐教育活动是幼儿园教师能够掌握的类型，只是预留空间的大小通常与教师自身的音乐素质水平和教育能力密切相关。教师在以上两个方面越是能够达到相对"精通"的层次，就越愿意放出更大的生成空间给幼儿，而且也越能够在幼儿拥有较大空间的状态下保障幼儿的有效发展。

这种类型活动的一般设计思路是：教师首先根据自己发现并感兴趣的素材或主体预设一个集体音乐教育活动。然后，在幼儿使用观察模仿学习的方式掌握了作品的基本表演方式以后，教师再提供一个改变现有表演方式的思路，引导幼儿反复练习做了部分改动的歌曲的歌词、演唱形式，以及随乐律动的动作、队形、道具，奏乐活动的节奏型、音色分配方案、指挥方式等。

当然，如果教师能够积累比较多的相关主题的音乐作品，或有能力根据熟悉的音乐作品形式在表现性方面的类似性改编音乐作品（重新编填歌词或改变音乐作品的故事内容），甚至重新创作符合要求的音乐作品，那么就可能保证教师在引导幼儿的感受、表达时，自身的音乐素养不至于限制设计水平的发挥。但预留空间的大小通常还是与教师自身的教育能力密切相关。教师如果不了解不同年龄和水平幼儿音乐创作的发展水平和发展、学习规律，就不可能预留出合适的生成空间给幼儿，也就不可能在幼儿拥有不适合生成空间的状态下保障幼儿的有效发展。

六、教师根据《指南》要求设计的并预留幼儿生成空间的集体音乐教育活动

此类集体音乐教育活动是比上一类型活动有更多一些的幼儿园教师能够掌握的类型。预留空间的大小同样与教师自身的音乐素质水平和教育能力密切相关。比较谨慎的教师会给幼儿一定的合适的生成空间；愿意尝试新思路的教师，会依据《指南》设计幼儿生成空间更大一些的集体音乐教育活动。

这种类型活动的一般设计思路是：在《指南》要求基本不变的前提下，使用与（五）中所述各种预留空间相同的设计思路。

当然，即便在教师根据《指南》要求设计的并预留幼儿生成空间的集体音乐教育活动这样的结构层次中，预留给幼儿的生成空间的适合性仍旧与教师自身的音乐素质水平和教育能力密切相关。所以，我们提倡：无论是比较谨慎的教师还是更愿意尝试新思路的教师，都需要经常对下放给幼儿的生成空间的合适性进行反思和监控，以便避免产生"低效"的后果。

七、教师根据《指南》要求设计的并未预留幼儿生成空间的集体音乐教育活动

此类集体音乐教育活动是许多幼儿园教师尚在应用的类型。即便是这样的类型，许多教师仍旧会因自身的音乐素质水平和教育能力的缺憾，而无法保障音乐教育活动的基本质量。

这类活动的一般思路：循序渐进地通过产生动机→观察教师示范→反复的变化方式的模仿练习→最终达到幼儿能够独立地表演教师提供的音乐作品。

为了避免许多教师仍旧会因自身的音乐素质水平和教育能力的缺憾，而无法保障音乐教育活动的基本质量，教师职前培养和在岗培训的质量就需要不断提高。否则，无论是高控还是低控，基本的音乐教育质量都不能够得到保证。

在下一节中，所有案例都是按照教师从"低控"到"高控"排列，请学习者注意。

第二节　不同结构化程度的音乐教育活动的组织实施步骤及要点

幼儿园音乐教育活动的组织实施，是由教师将编制好的幼儿园音乐课程和设计好的音乐教育活动付诸实施的过程。不同结构化的音乐教育活动为每一个幼儿创设了主动参与歌唱、律动、舞蹈、演奏、音乐欣赏、音乐游戏活动的机会，教师组织实施好每一次活动就是为每一个幼儿提供最大发展的可能。在幼儿的一日生活当中包括不同结构化的音乐教育活动，有的是集体形式开展的活动，有的是幼儿自发性的活动。这些活动有的是由教师直接指导的，有的则是由教师间接指导的。

幼儿园音乐教育活动组织实施的有效性保障，是在教学活动中"幼儿有意义的学"和"教师有意义的教"。教师的专业素养、教育观念、组织实施活动的实践能力，一日生活中音乐活动的计划与安排，幼儿园音乐教育环境的创设，都直

接影响着幼儿园音乐活动的实施效果。教师只有把握好不同结构化程度音乐教育活动的组织实施要点，才能有效保障幼儿的音乐学习。

不同结构化程度的幼儿园音乐教育活动，在组织实施的过程中，由于其组织形式、实施过程、实施策略有所区别，因此组织实施的要点也有所区别。

一、高结构化音乐教育活动的组织实施步骤

幼儿园高结构化的音乐教育活动，多指在艺术领域活动中，每周固定时间给幼儿提供的集体音乐教育活动，包括歌唱、随乐韵律、奏乐、音乐欣赏四种类型的活动。这类活动都是以集体教育的组织形式开展的，由教师有组织、有计划地在特定时间开展。幼儿园集体音乐教育活动的组织形式可以分为三种：第一种是选用单一作品的比较传统的"三段式"组织形式；第二种是选用单一作品的"一杆子式"组织形式；第三种是选用多作品的"多段式"组织形式。"三段式"音乐教育活动的组织形式最为常见，这样的形式虽然较为传统，但它是一种科学有效的组织模式。这种组织形式具有顺应幼儿生理、心理机能活动变化的规律，对幼儿产生最佳的综合性影响效应的"适应性功能"，也具有顺应幼儿学习的迁移规律和心理结构的建构规律，使得新的学习活动能建立已有知识、经验、技能和能力的基础上，促成幼儿获得与迁移学习有关的观念和能力，同时也使其内部的心理结构不断"温故而知新"。一般来说，在经历了接受挑战、克服困难、磨砺技巧等一系列的"艰苦"学习之后，教师需要采用一些具有"恢复功能"的活动，使幼儿能从相对疲劳的、处于保护性抑制的状态中逐步恢复到相对松弛、舒适的低唤醒状态。"一杆子式"组织形式常见于音乐研究活动和音乐交流活动，这种形式只要设计合理，也能达到较好的教学效果。

（一）"三段式"组织形式

"三段式"音乐教学是一种较为传统的教学组织形式，一般分为三个部分，分别是开始部分、基本部分、结束部分。

开始部分是一个相对独立的时间片段，需要采用一些具有"唤醒功能"的活动，它的设计是为了使幼儿从松散、自由的"低唤醒状态"过渡到适度的紧张、集中、振奋、昂扬的"高唤醒状态"做好准备，同时也是为了复习巩固前面已学内容，为基本部分新内容的学习做铺垫。这样的方式既符合幼儿的学习发展规律，也有助于保证幼儿的学习效果。开始部分常常采用幼儿较为熟悉的内容，有时候是对前一节课程内容的复习，多数时候是采用律动、节奏练习、复习演唱歌曲等带有游戏性的活动。这些活动内容的选择常常跟本次活动有一定的关联性，可以是活动内容上的铺垫，也可以是幼儿生理和心理上的准备。但不是每次活动都采用新的内容，而是遵循音乐艺术发展的特点和幼儿学习的特点，当某一项活动开展几次幼儿已经完全掌握后，应在已有的基础上加入新的富有挑战性的内

容，不断引起幼儿参与学习的兴趣和学习积极性。

开始部分的活动，也常常会运用幼儿熟悉的歌曲。对熟悉歌曲的复习演唱，不仅能激发幼儿的主动表达，也会带给幼儿完整流畅的心理体验，增强幼儿创造性自主表达的愿望，以及与同伴合作即兴表达的愿望。

基本部分是实现幼儿园音乐教育活动要求和目标的主体部分。这部分活动的实施一般围绕一个主题内容展开。为符合幼儿学习与发展的规律，教师在组织实施活动时需要注意以下几点：(1)活动中需要有重复，反复练习有助于幼儿对新授内容的掌握。在重复的同时要注意加入新的变化，制订层层递进不断提高的目标，增加幼儿的学习兴趣和学习主动性。(2)在活动中运用听、念、唱、奏、跳、演等多样形式的组合，利用多通道参与学习的方式，有效地促进幼儿的审美能力发展。(3)活动的组织应注意动静交替。这样的方式一张一弛，符合幼儿的心理和生理的需求，更能吸引幼儿，使幼儿的集中注意力。

结束部分是在幼儿经历了接受挑战、克服困难等一系列的"艰苦"学习之后，采用的具有"恢复功能"的活动，使幼儿能从相对疲劳的、处于保护性抑制的状态中逐步恢复到相对松弛、舒适的低唤醒状态。这对幼儿的生理和心理具有很好的调节作用。此处通常是让幼儿在对本次活动意犹未尽时，利用基本部分的最后一项活动带领幼儿自然地过渡到结束，有时是离开教室，有时是进入一日生活的下一环节。它不仅能给幼儿带来对本次活动的难忘记忆，也能激起幼儿下次还想参与活动的愿望。这部分的内容常常是对本次活动内容的复习，运用赋予情节的律动、歌舞表演、乐器演奏、音乐游戏等方式开展，也可以在故事情景里，随着故事的走向结束活动，使幼儿获得完满的心理体验。

（二）"一杆子式"教学组织形式

"一杆子式"教学组织方式是在一个独立的时间片段中，进行一段新内容的学习。这种方式常见于研究活动和交流活动。这种活动的组织方式虽然没有复习活动的环节，但在设计过程中教师只要环环相扣的设计，每一个步骤都可以建立在幼儿已有经验和新形成的经验的基础上，符合幼儿的学习发展特点。

二、高结构化的音乐教育活动组织实施要点

（一）做好活动前的准备工作

高结构化的活动由于课程的生成多来源于教师，计划性很强，因此教师在组织实施教育活动前需要做好准备工作。首先教师需要提前选择好适合本班幼儿的音乐活动材料，认真分析材料，找到活动材料中幼儿学习的重难点，思考解决方案。为了让幼儿更好地感受音乐材料的美，课前教师需要反复熟悉材料，并具备一定表现音乐材料的能力。实践表明，具有较强表现力的教师更能吸引幼儿。教师还需设计好活动方案并写出活动计划。备课时还应预设活动实施过程中可能出

现的问题，提前计划好解决问题的策略。

（二）关注幼儿的学习发展特点，满足幼儿在学习中的合理需要

幼儿主动学习的动力来源于自身的需要，合理满足了幼儿的需要，就调动起了幼儿学习的主动性。

幼儿的需要包括即时需要和长时需要。即时需要是幼儿在集体音乐活动中的需要，包括对活动有探究、创新的需要，对活动参与的需要，对活动中教师和其他幼儿接纳自己的需要，对活动秩序的需要。幼儿的长时需要包括幼儿在先前的实践基础上已经形成的态度倾向和行为倾向，以及幼儿的音乐感知能力、体验能力和表达能力等。

把握幼儿的学习发展过程，设计适合的活动步骤，以适当的教学策略满足幼儿的合理需要，可以保障整个教育活动实现"幼儿有意义的学"和"教师有意义的教"。

（三）教师在集体音乐教育活动的角色及指导策略

作为集体音乐教育活动的引导者、支持者、合作者，教师要把握好自己的角色。作为引导者时，需要控制好自己的语言，给每个幼儿留出思考和发言的空间；作为支持者时，在幼儿活动出现解决不了的问题时，需要启发、引导幼儿解决问题；作为合作者时，需要保持与幼儿平等的地位，参与幼儿的活动。在活动中，教师还应根据活动的需要，不断转换自己的角色，让自己一会儿是活动的指导者，一会儿又成为活动的支持者，一会儿成为与幼儿平等的合作者中的一员。

教师在教学中应善于关注幼儿，及时发现教育活动中幼儿的需要，积极回应出现的问题，尊重幼儿的意见，激励幼儿的自主性和创造性发展。教师要善于运用语言、表情和动作调节音乐活动中幼儿的情绪。在幼儿园音乐教育活动中，教师的语言、表情和动作常常是配合在一起的。为吸引幼儿的注意力，教师常常配合动作，声情并茂地组织活动。教师在组织活动时常常运用眼神、表情、动作、语言激励幼儿，拉近与幼儿的距离，让幼儿在放松的状态下积极参与活动。教师也常常运用语音强弱、语速快慢，调节活动中幼儿的注意力，比如为让每一个幼儿专注地听，教师会选择小声讲话的策略。角色的退出也是常用的教学策略，教师会随着幼儿对活动内容的掌握，逐步退出对活动的控制，让幼儿成为活动的主人，自主进行活动。

（四）音乐教育活动中材料的使用

音乐教育活动中的材料包括音乐材料和其他辅助材料。音乐材料需要选择与本地区、本幼儿园、本班幼儿年龄特点相适应的材料。幼儿园教师对音乐材料的选择，主要来源于相关图书、自选内容、新的创作三个方面。自选内容和新的创作，都需要教师积累大量资料，富于创造性地开展工作。这对教师的要求很高，

不仅需要很强的音乐专业知识，还需要准确把握幼儿的学习与发展特点，以及拥有大量的时间。因此，开发音乐教育材料，需要教育研究者和音乐创作工作者积极加入进来，这样才能开发更多适应不同地区幼儿发展的音乐材料。

辅助材料、活动材料包括活动中提供的乐器、道具、各种设备等。对幼儿园音乐教育活动来讲，辅助材料的使用是必不可少的。在实际教学中如何提供辅助材料值得教师审慎思考，否则会造成人员和材料的极大浪费，材料也难以起到应有的作用。比如：在教师带领幼儿扮演小鸭时，为让幼儿明确自己的角色，为30名小班幼儿每人准备一个头饰，结果戴头饰花去很多时间，在活动过程中不断有幼儿的头饰出现状况，教师不停地帮助幼儿戴好头饰。这个例子说明头饰在这个活动中的使用不太恰当，给活动造成了障碍，同时又花去了教师大量制作的时间，可谓得不偿失。实际上，教师可以采用自己戴一个头饰当鸭妈妈，引导幼儿明白自己的角色，跟随鸭妈妈活动。这样既节约了教师制作教具的时间，也达到了应有的效果。实践表明，在幼儿园音乐教育活动中提供辅助材料时，应考虑以下几点：

（1）音乐活动的开展是否一定需要辅助材料，或者说，辅助材料是否对活动的开展有价值；

（2）什么样的辅助材料适合本班幼儿的年龄特点，使用起来方便，不易出现问题；

（3）以什么样的方式提供辅助材料既节省人力也节省物力。

三、低结构化音乐教育活动的组织实施步骤

幼儿园低结构化的音乐教育活动包括主题活动中的音乐活动、表演区角中的幼儿自由活动、节日里的音乐活动、贯穿幼儿一日生活的音乐活动。由于这些活动的生成更多来源于幼儿自己，随机性很强，所以活动能反映幼儿自主学习的倾向，教师在活动中的角色是环境的创设者、材料的提供者、活动的观察者和参与者，以及矛盾冲突的协调者，对幼儿随机的集体或个体起着间接指导作用。因此，这类音乐教育活动的组织实施常常以小组和个别的方式开展，形式不应过于严谨，应给幼儿提供更多的自主性和自由性。为生成幼儿有意义的学习活动，教师还应创设良好的激发幼儿主动学习的音乐环境，消除紧张气氛，营造宽松愉悦的氛围。

（一）幼儿园主题活动中的音乐活动实施

综合主题活动的主题来源于幼儿，主要包括家庭生活、幼儿园生活、社区生活。根据幼儿的兴趣、能力，以及教师的经验、园内外的教育资源情况，由师幼共同选择主题。主题活动中的音乐活动是指教师依据主题目标有目的的选择与主题相关联的音乐素材，并利用幼儿已有的经验，引导幼儿对音乐作品进行感受和

表现。它体现了音乐与主题的整合与渗透、音乐与领域的整合与渗透、音乐与生活经验的整合与渗透。主题活动中的音乐活动的特点是，音乐素材选取需要围绕主题，同时幼儿音乐领域的目标需要随主题生发而同步发展。

主题活动中音乐活动的素材选取需要围绕主题进行，有些主题可选择的音乐素材较多，比如，以"我的家"为主题的音乐活动，其音乐材料就比较容易找到；但有一些主题很难选择合适的音乐素材，比如"神秘的恐龙"主题。所以，这就要求教师在日常生活中积累一定的音乐素材，建立音乐素材库，对音乐素材进行分类，并学会改编和创作一些简单的音乐素材。

主题活动中的音乐环境创设，应重点考虑区角活动材料的投放教师应考虑结合主题活动中音乐活动的内容，投放相关材料。比如，在主题活动"好玩的豆豆"中，教师带领幼儿将绿豆、黄豆、雪豆分别放入废旧塑料瓶、易拉罐等容器中，制作成打击乐器投放到音乐区角，幼儿在区角游戏中就可以跟随音乐有节奏地演奏打击乐器，感知摇动盛豆容器发出的不同声音。

（二）节日里的音乐活动实施

幼儿园在"六一"儿童节、元旦和毕业典礼等节日活动中，常常会呈现一台歌舞表演或儿童剧表演，这也是幼儿参加的重要的艺术活动实践。如何能让这样的活动回归幼儿，让幼儿成为节日艺术活动的"主角"，是这类音乐活动实施的主要诉求。在当前节日里的音乐活动中，大多数情况还是以教师策划、编排、组织幼儿排练、彩排并表演的方式开展。为保证舞台效果，教师及幼儿家长会成为活动的主导者。想要改变这一现状，让幼儿成为节日艺术活动的主角，就需要教师改变观念，重新思考幼儿对节日艺术活动的需求，让师幼共同成为活动的主体，以此来激发幼儿主动学习的兴趣，重构节日艺术活动的价值。下面是一些节日里音乐活动实施的建议：

第一，让活动室里的日常音乐教学活动内容成为舞台表演的一部分。节日艺术活动，因为需要上台进行表演，对幼儿的挑战较大，所以选择幼儿不熟悉的内容会延长幼儿的学习进程，导致难度增大。因此，教师应尽量选择幼儿熟悉的内容，如在日常音乐教学活动中学习过的歌曲或韵律操等，有助于激发幼儿主动学习的热情，发挥幼儿的创造力。

第二，师幼共构，让活动的生成与练习渗透到幼儿的一日生活中。根据不同年龄段的幼儿特点，采用适宜的方式和幼儿共同构建节日里的音乐活动。大班幼儿可以采取项目活动的方式，用问题导入，激励幼儿与教师共同构建活动，让幼儿主动成为音乐活动的主角。具体包括"我们表演什么""选什么音乐""怎样排练""需要老师做什么""服装怎么办"等，教师可以提出这些问题进行讨论，并制订练习计划。同时利用一日生活动中的各个环节，鼓励幼儿主动练习。对于中班或小班幼儿，舞台表演是一件负担较重的"大事"，想要让幼儿在舞台上充分感受表演的乐趣，降低表演的负担，需要教师认真思考，将表演节目融入到一日生活中，如表演洗手操节目时，可以在每一次洗手环节让幼儿做一遍洗手操，帮助幼儿熟悉节目。

第三，转换舞台下观看的对象或节日艺术活动开展的方式，让幼儿与幼儿相互协作、相互支持。节日艺术活动是给予幼儿更多团队合作、展示和表达的机会，也是以此来激发幼儿对艺术美的向往和兴趣的。所以对幼儿来讲，最好的观众是幼儿的同伴，小班幼儿以中班、大班的幼儿为榜样，大班幼儿懂得关爱支持小班幼儿。教师还可以设立表演周，在一周里各个班级表演不同的节目，表演的舞台可以设在幼儿园不同的表演区中，不一定全部都设置在非常正式的舞台上。

（三）渗透在幼儿一日生活中的音乐活动实施

音乐教育是幼儿园课程的重要组成部分，它能够陶冶幼儿的性情，并通过建构幼儿的审美心理结构使其逐渐达到人格的健全与完善。音乐教育最有效的实施方法是浸润式教育，幼儿需要长期浸润在音乐的氛围里，才能得到心灵的陶冶与音乐情感的体验。因此，教师应该将音乐活动渗透到幼儿的一日生活中，增加幼儿感受、体验音乐的机会，使幼儿在轻松、自然地音乐氛围中健康成长。下面是将幼儿园音乐教学渗透到幼儿一日生活中的实施建议：

第一，创设适宜的音乐环境，增强音乐氛围，稳定幼儿的情绪，帮助幼儿体验、积累一定数量的音乐作品。建议幼儿园建立音乐库，根据类型和使用场合对音乐进行分类。幼儿入园时可以播放优美、轻快、活泼的音乐，如《加沃特舞曲》，减轻幼儿的分离焦虑和紧张感，让幼儿保持愉快的心情，开始一天的幼儿园生活。幼儿离园时，可以播放抒情、优美、放松的音乐；又如《小步舞曲》等，让幼儿保持稳定的情绪，等待家长的到来。户外活动时间，教师可以选择与体育运动相适宜的音乐素材，如激昂奋进、活泼欢快的音乐，帮助幼儿营造舒适的心理氛围，积极参加体育锻炼。

教师在选择音乐素材时，应充分考虑不同文化背景、不同风格、不同类型的音乐，拓展幼儿对音乐作品的积累与感受，不应只播放单一类型的音乐素材。然而，教师在提供音乐素材时也一定要谨慎，作品的选择、音效品质都应考虑到位。为培养幼儿的规则意识，某些时段的音乐可以多次重复播放。

第二，在一日生活活动的过渡环节，如洗手、餐前、户外活动时间，教师可以带领幼儿复习活动中的音乐游戏片段，多次重复可以增强幼儿对音乐的体验和感受，激励幼儿在游戏中的创意表达。

第三，集体音乐教育活动的音乐、操作材料、道具等，都应该投放到区角活动中，给幼儿提供自主播放、自主操作的机会，才能让集体音乐教育活动的效果真正延伸到幼儿的生活中。

四、低结构化的音乐教育活动组织实施要点

（一）关注幼儿的学习，让幼儿的学习有意义

相对高结构化的音乐教育活动而言，低结构化的音乐教育活动更多反映的是以幼儿自主学习为主的倾向。活动内容的生成多来源于幼儿，是幼儿不断提升对音乐的感受和探索的过程。

为了让幼儿的学习有意义，教师在低结构化的音乐教育活动的实施过程中需要关注和思考：幼儿在学习音乐吗？幼儿在学什么？幼儿是怎样学的？怎样激励幼儿生成有意义的活动？如何指导幼儿的音乐活动？

低结构化的音乐教育活动常常是幼儿对已有经验的再现，在再现的过程中不断寻求创造性发展。活动的生成常常伴随情景而产生，幼儿在一种自我陶醉的状态下展开活动，幼儿的学习常以个人或小组的方式开展。

实践发现，幼儿能生成有意义的自发性音乐活动，既幼儿需要积累一定的音乐学习经验，也需要良好的音乐环境作为支撑。比如：自发性音乐游戏的开展，常常源于幼儿在已经掌握的音乐游戏的基础上的再次发展。幼儿自发地对声音进行小组形式的探索，是集体教育活动中对声音的探索活动的延伸。在自发性音乐活动中对同种乐器不同玩法的讨论，源于音乐活动区里提供的乐器。低结构化的音乐教育活动大多与高结构化的音乐教育活动密切相关，集体教学能给幼儿提供必要的学习经验的积累，为低结构化音乐教育活动中幼儿有意义的学习，奠定一定的基础。当然音乐环境对幼儿生成有意义的活动的影响也非常重要，后面会具体介绍怎样创设良好的音乐环境。

（二）教师在活动中的角色及指导策略

由于活动内容生成多来源于儿童，低结构化的音乐活动多不受教师控制，教师的主要角色是幼儿音乐活动环境的创设者、活动材料的提供者、活动的观察者和参与者，以及活动中矛盾冲突的协调者。低结构化的音乐活动需要教师灵活的富于创造性的工作，在工作中不断学习、理解教育理念，积累丰富的教育教学经验，为幼儿创设丰富的音乐教育环境，让幼儿的学习有意义。

教师在低结构化的音乐活动中需要做好观察记录，了解幼儿的活动生成过程，以及幼儿在活动中的学习过程；需要关注幼儿的学习发展，不断反思音乐环境和提供的音乐材料与幼儿发展间的关系，创造性地变化音乐活动环境和活动材料，促成幼儿有意义的学习。教师在幼儿的活动中作为观察者和参与者时，要保持好自己的角色，蹲下来与幼儿在一起，与他们保持平等的关系。在活动中，教师要学会观察幼儿，运用正确的观念，思考并理解幼儿的行为，善于捕捉幼儿有意义的学习瞬间，及时引导幼儿生成有意义的学习活动。

（三）创设良好的音乐教育环境，提供丰富的活动材料，有效促进幼儿主动学习

音乐环境的创设主要包括幼儿园的音乐环境和家庭音乐环境创设。教师为幼儿提供的音乐环境，包括幼儿园环境、教室内的音乐环境、一日生活中的音乐环境。从具体操作上讲，包括硬件和软件，硬件包括音乐活动室、音乐活动区的设立，以及活动室和教室内钢琴、乐器、音像设备、辅助材料等设施的配备。软件包括教师的音乐素养、一日生活中音乐氛围的创设、教师组织的音乐活动等。家庭音乐环境的创设多依赖家长。越来越多的研究表明，家庭环境对幼儿发展有着巨大的影响。因此教师指导家长学习一定的教育理念，为幼儿的发展创设良好的音乐环境，也会对幼儿的发展起到巨大的推动作用。

低结构化的音乐活动的生成，需要依赖良好的音乐教育环境和丰富的活动材料。如何创设音乐环境，怎样提供活动材料，都需要教师通过对幼儿音乐活动的认真观察和记录，在反思和经验的不断积累中，创造性地开展工作。

由于幼儿自发的音乐活动常常源于环境的刺激，所以在音乐环境的创设上，教师需要多动脑筋，积累大量内容广泛、形式多样、好听且符合幼儿年龄特点的音乐和歌曲，让这些音乐材料有组织、有计划地贯穿到幼儿的一日生活当中。它们可以作为游戏的辅助音乐、餐前活动音乐、音乐会、做操的音乐、睡前音乐、其他活动中的音乐，通过教师演唱、组织幼儿集体欣赏、作为活动的背景音乐等形式，让幼儿潜移默化地感受音乐的美。音乐活动区的材料随着幼儿学习发展的变化而变化。

教师在设置音乐活动区时，应注意以下几个问题：（1）音乐活动区对幼儿来讲，是一个比较稳定的自由活动场所；（2）音乐活动区的材料应当丰富多样，让幼儿主动、积极地参与探索学习；（3）音乐活动区的材料应与最近的各项音乐活动计划相互配合；（4）音乐活动区经常会发出较大的声音，所以在设置时应相对独立，以免干扰其他活动区。

教师组织实施幼儿园音乐教育活动的能力，是教师综合能力和综合素养的体现。让幼儿在活动中得到最大的发展，是教师不断学习和探索的终极目标。

第三节　不同结构化程度歌唱活动的设计与案例

我们可以把歌唱活动大致划分成：自发的歌唱活动、音乐区角中的歌唱活动、集体生成的歌唱活动、集体预成的歌唱活动四种控制结构状态。下面逐一进行分析。

一、不同结构化程度歌唱活动的设计

在自发的歌唱活动中，幼儿的歌唱一般有两种状态：一种是选唱他们自己有点会唱或基本会唱的歌曲；另一种是即兴玩唱他们突然想出来的某种或某些声音素材。其实，这两者之间也没有绝对的界限，仅仅是有时候可能更接近于唱一首习得的歌曲，有时候更接近于玩唱习得的一些歌曲的片段（也可以说是一些歌曲的素材——高低、长短、歌词的"碎片"，将它们变形或重组）。

> ▶认识儿童
> 　　3个月左右的婴儿就能够时常自己发起嗓音游戏，3～6岁的幼儿只有在感觉安全的自由游戏时间，才会时常主动发起这种嗓音游戏。不同的是，年龄稍长的幼儿使用的素材与成人使用的素材更接近一些。

教师如果认为需要参与，可以先用模仿幼儿的方式与幼儿作"回声"游戏；在获得幼儿的接纳后，再逐渐导入一些新的因素，吸引幼儿来模仿自己或相互模仿，重点是模仿素材的新变化或组合方式的新变化。如改变无意义音节、词语，或音色、节奏、音量、速度以及声音表情，或增加伴随歌唱游戏的新动作，或将周围新物品弄出声响作为伴奏等。

音乐区角中的歌唱活动一般可以投放一些相对固定的材料，如音响录放设备，乐器、表演用的道具，制作乐器道具的材料或废旧材料，做模拟表演游戏用的节目单，提示歌词用的图谱等。通过音响录放设备，幼儿可以选择播放他们自己喜欢的歌曲。当然，教师选择的歌曲，通过反复播放，也能够使幼儿逐步从熟悉到喜爱。

如果认为有需要提供更多的方向性引导，教师还可以通过做模拟表演游戏用的节目单或按顺序录制的歌曲序列，帮助幼儿复习已经学习过的歌曲和介绍将要教授的新歌曲。

在集体生成的歌唱活动中，教师可以邀请幼儿提出他们希望复习或进一步学习的歌曲作品，也可以由教师从其他领域教育活动引发出来，如与美术、文学、社会、健康活动的主题有关的歌曲或改编歌曲。近期广播、电视或其他大众传播渠道传播的歌曲，如果是幼儿喜欢，教师也认为适合幼儿学习的，就可以直接拿来展开集体深入学习；教师认为有些部分不合适幼儿学习，就可以改编歌词或曲调后再展开集体深入学习。对于年龄稍大一点的幼儿，教师可以邀请幼儿提出更多的改编意见，甚至包括增加更复杂、更综合的表演形式。

集体预成的歌唱活动是指由教师选择歌曲，选择方法程序进行预选设计的一类活动。一方面教师需要用各种有趣的方法吸引幼儿反复练习；另一方面，也需要在编填新歌词、创编新表演动作、提出新的演唱方式等诸多方面，尽可能地给幼儿留出创造性反应的空间。

二、不同结构化程度歌唱活动的案例与分析

范例 1："骑小车"（小班，复习作品的"三段式"集体音乐教育活动的准备阶段的一个片段。）①

教师：谁想要唱什么歌？（启发幼儿应用关于作品的经验。）

幼儿甲（男）：唱《骑小车》。

教师：你想怎么唱？（启发幼儿应用关于演唱形式方面的经验。）

幼儿甲：女孩子唱。

教师：那男孩子呢？（启发幼儿关注：人人都要有任务。）

幼儿甲：男孩子做动作。

教师：那你干什么？

幼儿甲：我想请 × 老师给我们弹琴。（幼儿自发应用了伴奏的经验。）

教师：还有谁？

范例 2："春天"（中班，复习作品的"三段式"集体音乐教育活动的准备阶段的一个片段）

大家在复习歌曲《春天》。（幼儿甲手一直在动。）

教师：你在给我们伴奏吗？（询问，希望幼儿能够描述自己所做的事情。）

幼儿甲：不，我在指挥！（幼儿自发应用了指挥的经验。）

教师：你愿意到前面来指挥我们大家唱吗？（生成新的教学目标。）

幼儿甲：指挥。（基本上是自顾自地、没有节奏地像拍球样地上下摆动双手。）

教师：谁还会指挥？（开始准备引导。）

幼儿乙：我！

教师：老师弹琴的时候，你指挥谁呀？（引导注意指挥对前奏和间奏的指挥对象不同。）

幼儿乙：你！

教师：什么时候指挥大家唱呢？（引导注意指挥对伴奏和演唱的指挥。）

幼儿乙：唱的时候！（"指挥"基本能够顾及教师伴奏和大家演唱，能有节奏地像拍球一样上下摆动双手。）

教师：大家说怎么样？（引导评价，准备提升经验。）

众幼儿鼓掌：好！

---

① 括号内是对案例的分析。

教师：为什么好？（引导指挥提升经验。）

众幼儿：老师弹琴她会看老师，我唱歌她会看我们！（幼儿掌握了相关的经验，能够使用这些经验进行相互评价。）

范例3："兔子和狼"（大班单内容"一杆子式"集体音乐教育活动）

教师在琴上弹奏一个旋律片段（几个音）。

幼儿辨认出是熟悉的成人歌曲《对面的女孩看过来》。（发现幼儿的原有经验被唤醒，教师立刻停下，否则后面的发展会受到"负迁移"的阻碍。）

教师：我知道你们听过这首大人唱的歌曲，但今天我们要唱小兔子的故事。

教师与幼儿共同建构了歌词和动作。（引导创作：对面的兔子看过来。）

教师和幼儿一起用分角色游戏表演唱的方式反复练习新编的歌词。（引导幼儿进行练习是不可缺少的。）

师幼与参与观摩的客人老师分角色对唱。（幼儿练习、分享和交流。）

第四节　不同结构化程度随乐韵律活动的设计与案例

韵律活动大致也可划分成：自发的随乐韵律活动、音乐区角中的随乐韵律活动、集体生成的随乐韵律活动、集体预成的随乐韵律活动四种控制结构状态。下面逐一进行分析。

一、不同结构化程度随乐韵律活动的设计

在自发的随乐韵律活动中，幼儿的韵律动作表演一般有两种状态：一种是边唱他们有点会唱或基本会唱的歌曲边做动作表演；另一种是在有播放音乐的背景下即兴展示他们突然想出来的某种或某些动作素材。有歌唱伴随的时候，幼儿动作内容样式可能与他们对歌词的理解和表达有关。在跟随音乐的时候，不同年龄、不同经验的幼儿动作内容样式差别往往会比较大。与歌唱教育活动类似，进行韵律动作表演活动时，幼儿也可能会展示已经习得的一些动作或动作组合的片段，也可能会通过速度力度幅度等变化将原型动作变形或重组。

音乐区角中的随乐韵律活动一般可以投放相对固定的材料，以便幼儿从事各种不同的音乐表演活动。但对于韵律动作表演活动来说，影像资料是幼儿自主学习韵律动作表演必不可少的材料，乐器、表演用的道具，制作乐器道具的材料，做模拟表演游戏用的节目单，提示舞蹈结构动作谱、场记变化图谱等，也是年龄稍大幼儿可以自主使用的。

如果认为有需要提供更多的方向性引导，教师还可以通过提议幼儿自带自己

觉得值得分享的音响和影像资料到幼儿园来，提供给音乐区角，让年龄较小的幼儿自由观察模仿较简单的"节目"，鼓励年龄较大的幼儿模仿比较复杂的"节目"，或跟随音响、影像资料进行即兴表演，或在教师的帮助下一起创编韵律动作表演作品。当然，音乐区角也是一种有益的平台，在这里幼儿可以通过自由展示教师教授的舞蹈或律动游戏，复习巩固动作技能和律动游戏作品，自主探索尝试新的动作表演方式。

在集体生成的随乐韵律活动中，教师可以邀请幼儿提出他们希望复习或进一步学习的律动游戏、集体舞蹈作品，也可以用教师从其他活动引发出来主题进行即兴创造性律动表演。近期的电视或其他大众传播渠道传播的律动舞蹈表演，如果幼儿喜欢，教师也认为合适幼儿学习，也可以直接拿来展开集体深入学习；若教师认为有些部分不合适幼儿学习，可以进行改编后再展开集体深入学习。对于年龄稍大一点的幼儿，教师可以邀请幼儿提出更多的改编意见，甚至包括增加更复杂、更综合性的表演形式。

集体预成的随乐韵律活动是指由教师选择内容，选择方法程序进行预选设计的一类活动。教师一方面需要用各种有趣方法吸引幼儿反复练习；另一方面，也需要在创编新的表演故事、创编新的表演动作、提出新的表演方式等诸多方面，尽可能地给幼儿留出创造性反应的空间。

二、不同结构化程度随乐韵律活动的案例与分析

范例1:《瑶族舞曲》(小班下午等待离园时间。)

教师自己弹奏。(或播放音乐，使用音乐投入激发幼儿的表演欲望。)

一两个女孩子自发起舞，并逐渐开始结伴共同舞蹈。

教师：你们要不要拿着纱巾跳呀？(使用道具投入维持幼儿的表演兴趣，并激发幼儿对道具探究的欲望。)

幼儿高兴接受，并在舞蹈过程中自发做出各种不同舞动纱巾的动作，有时也用纱巾装饰自己的身体。

教师：嘿，男孩子要不要参加？我这里还有一些乐器呢！(鼓励不太主动的幼儿参与。)

更多旁观的幼儿参与进来。

范例2:"和乐器一起跳舞"(中班区角活动)

教师将几首比较适合跳舞的音乐提供给幼儿进行区角游戏。(音乐材料投放。)

在音乐区角中提供手持乐器表演的人物图片。(动作与乐器的"合作关系"提示材料的投放。)

幼儿进入音乐区角后，教师留意是否有幼儿自发在随乐表演的过程中加入乐器演奏。（观察幼儿是否会受到教师创设环境的启发。）

如果有，教师可以在区角游戏活动小结的时候，邀请尝试在舞蹈中使用乐器的幼儿在全班幼儿面前展示。如若没有，教师也可以在下次区角游戏开始之前，邀请全班幼儿观察前述教师投放在区角中的图片，鼓励将要进入音乐区角的幼儿尝试。……（根据幼儿的表现再决定下一步怎样进行引导。）

范例3："街舞"（大班区角活动）

教师鼓励喜欢舞蹈的幼儿从家中带自己喜欢的舞蹈视频材料来。（为幼儿的兴趣提供发展的平台。）

教师在区角活动的集中时间让带舞蹈视频材料的幼儿为全班播放《街舞》（教师为幼儿提供了分享咨询的机会。）

教师引导带舞蹈视频材料的幼儿和全班一起交流各自感兴趣的问题。（引导幼儿发现各种不同的相关问题。）

将舞蹈视频材料放置于音乐区角。每天区角活动的时间，有兴趣的幼儿都可以自行观看模仿。（给幼儿自主学习提供机会和条件。）

教师在适当的时机参与幼儿的活动，和幼儿一起学习并在需要的时候鼓励、指导幼儿的学习。（维持提升幼儿的学习兴趣。）

待大多数幼儿都产生兴趣后，用这种舞蹈的学习来引导集体教学。（拓展和加深幼儿的知识、技能，进一步提升更多幼儿对自选活动的信心。）

范例4："三只小猪"（大班区角活动）

在"六一"儿童节时，班级要进行音乐剧会演。教师设想让幼儿在音乐区角自己设计和实践如何表演：稻草、木头、砖头的舞蹈和草房、木房、砖房的合作造型。（设计。）

教师请幼儿回家搜集各种房屋的图片，布置在音乐区角里，自己选择适合表现三种不同"材料"舞蹈的音乐。在区角活动的集中时间教师让幼儿为三种不同"材料"选择匹配合适的音乐。（让幼儿参与环境布置。）

进入区角的各小组幼儿自己选择，为一种"建筑材料"设计排练合适的舞蹈和房屋的造型。有困难不能解决时，才能够去请教师来帮助或评论。（让幼儿学会自我负责。）

经过多日的音乐区角自主游戏活动，待三种材料，即稻草、木头、砖头的舞蹈和草房、木房、砖房的合作造型都被多次创作和排练过以后，教师在区角活动的集中时间，邀请各小组幼儿对全班展示自己选择设计排练过的某种"材料"舞蹈和房屋造型。（为幼儿提供相互学习的机会。）

在某个合适的时间，教师启发引导幼儿将他们自己设计排练的材料舞蹈和房屋造型组合到音乐剧《三只小猪》中。

范例 5："大树和小鸟"（小中大班混龄单内容"一杆子"式集体音乐教育活动）

向幼儿讲述简单的大树和小鸟的故事。（启发幼儿回忆相关生活经验。）

教师引导幼儿相互启发，创编表现大树和小鸟的各种动作。（启发幼儿将生活经验转换成艺术动作表现的经验。）

让幼儿自由选择舞伴，随着《钟表店》的音乐（A—B—A 的结构，A 段轻快，B 段抒情）进行律动表演。每一对选择好了舞伴的幼儿，轮流到大家面前独立表演。（鼓励幼儿展示自己的创作，也励幼儿学习别人的长处。）

教师临时选择值得全班分享的经验（可能是音乐方面的，也可能是动作方面的，还有可能是人际合作方面的），帮助全班总结提升。

所有舞伴同时找有空间的地方，自由表演。（向幼儿提供"头脑风暴"后再次自我完善的机会。）

范例 6："森林舞会"（大班单内容"一杆子"式集体教育活动）

教师出示一个黑白各半的圆形图片，与幼儿讨论怎样代表一个人面对什么方向。（向幼儿提供新的"队形符号"知识的理解学习。）

教师出示由上述符号表示的"一横排"，邀请幼儿分小组轮流尝试如何排成一个"漂亮"的横排。（引导幼儿探索：如何将符号转换为真实的队形。）

教师播放音乐，邀请幼儿提供森林中小动物的"舞蹈动作"。选择两种不移动的上肢动作（A 和 B），再选择一种可以移动的动作（C），跟随音乐舞蹈（ABABC）。（组织幼儿创编舞蹈的基本动作。）

邀请幼儿分组独立完成两种不同队形设计（挑战、考验幼儿独立使用符号创编、记录队形的能力，以及团队协作的能力。）

邀请幼儿轮流分组轮流展示自己加入不同两次队形设计的舞蹈。（一横排开始 ABABC，ABABC，AB 尾声造型结束。激发幼儿对自己创编的作品的自豪感。）

第五节　不同结构化程度奏乐活动的设计与案例

打击乐器演奏教育活动大致也可划分成：自发的奏乐活动、音乐区角中的奏乐活动、集体生成的奏乐活动、集体预成的奏乐活动四种控制结构状态。下面逐一进行分析。

一、不同结构化程度奏乐活动的设计

在自发的奏乐活动中，幼儿的奏乐一般有两种状态：一种是使用乐器为他们有点会或基本会念、唱的儿歌、歌曲、乐曲伴奏；另一种是在即兴玩唱时他们突然发现的某种乐器或能够弄出声音的某种或某些物体。教师如果认为有需要参与，可以首先用对话的方式使用乐器和幼儿相互说说"悄悄话"；然后，再使用模仿幼儿的方式与幼儿作回声游戏；在获得幼儿的接纳后，再逐渐导入一些新的因素，吸引幼儿来模仿自己或与幼儿相互模仿，重点是模仿素材的新变化或组合方式的新变化，如改变乐器的音色、节奏、音量、速度以及演奏表情的性质等。

音乐区角中的奏乐活动一般可以投放一些相对固定的材料，如音响录放设备，乐器，表演用的道具，制作乐器道具的材料或废旧材料，做模拟表演游戏用的节目单，提示配器节奏音色变化的图谱等。通过录放设备，幼儿可以选择播放自己喜欢的歌曲或器乐曲。当然，教师选择的音乐，通过反复播放，也能够使幼儿逐步从熟悉到进而选为跟随演奏的作品。

如果认为有需要提供更多的方向性引导，教师还可以通过做模拟表演游戏用的节目单或按顺序录制的歌曲序列来帮助幼儿复习已经学习过的和将要教授的新音乐。

在集体生成的奏乐活动中，教师可以邀请幼儿提出他们希望复习或进一步学习的音乐作品，也可以由教师从其他活动引发出来。如近期广播、电视或其他大众传播渠道传播的音乐，如果幼儿喜欢，教师也认为合适幼儿学习，就可以直接拿来展开集体深入学习；若教师认为有些部分不合适幼儿学习，就可以剪裁或重新组合后再展开集体深入学习。对于年龄稍大一点的幼儿，教师还可以邀请幼儿提出更多配器方面的意见，甚至包括增加更复杂、更综合性的表演形式。

集体预成的奏乐活动是指由教师选择主题或作品，选择他人的配器方案或自己配器，选择方法程序进行预先设计的一类活动。教师一方面需要用各种有趣的方法吸引幼儿反复练习；另一方面，也需在选择新的演奏方式，提出新的配器方案，甚至在制作新的乐器等诸多方面，尽可能地给幼儿留出创造性反应的空间。

二、不同结构化程度奏乐活动的案例与分析

范例1："敲小鼓"（托班晨间音乐区角）

教师在幼儿园的开放日亲子美工活动中，邀请家长和幼儿一起使用各种废旧包装盒制作各种不同的"小花鼓"，并进行装饰。（在教师设计、家长帮助下，幼儿有了尝试自制乐器的最初体验。）

教师将这些自制小花鼓放置在托班音乐区角中。（幼儿体验到环境中自己劳动、创造的成果。）

在早操前的晨间区角活动中，教师播放事先录制好的音乐，和幼儿一起享受敲敲打打的快乐。（重点是享受操作的愉快。）

可能最初多数幼儿都不能够合拍地敲打，需要教师耐心做榜样。（重点是教师稳定的节拍和适合的音量。）

范例2:《瑶族舞曲》（中班音乐区角）

在小班离园等待时随该音乐自由舞蹈的基础上，教师将《瑶族舞曲》录制在中班音乐区角某阶段的整套曲目中，作为投放的材料。（利用幼儿原有的对该音乐的自由律动经验。）

教师观察幼儿在该舞曲出现的时候，是否自发使用乐器伴奏，使用了什么样的节奏或节奏型，使用了什么样的乐器和乐器的演奏方式。评估幼儿的发展水平并考虑何时介入和怎样介入。（观察了解幼儿是否能够主动迁移自己的律动或奏乐经验，然后才能够设想出合适的激发和提升幼儿的干预方式。）

教师介入时，可邀请水平较高的幼儿向其他幼儿展示自己的演奏，鼓励其他幼儿模仿学习，也可以通过自己的多种不同示范，让幼儿获得更多演奏经验的积累。（幼儿既可以向同伴学习，也可以向教师学习。）

范例3:"吹气球"（大班单内容"一杆子"式集体教育活动）

教师预先请幼儿搜集各种他们认为可以作为乐器来演奏的物品，教师自己也搜集一些。（考察幼儿的乐器概念，并准备拓展幼儿的乐器概念。）

教师事先请幼儿将他们认为音色类似的"乐器"分别摆放在不同的"周转筐"里。（让幼儿通过参与教学准备学习分类和承担责任。）

正式上课前，请幼儿将音色类似"乐器"的周转筐分别集中布置在教室合适的位置上。（让幼儿有机会学习为自己布置学习环境。）

活动一开始，教师当众吹涨一个气球，然后慢慢将气放掉，请幼儿看和听其状态的变化；教师当众再吹涨一个气球，然后突然将气放掉，请幼儿再看和听其状态的变化。（让幼儿积累关于气球的直观经验。）

教师鼓励幼儿使用自己的体态来模仿气球被一下一下吹涨起来的状态变化和两种不同放气的状态变化。（鼓励幼儿将生活经验转换成动作的审美表达经验。）

教师鼓励幼儿使用自选的替代"乐器"来模仿气球被一下一下吹涨起来的状态变化和两种不同放气的状态变化。（鼓励幼儿将生活经验转换成奏乐的审美表达经验。）

教师鼓励幼儿使用自己的"乐器"为教师的表演伴奏。（幼儿学习与教师合作表演。）

教师鼓励幼儿两人一组，一人使用体态，一人使用乐器相互配合共同表演。

（幼儿学习与同伴合作表演。）

　　范例 4："大雨小雨"（小班单内容"一杆子"式集体教育活动）

　　教师和幼儿一起随着有简单快慢强弱变化的音乐，用各种方法玩塑料袋，边玩边自由移动。（幼儿探索、积累塑料袋发出声音的经验，感受和表现音乐的快慢强弱变化。）

　　教师一遍遍地唱《大雨小雨》的歌，并同时使用自己的各种动作来弄响塑料袋，鼓励幼儿模仿。（幼儿探索、积累使用塑料袋发出的声音表现大雨和小雨的声音。）

　　教师扮演小花，鼓励幼儿使用塑料袋伴随教师的歌唱做"下雨"的"演奏"。（幼儿学习与教师合作表演。）

　　教师扮演大雨和小雨，鼓励幼儿用塑料袋"捏"成小花。（幼儿学习与教师合作表演。）

　　教师鼓励幼儿两人一组共同合作表演雨滴和花朵。（幼儿学习与同伴合作表演。）

　　范例 5："赛马"（大班多内容"三段式"集体教育活动的基本部分）

　　教师请幼儿观看图片或影像，了解内蒙古草原的风光、动植物以及人们的生活，然后请幼儿自由用身体动作进行表现并相互观察模仿。或者教师演唱或朗诵相关的歌词，然后请幼儿自由用身体动作进行表现并相互观察模仿。（引导幼儿把直观印象转换成动作表达。）

　　教师将幼儿分成三个小组，请每个小组提出与上述情境有关的一快一慢两个动作，教师为各组幼儿或幼儿代表所做的动作伴唱（如歌的行板，一共四句）。同时观察幼儿的动作是以一种什么样的方式与音乐相配合的。（考察幼儿的随乐能力，并为下一步的指导建立方向。）

　　如果幼儿不能够独立将动作有规律地与音乐相匹配，教师可以引导或直接指导幼儿将音乐的四个乐句和一快一慢两个动作的关系按以下方式处理：aabb；abab（a 为一个动作，b 为另一个动作）；或前半句一个动作，后半句另一个动作，四句都相同。（指导幼儿按照某种规律进行舞蹈创编。）

　　教师邀请各小组的志愿者带领其组员跟随教师的演唱练习自己创编的舞蹈，直至能够比较流畅地表演。最后一组一组地表演，各组幼儿相互观摩。（幼儿练习与相互学习。）

　　范例 6：《赛马》（大班单内容"一杆子"式集体教育活动）

　　复习活动范例 5 中各组幼儿创编的舞蹈。先是教师为幼儿伴唱，三个小组分别表演。然后是幼儿跟随教师播放的乐队音乐，三个小组连续表演。（幼儿复习、巩固、提高。）

教师邀请各组幼儿将舞蹈动作转换成乐器演奏动作。（幼儿迁移。）

教师播放音乐，幼儿跟随教师播放的乐队音乐，三个小组一一连续演奏。（幼儿迁移。）

教师和全体幼儿玩"驾"和"吁"的游戏，激励幼儿练习将要由全体幼儿一齐演奏的其余简单部分。（幼儿观察模仿学习。）

将《赛马》音乐完整连起来，教师与幼儿代表共同指挥演奏。

第六节　不同结构化程度音乐欣赏活动的设计与案例

音乐欣赏活动是与前述三种活动很不相同的活动。前三种活动主要是偏重由内向外，音乐欣赏活动主要偏重由外向内。因此，我们所说的音乐欣赏活动，应该是以欣赏、享受以及理解、认识音乐作品为主的活动。它大致也可以划分成：自发的音乐欣赏活动、音乐区角中的音乐欣赏活动、集体生成的音乐欣赏活动、集体预成的音乐欣赏活动四种控制结构状态。下面逐一进行分析。

一、不同结构化程度音乐欣赏活动的设计

在自发的音乐欣赏活动中，幼儿的音乐欣赏一般应该有三种状态：一种主动要求成人反复播放或表演他们喜欢的歌曲或器乐曲；另一种是即兴哼哼唱唱他们突然想起来的某些音乐或音乐的片段；第三种是在周围环境中有能够启发欣赏的音乐时，自发的聆听状态，但因为聆听行为是不太容易被教师观察到的，所以这里不讨论这种状态。

其实，新生儿就已经能自己发起聆听游戏了。但是，由于聆听式的自发音乐欣赏活动不容易被观察到，所以目前成人对幼儿聆听活动的干预，一是为幼儿创造好聆听音乐的条件，二是提供有趣的外部可见活动引导幼儿学习如何从音乐中获得认识和快乐。

音乐区角中的音乐欣赏活动一般可以投放一些相对固定的材料，如音响录放设备，乐器、表演用的道具，制作乐器道具的材料或废旧材料，做模拟表演游戏用的节目单，提示歌词用的图谱等。通过录放设备，幼儿可以选择播放他们自己喜欢的音乐。当然，教师选择的音乐，通过反复播放，也能够使幼儿逐步从熟悉到喜爱。

如果认为需要提供更多的方向性引导，教师还可以通过做模拟表演游戏用的节目单或按顺序录制的歌曲序列来帮助幼儿复习已经学习过的音乐和介绍将要教

授的新音乐。

特别需要注意的问题是：成人学习也是需要解决注意持久、注意分配问题的。幼儿注意持久和注意分配的能力发展水平比成人更低，所以在教师更多设计干预的音乐欣赏设计的过程中，教师一定要注意与表演活动的区别——歌唱、律动、演奏在这里仅仅是一种探索音乐的工具，因此对相关技能反应的要求应该不超过幼儿能够熟练反应的现有水平。只有这样，幼儿才能够有足够的精力，应用已经掌握的技能去探究新的音乐，并享受探究新音乐的快乐。

在集体生成的音乐欣赏活动中，教师可以邀请幼儿提出他们希望复习或进一步学习的音乐作品，也可以由教师从其他活动引发出来。如近期广播、电视或其他大众传播渠道传播的歌曲，如果幼儿喜欢，教师也认为合适幼儿学习，就可以直接拿来展开集体深入学习；若教师认为有些部分不合适幼儿学习，就可以改编后再展开集体深入学习。对于年龄稍大一点的幼儿，教师可以邀请幼儿提出更多的改编意见，甚至包括增加更复杂、更综合性的表演形式。

集体预成的音乐欣赏活动是指由教师选择音乐，选择方法程序进行预选设计的一类活动。教师一方面需要用各种有趣方法吸引幼儿反复练习；另一方面也需要尽可能地给幼儿留出创造性反应的空间。

二、不同结构化程度音乐欣赏活动的案例与分析

范例 1：《瑶族舞曲》（小班午睡后起床整理时间）

午睡起床是幼儿园一日生活可以播放生活背景音乐的时段之一。其实，入园、离园、餐点、午睡前准备、午睡后起床等许多时间片段，都是可以让幼儿自由地欣赏音乐的好时间。（创设欣赏的环境和条件。）

在一段时间内，教师编好一套音乐，反复播放，会使幼儿自然对这些音乐逐渐熟悉起来。熟悉后，幼儿就会对这些音乐感到亲切，就会更自觉地投入欣赏的状态。（环境和条件需要相对稳定。）

播放一段时间后，许多幼儿开始边整理被褥边哼唱；甚至有幼儿在整理好被褥后自发舞蹈。（幼儿自发的反应。）

教师可以帮助未整理好的幼儿整理被褥，同时用语言鼓励和引导那些自发舞蹈的幼儿，提升他们的探究兴趣；还可以让可能有兴趣的幼儿欣赏或参与到表演的幼儿队伍中去。（教师的引导。）

范例 2："小鱼和鲨鱼——水族馆"（小班区角）

幼儿已经在集体预成的活动中学习过这个音乐游戏。（幼儿已有经验。）

教师将游戏中所使用的音乐以及各种头饰、纱巾摆放在音乐区角中，观察幼儿是否会自己发起玩这个游戏。（观察评价。）

如果幼儿自发演唱，教师便观察有哪些是幼儿新的创造，有哪些是新产生的问题，以便决定是否要生成新的相对"高控"设计，在游戏集中的时间或专门性的集体音乐教育活动时间来促进幼儿在理解和表演方面的新的提高。（**产生新的促进发展的设计方案。**）

范例 3："美丽之门——爱的浪漫曲"（大班多内容"三段式"集体教育活动的基本部分）

教师讲述一对被魔法变成石头的好朋友相互拯救的故事。（**为幼儿的即兴表演提供基本的规则线索。**）

幼儿理解表演的基本规则是轮流造型——一个人移动时，另外一个人不能移动。交换是按照音乐的乐句来进行的。（**幼儿理解表演的基本规则。**）

教师请幼儿两人一组，坐在座位上使用上肢动作来感受如何在乐句之间交换运动和静止的角色。（**幼儿探索。**）

教师请一或两对幼儿面对全体表演，引导全体幼儿再次认识表演的规则。（**帮助幼儿再次澄清对探索规则的认识。**）

教师鼓励幼儿相互展示他们可能做出的各种不同的"石头人"造型，以及各自不同的解救同伴的动作方式。（**组织"头脑风暴"。**）

全体幼儿两人一组在活动室里找空的地方自由随乐表演这个故事。教师观察，随时根据新问题进行新的指导。（**不断发现问题解决问题。**）

范例 4："打字机"（大班单内容"一杆子式"集体教育活动）

活动前最好能够结合科技教育活动发动幼儿搜集相关资料，举办相关资料或事物的展览。（**鼓励幼儿自己积累相关经验。**）

教师请幼儿观看教师制作的各种老式打字机以及打字机工作的影像资料，背景音乐是音乐作品《打字机》。（**丰富幼儿的相关经验。**）

要请幼儿聆听 A 段音乐，使用打字机回车动作和"叮"的声音，引导幼儿注意音乐中对回车的"叮"声的模仿。

要请幼儿聆听 B 段音乐，使用儿歌的方式，帮助幼儿使用儿歌和相应表演动作掌握该段音乐较复杂的结构。（**为幼儿提供比较精确的探索音乐的工具。**）

两位教师一齐合作表演。一人扮演打字员，一人扮演打字机。（**为幼儿提供探索工具的榜样。**）

幼儿两人一组合作表演。（**幼儿亲身尝试探索并享受音乐。**）

思考与实践

1. 尝试分小组为小、中、大班幼儿分别选择一种音乐教育内容，并任选一个年龄班设计一份集体的音乐活动方案。

2. 在教师的具体指导下，观察小、中、大班的区角音乐活动，学习分析教师设计的思路是否适当，并给出改进建议。

3. 根据给定的音乐作品，尝试独立设计一个具体年龄班的预成的集体音乐活动方案。

推荐读物

许卓娅，孔起英．艺术［M］．2 版．南京：南京师范大学出版社，2007.

该书音乐部分包含：渗透式领域课程中的幼儿音乐教育，幼儿音乐教育活动的结构与幼儿的有效发展，幼儿音乐教育活动中的幼儿心理调节，系列层次活动理论与幼儿的全面发展，预知学习理论与幼儿学习能力的发展，整体感知理论与音乐教育活动的审美特性，多通道参与理论与音乐欣赏教学改革，创造性学习理论与幼儿的个性及社会性发展等内容，通俗地解答了幼儿园音乐教育实践中教师关心的一些问题。

第六章 幼儿园音乐教育活动与 其他教育活动的整合

📖 **本章提要**

本章主要介绍幼儿园音乐教育与其他教育活动之间的三种主要整合策略与方法：一是在同一个主题背景下不同领域活动目标的整合；二是利用其他领域的符号体系或方法体系解决幼儿音乐学习中的问题；三是在其他教育活动中渗透或生成音乐教育活动，丰富幼儿的学习体验。

✏️ **学习目标**

1. 了解音乐教育在各种幼儿园课程中的地位，初步形成对不同课程模式下音乐教育活动的感性认识。

2. 掌握音乐教育活动与其他教育活动整合的策略与方法，尝试进行整合操作。

第一节　幼儿园课程中的音乐教育活动

音乐是人之存在和发展的基本生活中不可或缺的东西，具有感染人心、振奋精神、舒缓疲劳紧张的力量。在中国古代历史上，先哲们不约而同地看到了音乐与生命相通的特殊魅力，主张以"乐"的审美性陶冶性情，通过"乐"而感悟人生境界，成全完全人格（"成人"）。在此意义上，音乐教育是人的"完整人化"的必经之路。同时，音乐作为一种艺术并不是孤立存在的，从某种程度上说，它是多种文化的结合体，与数学、科学、历史学、社会学、语言学和体育学等学科密切相关。音乐教育与语言教育、科学教育、社会教育等其他各教育领域有着密切的联系，在不同教育领域的交叉和融合过程中发挥着中介作用，是各教育领域之间联系的纽带。加德纳指出，人类的七种智能中至少有四种（大概是语言智能、音乐智能、身体－动觉智能、人的认知智能）与音乐教育有直接联系，没有音乐教育，这些智能将会丧失或部分丧失，个体因而会变成一个智能不健全的人。[1] 音乐对于幼儿更是有着特殊的意义。几乎每个幼儿都是音乐活动的参与者，他们爱唱、爱跳、爱敲打乐器，尽兴地参加各种表演。

在幼儿园教育中，音乐教育应该成为一个充满智慧光芒的教育领域，应该成为对幼儿实施美育的重要途径，应该成为幼儿园全面发展教育的重要组成部分，应该成为面向全体幼儿的基本素质教育。《幼儿园教育指导纲要（试行）》要求"充分发挥艺术的情感教育功能，促进幼儿健全人格的形成"，并要求教师支持幼儿"富有个性和创造性的表达"。《指南》更是明确指出，"每个幼儿心里都有一颗美的种子"，幼儿艺术领域学习的关键在于"引导幼儿学会用心灵去感受和发现美，用自己的方式去表现和创造美"。幼儿音乐教育的目标，就是在创造出富有审美个性的个体的同时，又能创造出审美化、艺术化的幸福人生。在幼儿园音乐教育中，高结构化的音乐教育常常通过分科课程（即领域课程）、综合艺术教育和主题活动进行；低结构化的音乐教育则常常通过方案活动、活动区的自由活动等进行。音乐教育在分科课程、综合艺术教育、主题活动、方案活动和活动区的自由活动中均有重要的地位。

一、分科课程中的音乐教育活动

领域是知识和经验的一种组织方式。与学科相比，领域具有综合性和渗透性，往往包含多个学科的知识和经验。《幼儿园教育指导纲要（试行）》将幼儿

---

[1] 加德纳.智能的结构：经典版 [M].沈致隆，译.杭州：浙江人民出版社，2013：152-157.

园的教育内容"相对划分为健康、语言、社会、科学、艺术等五个领域……各领域的内容相互渗透，从不同的角度促进幼儿情感、态度、能力、知识、技能等方面的发展"，其中，艺术领域包括音乐和美术。音乐是最受幼儿欢迎的艺术领域活动，是幼儿园课程的重要组成部分。

在领域课程中，作为独立的学科，幼儿园音乐教育有着独立的目标、内容和方法体系。教师通常先根据《指南》中艺术领域目标、幼儿学习关键经验和幼儿音乐能力发展规律确定音乐教育目标，再结合幼儿音乐学习特点和音乐学科内容体系，将音乐教育内容相对划分为歌唱、随乐韵律活动、奏乐和音乐欣赏等板块，每个板块可以独立设计和组织教育活动，也可以相互渗透，共同促进幼儿音乐情感、知识和技能等方面的发展。由于活动之间保持了较强的内在逻辑结构，幼儿能够按照音乐领域逻辑系统地把握音乐知识和技能，循序渐进地学习。在发起方式上，除了集体音乐教育活动外，游戏、进餐、自由活动等环节中也有教师组织的音乐教育活动和幼儿自发的音乐活动。

在领域课程中，音乐教育活动的结构化程度较高，每一个具体的音乐教育活动都会根据幼儿音乐学习基础提出明确的活动目标，对幼儿音乐学习的重点和难点加以分析，并提出教师教学的策略和方法。因此，音乐教育活动的操作性较强。同时，由于其他各领域课程中都需要让幼儿运用身体活动、舞蹈、动作造型等多种表现方式作为表达与表现自身情感、认识与理解的手段，所以音乐游戏、身体表达和歌唱等音乐表达手段备受青睐，在其他领域教育活动中广泛运用。

▶案例 6-1

大班随乐韵律游戏"天鹅"

【活动目标】

1. 在即兴舞蹈的各层次游戏中，体验即兴创编和同伴合作的乐趣。

2. 感受天鹅优美舒缓的音乐形象，用有控制的韵律动作表现不同的乐句。

3. 借助天鹅的图片和传递游戏，提高创造性肢体表达能力和动作控制能力。

【活动准备】

1. 经验准备：幼儿已经欣赏过音乐《天鹅》。

2. 物质准备：音乐 CD、不同姿态的天鹅图片、边长 1.5 m 的方形纯色布单一块。

【活动材料】

谱 6-1

天　鹅

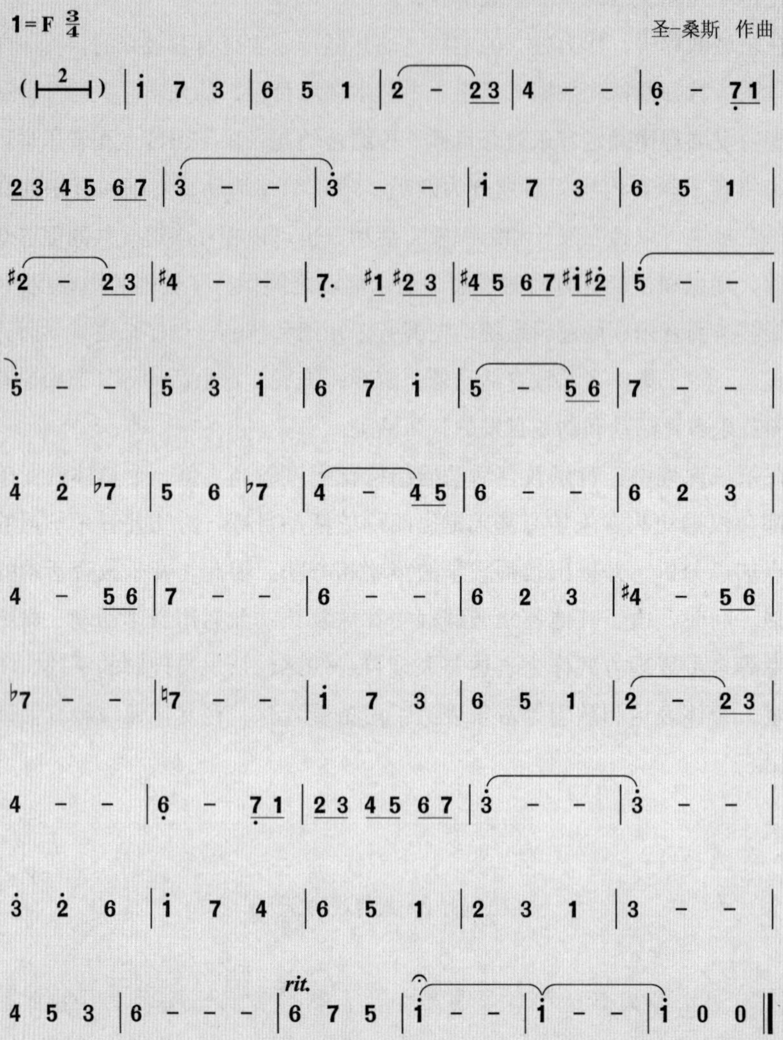

1=F $\frac{3}{4}$

圣-桑斯 作曲

```
(─2─) | i 7 3 | 6 5 1 | 2 - 23 4 - - | 6̣ - 71 |

234 567 | 3 - - 3 - - | i 7 3 | 6 5 1 |

#2 - 23 #4 - - | 7̇· #1 #23 | #45 67 #1#2 | 5 - - |

5 - - | 5 3 i | 6 7 i 5 - 56 7 - - |

4̇ 2̇ ♭7 | 5 6 ♭7 | 4 - 45 6 - - | 6 2 3 |

4 - 56 | 7 - - | 6 - - | 6 2 3 | #4 - 56 |

♭7 - - ♮7 - - | i 7 3 | 6 5 1 | 2 - 23 |

4 - - | 6̣ - 71 | 234 567 | 3 - - 3 - - |

3̇ 2̇ 6 | i 7 4 | 6 5 1 | 2 3 1 | 3 - - |

4 5 3 | 6 - - 6 7 5 | i - - i - - | i 0 0 ‖
```

rit.

【活动过程】

1. 律动导入

教师用简单、对称的身体律动引导孩子们感受音乐的旋律美。

2. 教师引导幼儿分三个层次欣赏不同姿态的单只天鹅图片，借助图片的支撑引发幼儿模仿、创造单只"天鹅"的动作造型

图片一：教师结合幼儿关于天鹅的描述进行简单的小结，边说边用肢体动作来诠释。

图片二：教师引导幼儿表现天鹅翅膀张开的力度与美，鼓励幼儿探索天鹅飞翔时翅膀的不同空间位置的表现（高矮、前后、翅膀的张开

程度）。

图片三：教师引导幼儿感知天鹅的不同姿态美，鼓励幼儿在模仿的基础上创编出不同的天鹅造型。

3. 借助传递游戏，引导幼儿尝试合乐舞动并造型

（1）散点上的传递。

（2）圈上的单人传递。

（3）引导幼儿欣赏双只天鹅造型的图片，从模仿上升到自主探索双人合作肢体造型。

通过与配班教师的合作示范双人天鹅舞蹈与造型，引导幼儿进一步感知与朋友合作时需要关注的舞蹈要素：空间位置的变化与利用、舞者间的身心交流、肢体动作的多样化等。

幼儿听音乐，尝试与朋友合作舞蹈并做出动作造型，教师借助眼神、动作、语言等给予幼儿支持、认可与启发。

4. 引导幼儿欣赏教师用舞蹈的方式讲述关于天鹅的故事，进一步感知肢体动作的魅力，并喜欢上这样的表达方式。

【活动延伸】

1. 在活动结束后，可以让幼儿自己用绘画或肢体动作创意再次感受音乐乐句。

2. 可以鼓励幼儿运用已有的单人到双人的造型经验，继续模仿、创造多只天鹅的动作造型。

3. 可以将音乐 CD 放在音乐表演区内，让幼儿运用教师提供的头饰、纱巾或服饰等道具进行情景表演。

【作品分析】

《天鹅》选自法国作曲家圣-桑斯的《动物狂欢节》组曲。《天鹅》是整套组曲中最受欢迎和流传最广的一首乐曲。为了表现天鹅本身固有的美，音乐的主要旋律几乎没有什么装饰，但这样的轻描淡写却很适合天鹅优雅娴静的独有气质，显得更加一往情深。

我们在给幼儿欣赏该音乐的过程中发现，音乐本身很容易激发起幼儿用身体展现优美姿态的兴趣，故而设计此活动，并开始了对即兴舞蹈的探索，感受着即兴舞蹈对于幼儿乃至人类的艺术价值。

（设计、执教：兰娇）

在这个案例中我们可以看到，领域课程中的音乐教育活动的目标不仅仅是发展和培养幼儿的音乐知识和能力，每一个独立的音乐教育活动都围绕培养幼儿完整人格展开，同时还注重在音乐学习中培养幼儿的积极学习品质。这既是幼儿园

教育综合性的体现，也是幼儿园音乐教育改革的方向。

二、综合艺术教育中的音乐教育活动

艺术综合既是世界艺术教育改革发展的趋势，也是人类加强沟通和了解的需要，更是艺术"返本"和"回归"的需要。艺术间的"统觉"、"联觉"和"通感"是艺术综合的心理基础，而促进人的整体和谐发展则是所有艺术的共同追求。目前世界上比较著名的综合艺术教育模式和主张，可以大致归纳为两个方面：第一，重视各种艺术门类的综合。如德国的奥尔夫音乐教育体系实际上就是一种从音乐切入的综合艺术教育模式。奥尔夫认为，从来就没有孤立的音乐，而只有与动作、舞蹈、语言同时存在的音乐。奥尔夫音乐教育的综合性体现在"注重音乐与舞蹈、动作、语言的综合"与"注重每门课程本身的综合"两个方面。第二，重视艺术教育过程中各种教育活动、心理活动的综合。多元智能理论创始人加德纳以新的智能理论为依据所创建的"艺术推进"课程，以创作、感知、反思三种艺术能力为教育目标，以音乐、视觉艺术、富有想象力的写作三种艺术形式为教育内容，以领域专题、过程作品集两种综合性艺术教育手段为方式，从创作能力、感知能力、反思能力、工作方法四个方面对学生进行综合性评估，其突出贡献在于将"综合"的内涵从艺术形式的层面深化到艺术与人文、艺术与社会、艺术与人的思维智能的整合与挖掘上。

在综合艺术教育中，音乐教育活动仍然作为一个学科存在，其结构化程度仍然较高。但在综合艺术教育中的音乐教育活动注重两个方面的综合：一方面强调利用音乐与美术、戏剧、舞蹈和影视等艺术门类之间共同的审美要素，将音乐与其他艺术门类加以综合；另一方面强调在音乐学科内部，将歌唱、随乐韵律、奏乐、音乐欣赏等不同教育领域之间，将感知与体验、创造与表现、反思与评价等三种艺术能力进行综合，通过融音乐学习、音乐体验与音乐实践于一体，使音乐深深根植于幼儿的内心，成为其生活不可或缺的重要部分。

▶案例 6-2[①]

小 白 兔

【教学目的】

通过学习用多声部节奏朗诵（2~3声部）轮说，并加律动（声势）为其伴奏，体验其中的乐趣。

【教学建议】

用听说法教说《小白兔》歌谣，先念两小节，再增至四小节。

---

① 李妲娜，修海林，尹爱青.奥尔夫音乐教育思想与实践［M］.上海：上海教育出版社，2002：30.

$\frac{2}{4}$

|××× |××× |×××× |××× |×××× |××× |×××× |××× ‖

小白兔，　白又白，　两只耳朵 竖起来，　爱吃萝卜 爱吃菜，　蹦蹦跳跳 真可爱！

- 边教边用手拍节拍|× × |，基本会连起来说儿歌。
- 边念边围成圆圈走节拍，手也跟着拍节拍。
- 围成两个圆圈轮说（需两个教师各带一组，如只有一个教师可分两组轮说）。
- 分三个组轮说（分三组边念边走圆圈）。
- 将拍手改为念儿歌节奏，不必顾及脚，孩子们会自然地按节拍走。
- 分三组：一组拍手|××× |，一组跺脚|× × |，一组说儿歌《小白兔》。（交换声部）
- 每个孩子用三种节奏说和律动（拍手、跺脚）。
- 围成两圈（或三圈）轮说和律动（拍手、跺脚）。

【提示】

这个练习要求幼儿要有一定的节奏朗诵基础，如进行字词、句子的练习后再进行。如果发现教学上有难度，马上要简化，如把拍手、跺脚声部分别进行。奥尔夫音乐教育的重要原则之一：具体的进度要根据学习对象的接受能力，以及学生上课时精神集中的情况以至情绪好坏等来掌握，切不可只按预订的教学方案硬教。适度的简化和增加难度都是允许的，具体尺度视经验来掌握。经验越丰富的教师，教学方法就越灵活，教学手段就越丰富。

附：供节奏朗诵的儿歌、童谣、谜语的补充例子（节选）。

（1）小老鼠，上灯台，偷油吃，下不来，叫奶奶，奶奶不来（叫爸爸，爸爸不来；叫妈妈，妈妈不来……），叽里咕噜滚下来。

（2）摇啊摇，摇啊摇，摇到外婆桥。外婆请我吃果果，糖一包，果一包，还有大奶糕。

（3）小皮球，香蕉梨，马铃开花二十一，二五六，二五七，二八，二九，三十一……

（4）一二三四五，上山打老虎，老虎不吃人，专吃大灰狼。

（5）稀奇稀奇真稀奇，鼻子当马骑；稀奇稀奇真稀奇，说话用肚皮。

上述案例将语言（儿歌《小白兔》等）、节奏、身体动作（拍手、跺脚）、声势练习（多声部节奏朗诵）有机结合，引导幼儿在轻松且富有挑战的学习情境中与音乐一起游戏，体现了奥尔夫音乐教育在音乐领域内部进行综合的特点。

▶案例6-3[①]

森 吉 德 玛

【活动目标】

1. 认识同一音乐作品由于音乐速度、力度的变化，可使音乐的形象、情绪发生变化。倾听乐曲《森吉德玛》，体验宁静、悠远与欢腾、热烈的不同意境。

2. 用动作表演、诗歌朗诵、欣赏绘画等多种方式来表现对音乐作品的感受。

3. 在配乐朗诵、随音乐舞蹈的活动中，保持与音乐的协调。

【活动准备】

1. 学习诗歌《美丽的草原》，能理解诗歌的意境，会用有表情的声调背诵。

2. 与《美丽的草原》两段诗歌意境相符的图片各一张，请特别注意：前一幅，画面要深远，色彩要淡雅，以蓝、绿、白为主；后一幅画，画面要有动感，色彩要鲜艳。

3. 音乐磁带、录音机、投影机。

【活动过程】

1. 教师使用投影仪，将幼儿用书《森吉德玛》画面投影放大，并播放音乐，幼儿安静地观看和倾听。

师：请小朋友一边看图一边听音乐，想一想图上的画面和音乐之间有什么样的关系？

2. 教师引导幼儿进行讨论。

师：哪一幅图与第一段音乐比较像，哪一幅图与第二段音乐比较像？

师：我们曾经学过一首诗歌《美丽的草原》，其中那一段诗可以配合第一段音乐朗诵，哪一段诗可以配合第二段音乐朗诵？

3. 幼儿进行配乐诗朗诵。

★ 在教师的带领下，幼儿学习配乐诗朗诵。教师要用声音、体态、表情暗示幼儿，使幼儿感受诗歌与音乐的协调，并加以表现。

---

① 《幼儿园渗透式领域课程》音乐编写组.幼儿园渗透式领域课程：音乐（大班·上）［M］.3版.南京：南京师范大学出版社，2017：141～143.

★ 教师进一步指导幼儿用更适合于音乐的速度、力度来朗诵，并注意引导全体幼儿声音协调。

师：音乐比较轻且缓慢的时候我可以怎么朗诵？音乐比较热闹且欢快的时候呢？怎样才能使我们这么多人的声音听起来很整齐、协调呢？

4. 幼儿根据两段音乐不同的情绪创编简单的动作，随音乐即兴起舞。

★ 听第一段音乐，幼儿即兴起舞，内容为美丽的草原风光。

师：第一段音乐向我们描述了美丽的草原风光，我们可以做哪些动作呢？

★ 听第二段音乐，全体幼儿做相同的动作，内容为节日活动或劳动。

师：第二段音乐说的是草原上的人们劳动的场面，可以有哪些动作？

★ 教师选择幼儿创编的动作组合成为第二段的舞蹈动作，带领幼儿共同表演舞蹈。

5. 教师组织幼儿听音乐，一部分幼儿配乐朗诵，另一部分幼儿随音乐舞蹈。在这一过程中，教师提醒幼儿注意人与音乐的协调一致，人与人的协调一致。

【活动建议】

★ 教学变式：在创编动作的活动环节，在班级幼儿常规好并且有相关舞蹈经验的基础上，可以考虑让幼儿即兴创编舞蹈。假设有困难，第一段的即兴创编也可以采用和第二段同样的方式进行。即幼儿自由创编后教师选择幼儿的动作进行组合，并带领有人使用统一的动作跳舞。活动过程第3环节"配乐朗诵"，也可处理成第一段由一人朗诵，第二段由全体幼儿朗诵等不同的形式。

★ 活动延伸：幼儿在欣赏活动中创编出的舞蹈可以进一步进行整理和加工，变成一段完整的蒙古族舞蹈组合，在其他音乐活动的开始部分或结束部分进行练习。

★ 环境创设：把幼儿和家长共同收集的有关蒙古草原的资料和前期收集的新疆等民族的图片资料一并展出，进一步丰富幼儿对少数民族群众的了解。

★ 家园共育：请家长帮助幼儿收集有关蒙古草原的资料，让幼儿进一步了解蒙古人民的生活，增加对少数民族群众的认识和喜爱。

★ 领域渗透：本活动可以渗透到美术活动中。幼儿可以先欣赏音乐，然后进行合作绘画《美丽的草原》。幼儿可以自由组合，自选工具和材料，自选题材：宁静的草原或欢腾的草原。教师应注意指导幼儿在构图、用色方面尽力表现音乐的情绪，并注意指导幼儿在绘画过程中尽量照顾全局，学习先集体构思，后分工绘画。

【活动材料】

谱6-2

森吉德玛

1=C　2/4

贺绿汀　曲

$5 | \underline{5\ 6}\ \dot{1} | \dot{1}\ \dot{6}\ \dot{1} | 3 | \underline{3\ 2\ 1} | \dot{1} | 5 | \underline{6\ 5}\ \underline{\dot{3}\ \dot{2}} | \dot{1}. | \underline{\dot{2}}\ \dot{1} | - |$

$\dot{1} | \dot{1} | 5 | \dot{5} | \dot{5} | \dot{5} | \underline{\dot{3}\ \dot{2}}\ \underline{\dot{1}\ \dot{6}} | \dot{1} | \underline{\dot{2}\ 5}\ \underline{\dot{1}\ 6} | \dot{5}. | 6\ 5 | - |$

$\dot{1} | \underline{5\ 6} | \underline{\dot{1}\ \dot{2}}\ \underline{\dot{1}\ 6} | \dot{5} | 3 | \dot{2}. | \underline{3\ 5\ 6}\ \dot{1} | \underline{6\ \dot{1}}\ \underline{3\ 2} | \dot{1}. | 2\ 3 | 6 |$

1. $\underline{5.6}\ \underline{3\ 2} | \dot{1}. | \underline{2}\ \dot{1} | - |$　2. $\underline{1.2}\ \underline{3\ 5}\ \dot{1} | - |$

诗歌：

蓝蓝的天空飘着雪白的云朵，静静的河滩上是吃草的羊群，羊群好像天上的白云，伴着牧人的琴声，多么宁静安详。

欢乐的草原开满美丽的花朵，火红的太阳下是奔跑的马群，马群好像地上的鲜花，伴着牧人的歌舞，多么热烈欢畅。

上述案例以乐曲欣赏为中心，综合运用动作表演、诗歌朗诵和画面欣赏等多种方式引导幼儿表达对乐曲的感受，使幼儿身临其境，仿佛来到宁静、悠远与欢腾、热烈而生动的草原，成功实现了音乐与文学、美术、舞蹈等多领域的艺术综合。

三、主题活动中的音乐教育活动

主题活动是围绕主题展开的一系列教育活动。主题活动在一定程度上打破或超越了各领域的学科逻辑，采用一种有机整合的方式，将各个领域的教育内容综合到一个网络状的主题之中，使得幼儿园教育系统中分化了的各要素及其各成分之间形成有机的联系。

在主题活动中，各领域都要围绕主题组织教育内容。由于"主题"通常是以自然或幼儿社会生活为线索选择的，如果处理不好，主题活动中的音乐教育活动就可能出现以下两个方面的不足：一是主题背景下适宜的音乐教育活动素材较难寻觅。在实践中，围绕主题选择的音乐作品往往缺乏层次性考虑，在同一个主题中可能出现难度相差很大的音乐教育活动，也难以对同一年龄班或者整个幼儿园不同年龄班之间音乐教育活动的递进与衔接进行设计。活动形式通常也以歌曲偏多，律动、游戏、打击乐、舞蹈较少，教育内容的难度安排也缺乏梯度。二是主题背景下的音乐教育活动容易偏离其领域组织特点，变成"热热闹闹地玩"。由于主题的限制，可供教师选择的音乐作品的内容和形式有限，所以音乐作品与幼儿的实际需要可能是脱节的。在许多主题背景下的音乐教育活动中，联系主题的谈话常常喧宾夺主，使"音乐"成为活动的背景，活动中也难以看见对幼儿拓展、提升音乐学习经验方面的挑战。

为此，教师可从以下四个方面入手，实现主题活动中音乐教育活动独特的价值：

（一）挖掘音乐教育主题

在自然和社会生活中，有许多幼儿容易进行艺术表现与艺术创造的主题，如"京剧""乐队""我与大师""动物世界""花""音乐节"等，因为音乐本就是来源于生活的。教师应主动寻找幼儿身边的音乐事件和艺术资源，引导幼儿围绕这些艺术主题展开学习和探索，让艺术成为其生活的一部分。例如，京剧是一种非常独特的艺术形式，如果想要把它纳入一个主题活动，教师可以带幼儿前去参观戏曲舞蹈学校，通过听介绍、看戏服、观看戏曲舞蹈学校学生表演等，加深幼儿对京剧艺术的印象；还可以组织幼儿通过多种渠道收集有关京剧的资料，并和同伴相互交流和欣赏。以此为基础，教师又可以生发出艺术表达活动，如学唱京剧，利用废旧材料制作京剧脸谱、京剧服饰、京剧道具等。

（二）生发音乐教育活动

一是在其他主题的实施过程中，注意以幼儿经验和生活为基础，挖掘若干个与主题有内在联系的音乐教育活动，从而生成主题背景下的艺术综合教育。如在主题活动"我们身边的各种爱"中，教师可以从"妈妈的爱""朋友的爱""老师的爱"入手，选择一组适合幼儿欣赏的音乐作品，并将音乐与文学、美术、戏剧等艺术形式有机综合，设计出一组充满审美感动的艺术综合活动。二是根据主题活动实施需要，引进新的活动形式。如某教师组织中班主题活动"交通工具"时，活动前期让幼儿通过绘画、实物收集、经验交流等形式来认识交通工具，但教师感觉活动有些单调和乏味，又尝试选择一种对幼儿来说新颖、奇特的艺术表现方式——说唱，幼儿因此兴趣大增。

（三）创新音乐活动素材

在主题教育活动中，围绕一个主题所挑选的音乐作品的学习难度通常是参差不齐的，难以满足幼儿学习的需要。为此，教师一要尝试根据主题和幼儿能力需要对音乐作品进行改造。如某教师根据在主题活动"菜园飘香"中，将歌曲《小青蛙》的旋律重新填词，改编成歌曲《蔬菜营养真正好》；在主题活动"豆子"

中，将歌曲《大大的馒头哪里来》改编成《嫩嫩的豆腐哪里来》，将原来表现春天柳枝生长的状态的音乐《单簧管波尔卡》修改为表现豆子发芽、生长的状态等。二要根据自身实践经验和本班幼儿能力发展情况对音乐活动材料进行取舍。如某教师在中班主题活动"小鬼显身手"中，根据经验将原有三个歌唱活动"勤快人和懒惰人"、"加油干"和"小木匠的榔头"进行了如下处理：将幼儿较为感兴趣的"勤快人和懒惰人"留下，将"加油干"改编为奏乐活动，删去幼儿鲜有经验的"小木匠的榔头"，增加随乐韵律活动"盖房子"和奏乐活动"鞋匠舞"。三要大胆引进贴近幼儿、为幼儿喜闻乐见的健康向上的音乐作品。如某教师在开展主题活动"有趣的刷子"时，改编运用范晓萱的《刷牙歌》和花儿乐队的《嘻唰唰》，通过有力的节奏、简单的旋律为幼儿表现音乐注入活力。

（四）在多渠道感知的活动中渗透多领域经验，拓展、提升幼儿音乐学习经验

如某教师在主题活动"有趣的刷子"中，发现幼儿最初只停留在跟着音乐简单地模仿使用刷子的动作上，就引导幼儿仔细观察使用刷子的各种动态，买来实物让幼儿触摸感受，还拍摄汽车雨刷器刷洗车窗的情景供幼儿观察。通过这些活动，幼儿产生了许多独特的想法，想出了不少个性化的肢体动作。

> ▶案例 6–4①
>
> ### 大班随乐韵律活动"生肖变变变"
>
> 【设计意图】
>
> 本次活动是在大班"喜气洋洋贺新年"主题活动背景下开展的。为了让孩子们体验中华优秀传统文化，在主题审议中，我加入了更多的中国元素。"年夜饭"是孩子们经验较为丰富的传统习俗，在商讨主题的过程中，孩子们生成了项目活动"今年我当家"，他们要自己操办一顿年夜饭，不仅要享受美食，还要用表演来欢庆新年。于是我在设计韵律活动时重点考虑以下两个方面：
>
> 第一，选择改编民间戏曲音乐，让作品更符合大班幼儿的兴趣需要。我节选的现代京剧《海港》，曲风诙谐幽默，旋律富有戏曲唱腔特点，活泼跳跃。由于这一京剧选段的前奏非常短，筛锣的声音较长，孩子们很难合拍进入主旋律，于是我在《海港》乐谱的基础上编写了《生肖变变变》(见活动材料)。为了让幼儿在音乐里顺利完成交换舞伴，我又增加了间奏。

---

① 颜瑶卿．大班韵律活动：生肖变变变［J］．早期教育，2021（12）：38–39．选用时有改动。

　　第二，设计层层递进的游戏环节，让幼儿在每个环节都能体验成功的快乐。考虑到孩子们已经有了关于十二生肖的经验，所以我选择十二生肖这个具有中华优秀传统文化的元素来支持幼儿感受、表现音乐。活动从易到难，从上肢到下肢，从坐到站到找空位，层层递进。在创编生肖滑稽表情和动作的环节，教师按照语令→哼唱→B段合乐→完整合乐→其他生肖滑稽表情的顺序，引导幼儿循序渐进地准确合拍、创编表现生肖滑稽表情和动作的静止造型。在合作进行模仿游戏时，从教师邀请做得较好的幼儿进行合作示范游戏，随后教师和全体幼儿一起加入游戏，幼儿在间奏时交换朋友与更多的同伴模仿游戏，幼儿顺利完成邀请不同同伴进行游戏，体验到活动的快乐。

　　【活动目标】

　　1. 感受乐曲的旋律和结构，尝试用十二生肖的表情或标志性动作跳舞、打招呼，表现乐曲的诙谐有趣。

　　2. 在两两合作中，尝试创编、模仿生肖的滑稽表情和动作。

　　3. 在共同游戏中，愿意用动作向同伴表达祝福，体验运用滑稽表情来逗乐同伴的快乐。

　　【活动准备】

　　活动前幼儿积累表现十二生肖动作的经验，区域中投放各种逗乐的滑稽表情图片，音乐《生肖变变变》。

　　【活动材料】

　　谱 6-3

生肖变变变

【活动过程】

一、激发兴趣，创编简单动作

1. 谈话导入

师：今年是什么年？牛长什么样？

2. 创编生肖牛跳舞、打招呼、作揖、变化表情等简单动作

师：小牛跳舞啦，它会怎么跳舞呢？

师：跟小牛打声招呼，你好，你好！小牛和朋友碰面了会相互祝贺，怎么祝贺的？恭喜可以做什么动作？

师：真开心呀，做个小牛开心的表情吧。

3. 尝试随乐表现生肖牛跳舞、打招呼、变化表情等动作，初步熟悉音乐的结构

师：今天老师给小朋友带来了一首好听的音乐，我们一起来听一听、玩一玩，音乐里小牛做了哪些动作，它们的先后顺序又是怎样的。（播放第一遍完整音乐。）

师：刚才小牛打了几次招呼？恭喜了几下？到底是不是和小朋友说的一样呢？我们再来听一听。（播放第二遍完整音乐。）

二、重点突破，创编生肖表情

1. 尝试创编生肖牛的滑稽表情造型

师：小牛要让朋友更加开心，可以怎么逗朋友？小牛怎样的滑稽表情能逗朋友开心？你们做给我看看。（教师积极引导，如：×× 小朋友撅起嘴巴，×× 小朋友舌头向左吐得长长的。）

师：现在我说变，你们也变出小牛的滑稽表情。

2. 教师哼唱，幼儿尝试表现生肖牛的滑稽表情造型

师：刚才我看到你的表情好滑稽呀，现在我来哼唱，你来变表情给大家看！在两个"恭喜恭喜"的时候做好准备，在变的时候马上变出来，保持不动。

师：请全体小朋友一边听我哼唱，一边也来学学这个小牛的滑稽表情。

师：还有谁来试一试小牛其他的滑稽表情？注意在我说"再来再来"的时候做好准备，在变的时候马上变出来。

3. 跟随 B 段音乐尝试变生肖牛的两个滑稽表情

师：现在我们跟着音乐把两次变小牛滑稽表情连起来玩一玩。注意在"恭喜恭喜"和"再来再来"的时候做好准备，在变的时候立刻变出小牛滑稽的表情。（播放 B 段音乐。）

4. 完整随乐游戏

师：现在我们跟随完整音乐再来玩一玩，跳舞的时候跳舞，打招呼的时候打招呼，恭喜的时候恭喜，变化表情的时候变化表情。（播放第三遍完整音乐。）

5. 完整随乐表现其他生肖的滑稽表情

师：除了牛，还有什么生肖？它的滑稽表情又是怎样的？现在我们一起来玩一玩。（播放第四遍完整音乐。）

师：还有什么生肖？我说变你们就变，变出不同的生肖来，让我猜猜。现在我们选择一个自己喜欢的生肖跟随音乐再来玩一玩。（播放第五遍完整音乐。）

三、两两合作，模仿生肖游戏

1. 教师和一名幼儿进行模仿游戏

师：刚才你们的滑稽表情做得那么好，我想来学一学。我先请一位小朋友上来变，我来学一学。（播放第六遍完整音乐。）

2. 讨论确定模仿游戏的玩法

师：现在请你们也来合作玩一玩，谁先来变滑稽表情，谁来学呢？有什么办法决定谁变谁学呢？（玩游戏"石头剪子布"。）

3. 教师与全体幼儿游戏

师：那我和大家一起来玩一玩"石头剪子布"的游戏，"你好，你好，石头剪子布"。和我比赢了的小朋友站起来，在"恭喜恭喜"的时候做好准备，在变的时候马上变出生肖的滑稽表情，我来学一个小朋友的表情；和我比输了的小朋友要马上学我的表情。在第二句变的时候赢的小朋友马上变出新的滑稽表情，输的马上学我的滑稽表情。刚才有小朋友和我打成平局，该怎么办？（可以两句音乐都变自己想变的生肖滑稽表情。）

师：刚才我是在说完什么的时候出"石头剪子布"的？现在我们跟随音乐来玩一玩，别忘了说完"你好，你好"，再跟随音乐出"石头剪子布"。（教师哼唱完整音乐一遍。）

4. 两位幼儿模仿生肖表情游戏，进一步澄清游戏规则

师：现在我请一对朋友上来玩一玩，先想象一下是什么生肖。说完"你好，你好"，就"石头剪子布"，赢了要马上变出来，输了要马上学。如果平局呢？应该自己变自己的。现在跟随音乐来试一试，注意反应要快。（播放第七遍完整音乐。）

师：你们觉得刚才他们合作得怎么样？好在什么地方？怎么样合作能更好？

5. 幼儿两两合作进行生肖模仿游戏

师：现在请你和旁边的同伴也来玩一玩，想一下你准备变什么生肖。（播放第八遍完整音乐，幼儿游戏。）

师：刚才你们在合作的时候出现了什么困难？（如有困难，引导大家一起想办法解决。）

四、交换伙伴，变换生肖逗乐

1. 幼儿自主选择一位伙伴两两合作进行模仿游戏

师：现在请你找一位伙伴来玩一玩，说不定会有不一样的输赢结果。（播放第九遍完整音乐。）

2. 尝试变换不同的生肖与伙伴进行游戏

师：这么好玩的游戏我们要和更多的伙伴玩一玩，在音乐间奏时交换新伙伴。怎么换呢？在变完第二个表情，听到间奏音乐的时候去换新伙伴，再换新的生肖玩一玩。（播放间奏音乐，幼儿尝试交换伙伴。）

师：现在我们跟随完整的音乐来玩，在音乐间奏时每个人都直接去找新伙伴，然后换一个生肖玩。（连续播放两遍音乐。）

师：刚才有没有出现什么问题？（引导幼儿发现问题，积极解决问题，如找不到新伙伴时，可以高高举手，这样就能很快被其他小朋友发现。）

师：现在我们再来玩一玩！（连续播放两遍音乐，幼儿游戏时教师积极评价，如这一次我看到有高高的龙，有长长的蛇，有身体向前眺望的猴子。）

3. 跟随音乐自主交换伙伴数次，体验与同伴互动创编模仿生肖表情的乐趣

师：这一次我们会播放更多遍的音乐，大家要不断找新伙伴来做游戏。（连续播放四遍音乐。）

小结：今天我们用变化滑稽表情来逗乐的方法让很多的小朋友都感到了快乐，下次我们要把这个游戏带给更多的朋友，让他们一起分享快乐！

四、方案活动中的音乐教育活动

方案活动是整个班级（有时是班级内的一群幼儿，偶尔也可能是一个幼儿）对某一主题进行广泛、深入研究的教育活动。方案活动拥有一个主题网络，这个主题网络的可变性和不确定性很大。围绕一个主题而展开的一系列方案活动，可由教师确定活动目标和活动内容，也可由幼儿根据与主题有关的学习经验发起活

动。与主题活动相比，方案活动更多地以幼儿的兴趣为导向，以满足幼儿的需要为追求。

在方案活动中，幼儿通常通过直接观察、与有关专家谈话，动手实验、绘画、泥塑、制作，收集材料以及报告自己发现的结果等方式进行学习。方案活动中的音乐教育活动以幼儿的兴趣为导向，其活动目标不在于让幼儿学习音乐知识和技能或提高幼儿音乐审美能力和情趣。作为低结构化的教育活动，在方案活动中，幼儿进行的音乐学习其实是包括很多学习领域在内的整合性活动。

五、活动区中的音乐教育活动

活动区活动指的是将幼儿园活动室划分成若干活动区域，通过让幼儿自主选择，并与材料和人互动的方式，组织和实施幼儿园的教育活动。除纯游戏以外，与其他综合性教育活动相比，活动区活动更多地立足于儿童本位，强调活动的过程，强调幼儿个别化的学习。

活动区中的音乐教育活动接近游戏状态，活动区为幼儿的自主活动提供了丰富材料，给予幼儿与活动材料充分相互作用的机会，教师在活动区投放音乐活动材料，更有利于引发幼儿自主学习和游戏。音乐区是幼儿喜欢的去处，音乐区里的乐器、音像资料、舞蹈图片、录音机或投影仪，为幼儿提供了视觉、听觉上的双重刺激。而不同的玩具娃娃和相应的表演服装，不同语言形式的音乐磁带或碟片等，都可以带动孩子们在音乐小舞台上唱唱跳跳，自娱自乐，在与材料的接触中，与同伴的共同游戏中快乐地"玩"音乐，获得愉快体验。多功能性质的材料和多种材料的混合陈设对于激发幼儿欣赏、探究的兴趣，使幼儿关注不同音乐风格和形式，产生参与音乐活动和主动探索的愿望，丰富幼儿对音乐的情感体验和审美情趣同样重要。

▶ **认识儿童**

吃完早餐后，晶晶来到音乐区，拿起钢片琴叮叮咚咚敲起来。玲玲闻声走过来，问晶晶："你敲什么呀？"晶晶头也不抬，说："小星星。"玲玲说："让我敲一下好不好？"晶晶说："不行，我才来的，你自己找别的（敲）！"玲玲说："那我们俩一起敲好不？"晶晶说："你唱歌（小星星）吧。"于是，晶晶摇头晃脑地敲琴伴奏，玲玲唱歌。强强听见她们的歌声，也走过来了。他跑到晶晶的琴上用力拍打了几下，晶晶生气地喊："讨厌！"玲玲从旁边提议："我们干脆演出吧。"于是，三个人停下来商量了一下……现在，玲玲弹琴，晶晶拍铃鼓，强强拿了一块积塑在敲打装积塑的篮子；三人组成了"小乐队"。

从这个案例中我们可以看出，音乐区是幼儿自由活动的地方。在自娱自乐的操作过程中，幼儿同伴之间的社会交往与协商、乐器的演奏与配合、歌唱与打击乐器演奏的交叉——幼儿音乐学习和社会学习的行为自然地产生了。

第二节　幼儿园音乐教育与其他教育的整合

学科之间的互相渗透、交叉和融合，是世界教育发展的趋势，也是幼儿园课程改革与发展要突破的难点。幼儿园音乐教育与其他教育之间存在着多方面的内在联系，可以有机地融合在一起，共同促进幼儿的全面和谐发展。幼儿园音乐教育主要从以下三个方面实现与其他教育的整合：

一是在同一个主题背景下不同领域活动目标的整合。如在"我上幼儿园"主题背景下所设计的艺术领域"我爱我的幼儿园""碰一碰"、社会领域"参观我们的新家"、语言领域"上幼儿园"、健康领域"开火车"、科学领域"香皂洗手真干净"等活动，共同促使幼儿对幼儿园产生亲近感和安全感，和小伙伴初步建立交往关系。

二是利用其他领域的符号体系或方法体系解决幼儿音乐学习中的问题，实现整合。如在音乐欣赏活动中借助图表帮助幼儿形象地感知音乐作品的结构等。

三是在其他领域教育活动中渗透或生发音乐教育活动，激发幼儿参与学习的兴趣。如在组织科学领域活动"香皂洗手真干净"时，教师用陶醉的表情边用香皂洗手边唱《泡泡歌》，幼儿受其感染，忍不住跟着学，活动热情陡增。

一、音乐教育与美术教育的整合

音乐与美术这两种艺术在体裁与表现上有一定的差异，但两者在表现人的思想感情和让人的内心产生共鸣上是一致的。俄国画家康定斯基曾说过，绘画是视觉的音乐。由于音乐与美术在意义、色彩、旋律、节奏等方面存在诸多的内在联系，所以画与音是可以互相融合的。在音乐教学中，选择相应的实施策略，利用美术手段辅助音乐教学，对培养幼儿的审美能力、思维能力，辅助实现音乐教育的目标和任务有着积极的意义。

艺术融合的本质是美的融合，音乐教育与美术教育的整合不是把美术和音乐简单相加，而是融合音乐与美术在审美情感上的共鸣，支持幼儿的艺术学习。

（一）利用画面展现音乐情境，使音乐学习更有趣

在音乐教育中利用视觉图像刺激想象，有利于幼儿理解音乐作品，提高学习兴趣。异质同构理论早已证实，音乐与美术在个体感知中具有相通性。教师在音乐教育中可以吸取美术的"真实""具体"等特点，通过描绘或出示图片、

欣赏与音乐相关的美术作品等手段，帮助幼儿感受音乐中的抽象美。例如，为帮助幼儿更好地理解歌曲《小乌鸦爱妈妈》，在学习歌曲之前，教师先出示一幅表现"小乌鸦嘴叼虫子，正将虫子细心地喂给躺在窝里不能动的老乌鸦妈妈"的画，并引导幼儿讨论画面，猜一猜：小乌鸦为什么不出去玩耍，而是一口一口地喂妈妈？生动的画面在感染带动幼儿情绪的同时，也会激起幼儿学习的兴趣。

现代信息技术有助于将视觉艺术（特别是绘画）同步融入音乐作品的欣赏、理解，为幼儿营造了图文并茂、视听交融的学习情景，在刺激和兴奋幼儿感觉和听觉器官的同时，唤起其主体参与意识和创新能力，让他们在轻松、愉悦的气氛中理解音乐内容。如在欣赏歌曲《柳树姑娘》时，教师可以根据歌词情境制作Flash 动画，使幼儿在倾听音乐的同时，看到"春天池塘边的垂柳随风轻拂水面"的优美画面，理解歌词"柳树姑娘，辫子长长，风儿一吹，甩进池塘"和"洗洗干净，多么漂亮"的含义。又如，教师可以配合欣赏乐曲《水族馆》播放海底世界的纪录片，使幼儿感受"水草"和"小鱼"的嬉戏之趣。

（二）运用美术符号简化音乐形象，使音乐学习更容易

在奏乐活动和随乐韵律活动中运用音乐图谱来进行教学，不仅对幼儿的整体感知有帮助，而且会提高幼儿感知音乐的兴趣。如用打击乐器演奏《拉德斯基进行曲》时，教师可以根据乐曲结构和性质设计"士兵进城""群众欢呼""士兵表演"等画面，帮助幼儿形象感知作品形象、结构与风格。美术表达方式不能仅限于创造出乐曲中的具体形象，如狮子、狼等，而要去对应乐曲的某个部分，还应该注意从音列性质、和声织体、乐曲结构等方面设计出对应的图形或颜色，帮助幼儿将听觉和视觉建立起联觉。如用一排圆柱体代表丰富和声织体的几个乐句或有顿挫感的和弦，用高高低低的连续线代表连绵不断的旋律走向，用大小不等的实心圆代表有强弱变化的音响等。又如，在随乐韵律活动中，教师出示一个大蜗牛的图形，用指挥棒沿着"蜗牛"的外围向中心运动，并指导幼儿做相应动作，使他们轻松体验到身体律动是如何与形状或符号建立联系的。

（三）音乐、美术相互配合，促使幼儿多元表达

两种艺术的相互配合即以一种艺术为主，用另一种艺术来补充和丰富自己，既保持两种艺术的原有形式，同时又服从于其中主要的一种艺术。在幼儿园艺术领域活动中，"画音乐""音赏画"都是两种艺术的配合，但最终落脚点分别在"画"和"赏"上面。例如，在音乐教育活动中，教师鼓励幼儿在欣赏乐曲《野蜂飞舞》的同时，用线条表达自己对音乐的感受；在美术教育活动中，教师鼓励幼儿穿上自己设计的报纸时装随音乐进行表演；等等。为更好地实现音乐与美术的相互配合，在进行美术作品欣赏时，教师要注意挑选背景音乐，控制好音乐播出的时间、节奏、高潮等。在进行音乐欣赏和表演活动时，教师要注意为幼儿挑

选服饰、控制背景色调，利用环境艺术设计手段，巧妙地设计舞台背景，突出主题音乐，烘托气氛，增强艺术感染力。

▶案例 6-5[①]

大班随乐韵律活动：花儿朵朵

【活动目标】

1. 初步学习集体舞，跟随音乐较合拍地做踏步行进、转圈等动作。

2. 探索理解图谱内容并迁移经验掌握舞蹈。

3. 探索在舞蹈中用不同的方法与同伴保持一致。

【活动准备】

1.《花儿朵朵》舞蹈图谱，黑板。

2. 幼儿分四组，分别带上红、黄、绿、银四色腕花，坐成半圆形。

3. 在半圆形前面的空地上用即时贴按幼儿人数贴成四路纵队。

【活动过程】

1. 幼儿欣赏乐曲《邮递马车》，并探索理解图谱所表达的内容。

★ 教师出示图 6-1，引导幼儿了解手腕花是与图谱一致的。

师：你们手上戴着哪几种颜色的腕花？再看看黑板上的图，你发现它们有什么相同的地方吗？你戴的是哪一种颜色的花？

★ 幼儿初步欣赏乐曲。

师：这儿有一段音乐，说的是小花朵的故事，我们来听一听。

★ 教师出示图 6-2，引导幼儿比较图谱中"花苞"与"花朵"的不同，并请一组幼儿（手戴红、黄、绿、银四色腕花中的任意一组）上来，听音乐，大家合作，分别用动作表现"花苞"和"花朵"。

师："花苞"与"花朵"有什么不同？大家合起来做一朵"花苞"可以吗？花开了又可以怎么做？哪组小朋友想上来试一试？

★ 教师将剩下的两幅图片（图 6-3 和图 6-4）按顺序全部展示出来，逐幅探索箭头所表达的含义。启发幼儿随音乐用相应的动作，与本组幼儿合作来做一做。

师：现在请小朋友再来看看这两幅图，仔细观察图上与前两幅图相比多了什么？那么这些箭头分别是什么意思呢？用动作可以怎么表现？看着第三幅图，哪组小朋友想上来用动作合作试一试？那第四幅图呢？这些箭头分别是什么意思？动作应该怎么表现？

---

① 《幼儿园渗透式领域课程》编委会.科学、艺术：大班：上［M］.南京：南京师范大学出版社，2005：177-180.

2. 幼儿再次欣赏音乐，了解音乐结构。

★ 幼儿边看图边完整地欣赏音乐。教师按照舞蹈的动作结构，有节奏地用手指向相应的图，引导幼儿感受舞蹈的动作结构及音乐情绪。

★ 在教师的带领下，幼儿跟随音乐，在座位上用幅度较小的动作表演。

师：现在请你们和老师一起在座位上，边听音乐边用幅度较小的动作来跳舞好吗？

3. 幼儿起立，探索舞蹈的队形。

★ 幼儿在教师的启发下探索舞蹈的队形。教师先请一组幼儿上来按指定的点站位，然后请其他"三种花"看一看图，根据图上每朵花的颜色和位置，想一想自己应该站在哪里。

★ 幼儿站成四路纵队的队形后，探索尽快变成四朵花的队形。

师：这次我们要站着来跳这个舞蹈了，我们怎样才能从现在的队形变成四朵花的队形呢？

★ 教师放慢速度哼唱旋律，幼儿尝试变化舞蹈的队形。

4. 幼儿完整地随音乐跳集体舞，在表演过程中探索与同伴保持协调一致。

★ 幼儿在教师的语言提示下，完整地随音乐跳集体舞。

★ 教师逐步退出，让幼儿在没有教师语言提示的情况下，尝试自己完整地随音乐跳集体舞。

★ 教师引导幼儿反思：今天是什么帮助我们学会了舞蹈？在和别人合作的过程中，怎样才能让别人和自己都感到很舒服？

【活动建议】

★ 教学变式：如果幼儿没有良好的集体舞基础，可将本活动分两个层次进行。第一个层次让幼儿充分地欣赏音乐，并理解图谱内容，使幼儿对图谱蕴涵的舞蹈动作结构有较好的理解，为迁移经验掌握舞蹈打下基础。第二个层次再引导幼儿在理解和熟悉音乐的基础上，探索站四路纵队，和同伴合作表演集体舞。

★ 活动延伸：可以在幼儿园的各种庆祝活动（如新年庆祝、六一儿童节等）中表演舞蹈，进一步体验与同伴共同表演舞蹈的快乐。

★ 家园共育：家庭成员可以与幼儿在家中共同进行集体舞表演，体验亲子交流的快乐。

★ 领域渗透：结合科学活动，引导幼儿观察了解花朵的生长变化过程。教师可以在自然角放几盆有花苞的植物，引导幼儿定期给植物浇水，晒太阳，并进行"植物生长过程"的图画记录，让幼儿通过观察了解花苞是如何变成花朵的。

【教学用图】

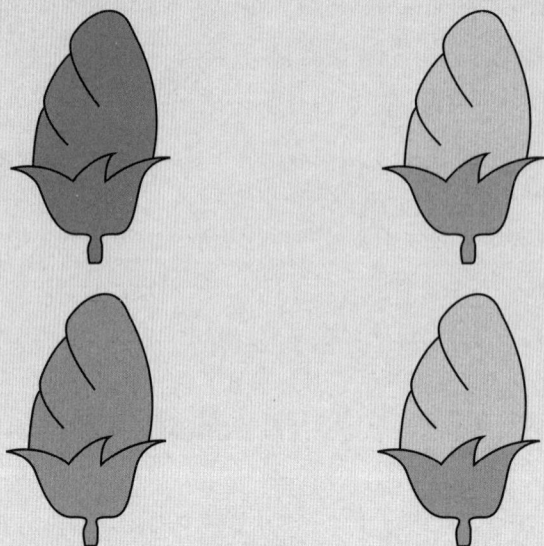

图6-1

说明：四名戴同色腕花的幼儿为一组。每组幼儿组成一个小圆圈，面向圈上（"圈上"是指幼儿侧身站在圈上）。戴腕花的手在圈里，并高举靠在一起，表示花朵还没有开放的样子。动作参考乐曲[1]～[8]小节。

图6-2

说明：一组幼儿从花苞状变成花朵状，动作参考乐曲[9]～[16]小节。

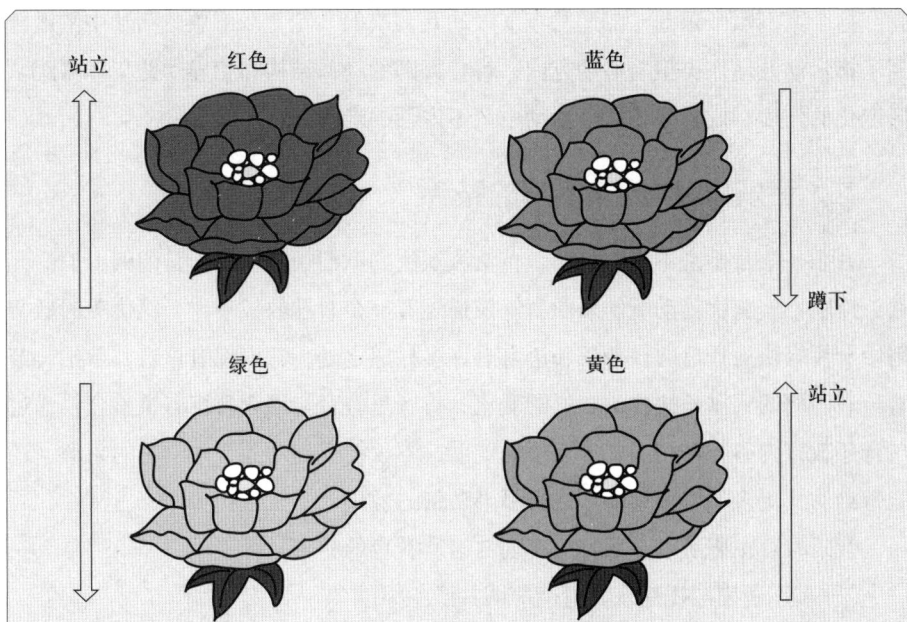

站立　　　　红色　　　　　　　　蓝色

绿色　　　　　　　　黄色

蹲下

站立

图6-3

说明：对角的两圆分组轮流站起来和蹲下，对角两圆动作相同。动作参考乐曲 [33]～[48] 小节。

图6-4

说明：戴同色腕花幼儿手拉手组成小圆，面向圈里，顺着圈圈碎步移动。动作参考乐曲 [49]～[64] 小节。

这个案例赋予乐曲《邮递马车》以幼儿喜欢的"花儿"形象,活动中图谱起到了指示幼儿动作类型与活动方向,解释舞蹈的动作结构和引导幼儿集体舞蹈队形变化的作用,成为音乐教育活动中"不说话的老师"。

二、音乐教育与语言教育的整合

音乐与语言是密不可分的。一首活泼欢快的歌曲往往就是一首朗朗上口的儿歌、诗歌,一首优美动听的乐曲就好像描述着一个有趣的故事,一篇优美的散文则像一首轻快的抒情曲。音乐和语言有许多相通之处,它们都有重音、节拍、节奏,有声调的轻重、快慢、高低的变化。将音乐教育与语言教育有机整合,通过与音乐教育内容相贴切的文学意境的辅助,不仅能提高幼儿音乐学习的兴趣,还能带给幼儿更多的审美感动,达到事半功倍的效果。

音乐教育主要从以下几方面实现与语言教育的整合:

(一)用语言衬托音乐,营造声情并茂的氛围

用语言描述音乐或用音乐为文学作品伴奏,能达到声情并茂的审美效果。欣赏音乐之前或者在欣赏过程中,教师用生动形象的语言描绘音乐,不仅可以调动幼儿学习的兴趣,同时还能很快将幼儿的情感激发起来,使之主动投入音乐学习。例如,教师带领幼儿开展随乐韵律活动"芭比娃娃"之前,先讲故事《橱窗里的芭比娃娃》,在优美、舒缓的音乐声中,教师的语言就像芭比娃娃在轻声倾诉,一下子激起幼儿对可爱美丽的芭比的喜爱,和对深夜橱窗里孤寂的芭比的同情;又如,在欣赏乐曲《拨弦》之前,教师给幼儿讲了一个《聪明孩子笨老狼》的故事,然后请他们在音乐中去寻找故事主角,幼儿对乐曲的好奇和探究兴趣迅速被调动起来;在欣赏乐曲《森吉德玛》时,教师配乐朗诵诗歌《美丽的草原》,诗歌优美的语言迅速将幼儿的思绪带到宁静、悠远、欢腾、热烈的草原。

(二)用语言表现音乐,加深幼儿对音乐的理解

在欣赏音乐后,教师鼓励幼儿根据自己对音乐的感受和理解编出自己喜欢的小故事,或者为乐曲填写歌词等,不仅可以帮助幼儿进一步理解音乐,还能使他们体验到表现自我的乐趣,促进其语言表达能力的发展。如欣赏乐曲《狮王进行曲》后,教师可以鼓励幼儿根据音乐创编《狮王的故事》并互相讲述;学习歌曲《表情歌》之后,教师可以启发幼儿仿编歌词,按照"我 ×× 我 ×× 我就 ×××"的格式将"我高兴"改编成"我自豪(快乐等)我自豪(快乐等)我就自豪(快乐等)",鼓励幼儿大胆表现;欣赏乐曲《欢乐颂》之后,教师可以带领幼儿随乐朗诵诗歌《欢乐颂》,音乐和语言相互渗透,情景交融,其乐融融。

(三)用音乐表现语言,提高音乐表现能力

1. 将儿歌朗诵与节奏活动结合起来,有节奏地朗诵儿歌

这一做法包括用幼儿感兴趣的象声词代替儿歌原来的词语，引导幼儿发现和感受儿歌的节奏；鼓励幼儿用不同的节奏朗诵，对已熟知的儿歌进行节奏上的变化，就一首儿歌开发出多种"玩法"，感受儿歌的韵律美以及节奏变化带来的乐趣；在儿歌朗诵中运用多声部练习和卡农练习，让幼儿在和谐、专注的合作中体会到音乐给其语言学习带来的快乐，提高他们对语言、音乐的兴趣；等等。

2. 用肢体动作表现语言

对幼儿而言，身体表达比语言表达更容易，也更有趣。在语言领域活动中，教师可以鼓励幼儿用拍手、拍腿、踏步等来伴随儿歌的节拍，或是根据儿歌或故事的内容即兴表演，大胆想象和表现。如学习故事《猴子学样》的过程中，教师可以鼓励幼儿用动作表现猴子的调皮和老人的着急、无奈。

3. 用打击乐器表现语言

引导幼儿将文字或画面传递的信息转化为声音，进行用音响讲述故事的尝试和探索，不仅有利于幼儿在语言节奏与声响节奏之间建立联系，更为重要的是，可以帮助幼儿学习到一种新的思维方法。

▶案例 6-6

大班团体随乐韵律活动"小鸡和狐狸"

【设计思路】

《忐忑》是一首运用戏曲锣鼓经为唱词的音乐，歌曲节奏型丰富，歌词神秘有趣，曲风奇特，比较滑稽，能够激发幼儿强烈的表现欲望。歌曲紧张、情绪多变的风格与绘本故事中小鸡和狐狸的形象不谋而合，都是幼儿喜欢并熟悉的，因此教师借助图画书《小鸡和狐狸》的故事情境，通过游戏的方式，引导幼儿用肢体动作感知音乐的节奏以及紧张的情绪，了解和熟悉音乐的风格。活动中，教师运用先分层再分段的教学策略，以适合幼儿的学习特点。

【活动目标】

1. 通过游戏的方式感受戏曲锣鼓经的风格特点，体验师幼、幼幼间共同游戏的快乐。

2. 能根据故事情节随乐进行肢体表现，尝试用创造性的动作表现"比力气""比跳舞""比嗓门"的情节。

3. 在情境中理解游戏的玩法和规则，领略跟着音乐的变化控制身体动作的趣味，了解小鸡以弱胜强、战胜狐狸的智慧。

【活动准备】

1. 教师与配教合作表演游戏"小鸡和狐狸"。

2. 剪辑过的音乐《忐忑》。

【活动过程】

1. 故事导入，引发幼儿的兴趣。

（1）教师完整讲述故事《小鸡和狐狸》。

（2）进一步理解故事的内容，重点厘清小鸡和狐狸比试的内容与顺序。

师：狐狸有没有把小鸡吃掉，小鸡想了什么办法来战胜狐狸？比试了几个项目？顺序是怎样的？小鸡为什么要跟狐狸比叫声？

2. 随乐韵律表演，熟悉角色动作及音乐。

（1）师幼共同扮演小鸡，进行随乐韵律表演，解决小鸡的动作与音乐的关系。

师：小鸡宝宝们，现在跟着鸡妈妈一起去散步吧。

（2）幼儿扮演小鸡，教师扮演狐狸，进行随乐韵律表演，熟悉小鸡的动作。

（3）师幼共同扮演狐狸，进行随乐韵律表演，解决狐狸的动作与音乐的关系。

（4）幼儿扮演狐狸，教师扮演小鸡，初步尝试一对多合作表现。

3. 创编 B 段"比斗"动作，用创造性的动作合乐游戏。

（1）幼儿创编"比力气"。教师重点从面部表情、手部、腿部等动作进行引导。

师：假如你们是小鸡，会用什么样的动作向狐狸展示自己的力气大？

（2）幼儿创编"比跳舞"。

师：你们会跳什么样的舞蹈和狐狸比试？

（3）幼儿创编"比嗓门"。（此处在音乐结束部分有三个层次变化，即音调越来越高、声音越来越长、情绪越来越紧张，教师重点关注如用动作表现音乐层次的变化。）

师：你们会用什么动作表现出嗓门大？

（4）师幼分角色随乐合作进行"比斗"游戏。

师：我们把刚才练习的本领跟随音乐和狐狸比试比试吧，看看小鸡们是不是真的能战胜狐狸。

游戏后教师提问：谁先发起的比斗？小鸡做动作时狐狸干什么？狐狸做动作时小鸡干什么？最后听到枪声，狐狸怎样了？

4. 分角色完整表演"小鸡和狐狸"。

（1）第一遍：教师请一名幼儿自选角色，与教师完整表演"小鸡和狐狸"。

游戏后教师提问：我们俩合作得怎么样？游戏中有没有发现问题？狐狸回头时小鸡能不能动？

> （2）幼儿自主结伴，两两合作扮演小鸡和狐狸，完整进行随乐韵律表演。
>
> 　　游戏后教师提问：游戏中出现了哪些问题？要怎样解决这些问题？
>
> （3）幼儿交换角色完整进行随乐韵律表演。
>
> 　　　　　　　　　　　　　　　　　　　　（设计：龙霞、侯俪）

三、音乐教育与戏剧教育的整合

戏剧是综合的艺术。音乐教育与戏剧教育相整合，给幼儿创设了供其分享的戏剧情境，使幼儿在一定的环境和氛围中扮演角色，运用道具，用语言、身体、表演演绎一段故事，在"戏剧表演"中思考人与人、人与社会、人与自然的各种关系和问题，体验快乐、觉察世界、获得满足，从而丰富各种经验，学会思考、学会生活。

戏剧在领域教育中的运用既能满足教师有效教学的需要，又能最大程度地激发幼儿学习兴趣和探索欲望。从幼儿的兴趣和需要出发，围绕一部文学作品、一件生活事件、一件物品或是一种想法，教师可以开展主题歌创编、随乐韵律、音乐欣赏等音乐教育与戏剧教育的整合活动，促使幼儿在富有情节的场景中大胆表演与创造。

音乐教育与戏剧教育可以通过以下几方面实现整合：

（一）欣赏戏剧中的音乐元素，模仿戏剧表演

戏剧可以将文学、美术、音乐的艺术符号相互融合、相互渗透。教师可以从音乐切入，引导幼儿欣赏戏剧音乐，模仿戏剧角色表演。如组织幼儿欣赏京剧，并学唱简单的乐句，以感受我国国粹的艺术魅力；组织幼儿观看川剧和舞蹈相结合的作品《俏花旦》之后，组织幼儿模仿花旦的眼神、手势和步伐，进行戏剧表演。

（二）积累表演经验，进行创造性戏剧表演

在幼儿已经积累一定戏剧表演经验的基础上，教师可以组织幼儿进行创造性戏剧表演：既可以组织幼儿根据熟悉的文学作品（如《白雪公主》等）进行戏剧表演，引导幼儿在扮演角色演出的过程中感受真、善、美；又可以预先设计特定的情景，鼓励幼儿设想接下来发生的故事情节，进行创造性戏剧表演。比如学习歌曲《迷路的小花鸭》后，教师预设了以下情景：小花鸭边走边哭，它会遇上谁？它最后是怎样回到家的？由幼儿设想接下来发生的故事情节，装扮成迷路小花鸭的幼儿面对恐惧、饥饿，想办法寻求帮助；而面对寻求帮助的小花鸭，不同的角色会有不同的想法。面对教师给出的话题，幼儿联合同伴创编剧本，制作道具，选择音乐，分配角色，既增进了对作品的理解，体验了合作表演的乐趣，又丰富了关心、同情和乐于助人的情感体验。

▶案例 6-7

大班随乐韵律活动"刘海戏金蟾"

【设计意图】

5~6 岁正是对家乡传统文化萌发兴趣的时期,这一时期的幼儿爱听爱唱民间歌曲。湖南地方戏曲——花鼓戏,来源于农村生活,剧情简洁明快,曲调活泼流畅,用当地方言演唱,具有浓郁的地方特色,幼儿喜欢听也觉得有趣。在花鼓戏中,最具代表性的是《刘海砍樵》,其长沙话唱腔、情节性对唱,对幼儿的学习和表现来说有一定难度。为了让幼儿感受和学习湖南家乡传统文化,萌发幼儿对多元素音乐的兴趣和对艺术活动热爱,教师设计了大班随乐韵律活动《刘海戏金蟾》,为幼儿学习和感受歌曲《刘海砍樵》做一些准备。

活动旨在通过中国传统民间传说"刘海戏金蟾",引发幼儿学习花鼓戏的兴趣,以"找仙药—戏金蟾—打败金蟾"为线索,运用游戏化的学习方式,激发幼儿大胆创造和表现的欲望,引导幼儿体验和感受随乐韵律活动带来的愉悦,培养幼儿助人、合作、勇敢、乐观的个性品质和对美好生活的向往。

【活动目标】

1. 萌发对中国传统文化的喜爱,初步感受花鼓戏活泼、轻快的曲风。

2. 能表现刘海哥自信大胆的动作风格,敢于思考计谋,合作斗败金蟾。

3. 感受音乐 ABC 的结构,并随乐有节奏地表现刘海戏金蟾的过程。

【活动准备】

物质准备:视频《刘海砍樵》片段,仙药包、金蟾服、道具树。

经验准备:幼儿对刘海砍樵故事有所了解,知道长沙花鼓戏是湖南地方戏曲,更是中国的传统文化。

【活动材料】

谱 6-4

刘海戏金蟾

1=C 4/4　　　　　　　　　　　　　　　　　　　　湖南花鼓戏调

【活动过程】

1. 故事导入

传说山上有一只修炼多年的狐狸，它吃下一颗仙药之后变成一位美丽的姑娘"胡大姐"，她和山下的砍柴人刘海哥快乐地生活在一起。山上还有一只小妖金蟾，他也想变成人类，于是趁胡大姐不注意的时候偷拿了仙药，刘海哥很着急，于是整理行装，准备帮胡大姐找回仙药。

2. 倾听音乐 A 段，明确找仙药的路径及动作

（1）教师随乐做动作，幼儿倾听音乐并观察。

师：刘海找仙药的时候经过哪些地方？做了什么动作？

（2）教师随乐做动作，帮助幼儿梳理路径顺序：教师带领幼儿坐在座位上，跟随 A 段旋律做动作。

（3）师幼一起随乐练习找仙药：教师带领幼儿原地练习，跟随 A 段旋律寻找仙药，感知音乐。

3. 倾听音乐 B 段，根据节奏进行"点兵点将"的游戏

（1）师幼互动，讨论赶走小妖金蟾的方法。

（2）幼儿合乐节奏练习：在游戏过程中教师进行观察，及时发现问题并引导幼儿解决问题。

（3）教师示范，师幼进行"点兵点将"的游戏。

4. 倾听音乐 C 段，明确游戏规则

（1）师幼共同商讨击败小妖金蟾的"咒语"，并合乐练习。

（2）师幼共同游戏，幼儿进一步感受 C 段旋律。

（3）师幼随乐进行"点兵点将"游戏和追逐游戏，感受戏金蟾的过程。

（4）幼儿扮演小妖金蟾，随乐游戏。

5. 欣赏视频，进一步了解花鼓戏，活动结束

（设计、执教：沈娉婷）

四、音乐教育与社会教育的整合

音乐是社会文化的一种重要形态和载体，是社会所存在的自然生态和人文生态的文化产物。音乐教育自产生起就伴随着音乐文化，并以文化的特性、文化的身份、文化的传承和发展规律存在着。音乐教育强调对人灵魂的塑造，它要把真、善、美的种子种进幼儿的心田，使之生根发芽，唤醒幼儿心中沉睡的艺术感觉、审美意识、人文素养和创造力。学会做人才是音乐教育的最高追求。从这个意义上说，音乐教育与社会教育的整合应该发生于音乐教育实施的全过程中。

（一）情感导引，通过积极愉悦的体验式学习实施真善美的音乐教育

音乐是一种情感的艺术，它用情感的语言说话，并且用一种使人直接感觉得到的形式反映着人的思想感情。同其他艺术教育相比，音乐教育更容易激发人的情感。让艺术背后的情感世界进入学习主体从而激励学习主体去想象、创造更美好的世界，是艺术教育的真正任务，也是音乐教育与社会教育整合的深层理由。在幼儿在音乐学习过程中，教师应注意挖掘作品所蕴含的情感，创设情境，利用移情等方法引导幼儿体验作品情感，对幼儿实施真、善、美的教育。例如，某教师组织幼儿学习歌曲《小树叶》时，在鼓励幼儿借助嗓音、身体动作、打击乐器、图画等多种途径和方式模仿秋风、风中的树妈妈和小树叶，分角色轮换表演的基础上，通过设置"树妈妈在秋风中会对树叶宝宝说什么？树叶宝宝又会怎样回答？"等问题引导幼儿将作品经验迁移到自身的情感体验中，再把自己设想成歌曲内的角色，在尽情想象的过程中体验树妈妈对小树叶的关心，学习小树叶的勇敢。

（二）尊重幼儿富有个性的音乐表达，帮助幼儿积累音乐学习的成就感

每个幼儿对于音乐都会有自己独到的感受与见解。有些见解在成人看来可能是荒谬的，但对于幼儿自身却是有价值的。愉快的音乐学习过程不仅影响幼儿对音乐学习的兴趣和态度，更影响幼儿对学习、对生活、对自己的认识和态度。在音乐教育活动中，教师应为幼儿提供自由表达的机会，尊重幼儿富有个性的表达，并引导幼儿与同伴相互欣赏和交流，使幼儿的音乐学习过程充满愉悦与成功。例如，在随乐韵律活动"包饺子"中，教师鼓励幼儿将自己身体的某部分想象成一个面团，然后用手当擀面杖"擀饺子皮"。当一个幼儿做出擀"头"动作后，教师说"好，这是你的动作"，并带其他幼儿学习擀"头"。在教师的鼓励下，其他幼儿先后想出了擀"脸""肚皮""大腿""屁股""脚""手背"等动作，教师一一表扬，并带领全班幼儿学习。在教师的鼓励下，孩子们的脸上洋溢着成功的喜悦。

（三）实施多元文化音乐教育，开启接纳、开放的音乐人生

音乐是人的现实存在，更是人类文化建构活动。音乐作为文化的一部分，不仅是引发情感、记忆和快乐的社会表达的一个重要方式，而且在很多方面促进这些转变的发生。[①] 目前世界上大多数国家的音乐教育都放弃了对西方音乐的盲目推崇或对本民族音乐的故步自封，一致认为音乐教育必须融合多元文化与本土文化，只有这样，音乐教育才有出路，才能走向世界。多元文化音乐教育重视各种音乐在文化意义上的相互尊重、相互理解和相互融通，一方面强调让幼儿了解世界音乐风格，另一方面更加强调引导幼儿欣赏民族音乐，以培养具有广阔、开放胸怀的，扎根本土又向世界开放的，具有现代文化能力的时代新人。

---

① 洛秦.音乐人类学的理论与方法导论［M］.上海：上海音乐学院出版社，2011：332.

1. 积累社会生活经验，探索音乐文化背景

通过学习音乐来了解社会文化，既是音乐教育与社会教育整合的出发点，也是其目的所在。教师在选择好音乐作品后，要通过多种途径丰富幼儿与作品相关的生活经验，引导幼儿了解音乐所承载的文化背景，为其音乐学习作好铺垫。如组织音乐欣赏活动"苗鼓"前，教师向幼儿介绍苗族人民的生活和劳动，使幼儿了解音乐中"哟—喂"的含义（在大山之中相互打招呼、壮胆），当幼儿萌生去苗族村落看一看的愿望后，教师又组织幼儿观看了苗族生活及苗鼓表演的视频，这些铺垫带来了幼儿的欣赏热情。又如，在学习歌曲《国旗红红的哩》之前，教师向幼儿介绍国旗，展示中国地图，介绍中国的风景名胜和四大发明，并带幼儿参加升旗仪式，观看天安门广场升旗的视频，幼儿在活动中唱起这首歌时，就感到十分骄傲和自豪。

2. 组织体现多元文化的音乐教育内容体系

一是选择中国传统音乐。除选择经典的民族音乐外，教师还应充分利用所在区域文化艺术资源和文化艺术人才资源，如各地的民间艺术，当地文化馆、艺术馆、文艺联合团体的部分文化和艺术创作人员，带领幼儿走近本地音乐人，了解本地音乐文化。二是介绍世界音乐文化。教师可以有针对性地选择适宜幼儿学习和欣赏的欧洲经典音乐、北美地区经典音乐、拉美地区经典音乐、非洲经典音乐、中东地区经典音乐，以及东南亚等地区的代表性音乐，引导幼儿通过音乐了解世界各地文化。

3. 组织多元文化音乐专题教育活动

教师可以组织开展"世界各地的民族乐器——人类的财富"专题教育活动，目的是帮助幼儿认识到：地球上每个民族、每种文化都拥有自己的音乐；一个民族的音乐可以帮助人们了解这个民族的文化；各民族人民常常用特有的乐器表达和交流感情或庆祝重大节日，同时也因拥有、享受这些独特的音乐财富而自豪。又如，教师可以组织开展"人的嗓音——不同的歌唱风格"专题教育活动，目的是使幼儿知道嗓音是大自然赐予的厚礼，人们可以用这种非常个性化的音响与他人"对话"并抒发感情。多元文化专题音乐教育既可以增进幼儿对多元文化的接纳和了解，也可以促进教师艺术素养的提高。

▶**案例 6-8**

大班歌唱活动"月亮粑粑高高挂"

【活动目标】

1. 感知歌曲安静、美好的意境，感受湘调及长沙童谣的韵味。

2. 了解歌曲 AB 两段的不同曲风，能用自然柔美的声音演唱歌曲 A 段，并学习 B 段长沙方言的儿歌说唱。

3. 能与同伴合作游戏，尝试对自己和同伴的学习进行评价。

【活动准备】

音乐《月亮粑粑》、音乐配套 PPT，月亮、青蛙、木马组成的夜晚的情景板。

【活动过程】

1. 导入

教师：安静的夜晚，我们一起来玩捉迷藏的游戏吧。今天的捉迷藏游戏会有一首好听的歌曲来搭配。（教师清唱歌曲。）

2. 欣赏歌曲，熟悉理解歌词

（1）第一次游戏：幼儿躲在情景板后，教师清唱歌曲，幼儿根据歌词内容拉出相应场景。

教师提问：你刚刚在歌曲里听到了什么？

教师小结：月亮下，有田间的小青蛙、摇晃的小木马，我们唱着动听的歌谣。

（2）第二次游戏：幼儿选择自己喜欢的场景，欣赏音乐《月亮粑粑》，幼儿听到唱自己选择的内容时从情景板后走出来。

（3）第三次游戏：幼儿选择自己喜欢的场景，教师演唱歌曲，幼儿听到唱自己选择的内容时用动作表现。

（4）第四次游戏：幼儿尝试接唱"呱呱呱""嗒嗒嗒"部分。

3. 多种形式学唱歌曲第一段，尝试表现歌曲中蕴含的情感

（1）师幼合作演唱，幼儿演唱"呱呱呱""嗒嗒嗒"部分。

（2）欣赏 PPT，幼儿尝试根据场景演唱歌曲，感知歌曲安静、优美的意境。

（3）幼儿提出歌曲有困难的部分，进行摘句练习。

（4）分组演唱歌曲（如师幼分组、男女分组）。

4. 完整欣赏歌曲，引导幼儿感受歌曲 AB 两段的不同曲风，感知长沙方言的韵律

（1）教师提问：后面的儿歌说唱部分你听到了什么？和刚刚我们唱的那一段歌曲有什么不同？（幼儿尝试方言表述。）

（2）鼓励幼儿用不同形式学唱并表现"斑鸠咕咕咕"部分。

5. 完整演唱歌曲，引导幼儿大胆表现歌曲

（1）分组演唱歌曲，童谣部分跟唱。

（2）利用歌曲两段不同的风格，选择自己想要表现的部分，对唱。

（3）利用游戏场景，幼儿自主表演歌曲，重点引导幼儿用自己喜欢的方式表现斑鸠"咕咕咕"的叫声，教师进行评价。

【活动材料】

谱 6-5

月亮粑粑高高挂

$1=C$ $\frac{2}{4}$

3 3 2 3 6 ｜ 5 - ｜ 1 1 1 1 2 3 ｜ 3 - ｜ X X X ｜ X X X ｜

弯 弯 的 月 牙 下， 田 间 的 小 青 蛙， 呱 呱 呱， 呱 呱 呱，

2 2 2 1 2 2 3 ｜ 2 - ｜ 3 3 2 3 6 ｜ 5 - ｜ 1 1 1 1 2 3 ｜

两 只 眼 睛 大 嘴 巴。 圆 圆 的 月 亮 下， 摇 晃 的 小 木

3 - ｜ X X X ｜ X X X ｜ 2 2 2 1 2 2 3 ｜ 1 - ：‖

马， 哒 哒 哒， 哒 哒 哒， 爷 爷 教 我 把 马 驾。

长沙童谣：

《月亮粑粑》

月亮粑粑，里面坐个嗲嗲；

嗲嗲出来买菜，里面坐个奶奶；

奶奶出来绣花，绣个糍粑；

糍粑掉到井里，变个蛤蟆；

蛤蟆上树，变个斑鸠；

斑鸠咕咕咕，咕咕咕；

咕咕咕咕，咕咕咕咕……

（设计、执教：吴玲玲）

五、音乐教育与科学教育的整合

科学与艺术是人类创造性地把握世界的两种方式，它们通过不同的方式揭示并把握实质相同的东西，如秩序、和谐、节奏、周期等。正如爱因斯坦所说，如果通过逻辑语言来描绘我们对事物的观察和体验，这就是科学；如果通过直觉感受来表达我们的观察和体验，这就是艺术。[①] 科学与艺术之间是一种互动、互利、互惠的关系，科学需要想象，想象能够使科学思维在一定程度上超越现实的规定性，赋予科学思维以灵活性和超越性；而在艺术活动中，想象、情感、理性等诸多要素彼此渗透，情感通过与理性的对话变得更加深刻。具有理性色彩的科学教

---

① 转引自：秦元东.科学与艺术关系的层次论［J］.幼儿教育（教育科学版），2007（4）：14.

育与具有感性色彩的艺术教育殊途同归，最终实现了融合。

音乐教育与科学教育的整合主要体现在以下几个方面：

（一）运用科学思维解决音乐学习问题，提高音乐学习效率

音乐教育重视培养学会学习、学会思考的人。在音乐教育中，借助幼儿已经掌握的科学经验和日常概念理解作品内容，运用科学思维解决音乐学习问题，对于提高幼儿音乐学习效率非常重要。例如，在音乐欣赏活动"野蜂飞舞"中，为了帮助大班幼儿更好地感受乐曲回旋、紧张的特点，教师设计了听音乐说一说、画一画等环节，鼓励幼儿说出感觉、用线条画出感觉，然后专门组织"找带头人"的游戏。当幼儿在紧张的音乐氛围中试玩一次失败后，教师提出问题：怎样才能找到带头人？带头人怎样做才不会被发现？其他人怎样掩护带头人？幼儿在热烈的讨论中交流和分享了"快速观察""找到第一个换动作的人""用眼角余光看同伴（带头人）"等策略，思维活跃，兴趣浓厚。又如，在学习歌曲《数羊群》的活动中，教师出示一组图片，指导幼儿将歌词与图片配对，幼儿学到了用图片帮助记忆较长歌词的办法。

（二）借助科学方法拓展音乐想象，发展艺术创造能力

幼儿的想象大胆而丰富，但缺乏一定的深刻性，显得比较单薄。在音乐教育中，教师应该注意引导幼儿发现规律，寻找线索进行想象和创造，发展艺术创造能力。艺术创造中的线索可以有多个层次。例如，以创编"小花"动作来说，大家可以通过手在身体上下部位的变化（纵向空间位置变化），手离身体距离远近（横向空间位置变化），手指动作变化（局部变化），单手、双手、多手（数量变化），从用手做花到用身体做花的变化（载体变化）等多种方式进行。掌握这些线索后，幼儿动作的丰富性和多样性大为提高，而且，通过举一反三，幼儿还可以将这种思路迁移到其他动作创编中。

（三）通过科学探索"研究"活动材料，深化音乐学习的乐趣

道具和材料的使用通常会增强幼儿参与音乐教育活动的兴趣。教师应留出足够的时间，鼓励幼儿"摆弄"材料和道具。这种"摆弄"是深入探索而不是浅尝辄止，局促的时间安排会使教师耗时耗力精心制作的道具和材料成为摆设，既不能满足幼儿好奇与探究心理，也不利于保持和深化其音乐学习兴趣。例如，在奏乐活动中，留出一段时间让幼儿动手摸一摸，用耳朵听一听，感受每件乐器与其他乐器之间手感有什么不同，声音是否一样，以此来满足他们的探究心理。平时还可以多让幼儿手拿乐器摸一摸、敲一敲，和幼儿一起讨论乐器的性质、构造、声音，让他们在"研究"每件乐器的过程中，学到有关质地、形状、声音等的科学知识，同时也使其在活动中因熟悉乐器而更积极、专注。在此基础上，教师还可以鼓励幼儿自制乐器。自制乐器是将音乐与科学自然渗透、融合的良好途径。将小石子、沙子放到一次性纸杯里，封上口，就是自制的沙锤了；将绿豆、蚕豆装进易拉罐里，可做成另一种沙锤。在制作过程中，幼儿通过材料数量、种类等

变化探索声音的产生，获得科学经验。

▶**案例 6-9**

大班奏乐活动"打溜子斗鸡"

【活动目标】

1. 尝试与同伴合作表演"打溜子"，体验运用民间艺术形式进行表演的快乐。

2. 欣赏教师的表演，感受土家族"打溜子"这一艺术表现形式欢快、热烈的风格；了解表演者通过乐器之间的相互配合及运用丰富的肢体动作表现生活场景的艺术特点。

3. 学习几种"打溜子"乐器的基本演奏方法，并能根据教师提供的故事情节，与同伴配合演奏出与故事情节匹配的由慢到快的节奏。

【活动准备】

1. 活动前，带领幼儿自由探索、玩耍钹，让幼儿充分熟悉钹的演奏方法。

2. "打溜子"视频；大锣、小锣，头钹、二钹，以及供幼儿探索的小钹。

【活动过程】

1. 教师与幼儿一起玩"斗鸡"游戏。

2. 欣赏教师"打溜子斗鸡"表演，重点关注表演中钹的演奏方法，初步感受"打溜子"这种艺术形式欢快、情绪热烈的特点。

师：你们觉得老师刚才的表演有趣吗？你觉得哪里最有趣？

3. 再次欣赏教师表演"打溜子斗鸡"，进一步感受和了解表演中同伴之间相互配合用钹和肢体动作演奏的故事情节。

4. 探索钹的演奏方法，通过与教师玩"斗鸡"游戏，练习"斗鸡"中"出门""斗鸡比赛""比赛结束分出胜负"三个场景中的节奏型，巩固使用乐器的方法。在演奏钹时，教师要提醒幼儿注意安全。幼儿在表演时，教师鼓励幼儿根据故事情节创编肢体和表情动作。

5. 欣赏教师完整表演"打溜子"，了解"打溜子"是土家族独有的艺术表现形式，并通过欣赏教师的表演萌发进一步学习的欲望。

【作品分析】

"打溜子"是土家族极具民族特色的一种打击乐艺术表演形式，演奏中通过大锣、小锣，头钹、二钹之间的配合反映生活情景，这种来源于生活而又反映生活的独特表现形式是能为幼儿所喜爱的。当这种具有民族特色的艺术表现形式展现在幼儿面前时，教师需要考虑到幼儿学习

☞《打溜子斗鸡》乐谱

这种艺术表现形式具有一定的技术难度，因此，在此次活动中，教师可以着重让幼儿感受和初步了解"打溜子"，同时尝试用钹配合演奏，来表现他们在生活中玩过的"斗鸡"游戏。

【演奏方法】

幼儿分为红、黄两队，钹上面分别系上红色、黄色的绸带。

第1—8小节节奏：

红、黄两队按节奏型齐奏。

第9—15小节节奏：

每小节第一拍为红队演奏，第二拍为黄队演奏，依次轮流。

最后第16小节齐奏。

【队形】

最初欣赏"打溜子"时，幼儿可坐成一个半圆，便于观察聆听教师的指导；然后两两结伴合作，边演奏边带上肢体动作和表情表演。

（设计、执教：吕奕）

思考与实践

音乐教育活动设计实践：以小组为单位设计歌唱活动《伦敦桥》

1. 任务要求

为歌曲《伦敦桥》设计一组音乐教育活动，要求体现音乐教育与多个领域的整合思路。

2. 操作提示

（1）小组讨论，分析歌曲《伦敦桥》蕴含的领域学习经验和教育价值；

（2）全体成员演唱歌曲，并尝试按自己的理解用多种方式创造性表演歌曲；

（3）围绕歌曲学习设计2~3个活动的主线；

（4）运用歌曲蕴含的其他领域学习经验设计相关游戏，丰富学习情境，提升幼儿学习兴趣，帮助幼儿更好地理解和掌握歌曲。

谱6-6

伦 敦 桥 [①]

英国童谣
佚名 曲

$1=F$ $\frac{2}{4}$

―――――――――

①《伦敦桥》是一首英国童谣，该版本是目前国内幼儿园传唱较多的版本。

［1］洛秦.音乐中的文化与文化中的音乐［M］.上海：上海音乐学院出版社，2021.

该书以讲故事的方式阐释音乐文化的理论与实践，从人类学和音乐学结合的视角讨论音乐中的文化与文化中的音乐，对于学前教育工作者认识音乐及其关联的文化，进而更好地认识人类自己，均有裨益。在书中，作者从不同的角度来研究和讨论平日里发生的音乐事件，有的研究是思辨的、哲理的，有的讨论是实证的、叙事的，这些方法相互补充、各具特色，促使我们对音乐与文化的认识不断深入和全面。

［2］李妲娜，修海林，尹艾青.奥尔夫音乐教育思想与实践［M］.上海：上海教育出版社，2011.

该书为"学校艺术教育研究丛书"之一。这套丛书是国家教育科学"八五"规划重点项目——"学校美育理论与实践研究"的成果，填补了我国学校艺术教育领域理论研究的空白。该书运用60多个中外课例，形象、生动地介绍了奥尔夫音乐教育思想和教学方法的特点，有理论，也有实践，尤其是介绍了奥尔夫音乐教育"中国化"的实践成果，适合我国幼儿园音乐教育参考使用，具有很高的实用价值。

［3］朱家雄.幼儿园教育活动设计与实施［M］.2版.北京：高等教育出版社，2015.

该教材在论述了幼儿园教育活动设计原理的基础上，从幼儿园不同结构化程度的教育活动和幼儿园各学科（领域）的教育活动两个维度陈述了幼儿园教育活动的设计和实施；在论述幼儿园课程与教育活动关系的基础上，阐述了幼儿园教育活动的选择和组合等问题；并对西方国家和我国著名的学前教育课程中的教育活动设计也做了详尽的介绍。

第七章 幼儿园音乐教育活动的实施原理

📖 **本章提要**

本章在第一节和第二节中讨论了幼儿园音乐教育活动实施的三种基本取向——忠实取向、相互适应取向、创生取向，并指出无论何种取向，都要遵循审美性原则、创造性原则和实践性原则；在第三节中还介绍了幼儿园音乐教育活动实施的六种常用教学方法。

📝 **学习目标**

1. 了解幼儿园音乐教育活动实施的取向，理解幼儿园音乐教育活动实施的原则，掌握幼儿园音乐教育活动实施的常用教学方法，初步形成有效实施幼儿园音乐教育活动的积极教育态度。

2. 能根据音乐教育活动的结构化程度和音乐课程模式灵活选取音乐教育活动实施的取向，并使之达成最佳的有效性。

3. 能在实践中综合运用各种教学方法开展幼儿园音乐教育活动。

第一节　幼儿园音乐教育活动实施的取向

幼儿园音乐教育活动实施的取向是指对幼儿园音乐教育活动实施过程的本质的不同认识以及支配这些认识的相应的价值观。幼儿园音乐教育活动实施的取向，集中地表现在对音乐课程编制、音乐教育活动设计与音乐教育活动实施之间的关系方面。换言之，音乐教育活动实施的不同取向，对音乐课程编制、音乐教育活动设计与音乐教育活动实施之间的关系会有不同的认识。

音乐教育活动实施的忠实取向、相互适应取向和创生取向，三者并不是非此即彼的。对幼儿园音乐教育活动实施取向的选择和定位，其依据并非孰优孰劣，而是适宜性。权衡音乐教育活动实施生态环境中的各种影响活动实施的生态因子以及它们之间的关系，使之达成最佳的有效性，是选择音乐教育活动实施取向的基本出发点。

一、幼儿园音乐教育活动实施的忠实取向

幼儿园音乐教育活动实施的忠实取向将音乐教育活动实施的过程看作忠实执行教育计划的过程。这种取向的基本假设是：幼儿园音乐教育活动实施要忠实地反映教育活动设计者的意图，从而达成预定的活动目标。

忠实取向受目标模式和"技术理性"支配，认定幼儿园教师是专家设计的音乐教育活动的忠实执行者，对已经设计好的幼儿园音乐教育活动在大体上要遵循，并强调在活动实施前对教师进行适当的培训，在实施中对教师的教学进行支持和监督。忠实取向关注教师对活动设计的理解程度与执行效果，强调目标达成度，因此，忠实取向强调教师培训和对专家资源的利用。一般来说，高结构化的幼儿园音乐教育活动，以及新手教师倾向选择忠实取向。

但是，由于不少活动设计没有对设计意图及活动的重点、难点加以分析，在实际使用中也无法要求专家对每个执行者进行深入、有效的培训，加之幼儿的实际情况也可能与活动设计者眼中的幼儿有所不同，因此，在活动实施过程中，不求甚解地执行或不顾幼儿实际反应而盲目执行的教师不在少数。这就容易使持忠实取向的教师陷入僵化的境地，并可能在活动实施过程中因无视幼儿的经验和学习实际而机械执行，无法达成预设目标。例如，某教师外出观摩了一个复习歌曲《小小雨点》的音乐教育活动，她觉得效果很好，于是在本班"如法炮制"，可是幼儿的表现却不如在外观摩到的那样热烈，教师很纳闷儿。教研组在评课中指出，她按照活动设计的程序执行"幼儿集体演唱歌曲一遍"后就向"幼儿分角色演唱"过渡，却忽略了幼儿对第二段歌词中的"落在池塘里"和第三段歌词"落

在田野里，苗儿乐得往上拔"还不熟悉的实际情况，造成在后续环节中，幼儿虽然对演唱形式的变化感兴趣，但是因其不熟悉歌词，每一遍演唱都只能自信地唱出第一段，而对后面的歌词不够熟练，难有真正的成功感，所以参与学习的兴趣越来越低。该教师后来解释说，自己在观摩中没看到这种情况，所以就将计划中"幼儿集体复习歌曲一遍"理解为"全班唱一遍"，却不知道这个环节设计的意图至少有两个：检查幼儿对歌曲的掌握情况；发现幼儿学习中的困难，及时给予支持。

幼儿园音乐教育活动的设计是在综合考虑幼儿园音乐教育目标、幼儿音乐学习特点、幼儿音乐教学规律等因素的基础上进行的，因此，忠实取向下的教师作为幼儿园音乐教育活动的实施者，更需要与活动设计文本（或专家）"对话"，在了解其设计意图的基础上结合幼儿实际情况实施音乐教学，提高音乐教学的有效性。

二、幼儿园音乐教育活动实施的相互适应取向

幼儿园音乐教育活动实施的相互适应取向将音乐教育活动实施的过程看作教育活动设计者与实施者之间通过协商而相互适应的过程。这种取向的基本假设是：教育活动的实施不可能完全预先规定精确的实施程序，活动实施的过程应由活动实施者自己把握和决定，由活动实施者根据自己的实际情况做出最为适当的选择。

相互适应取向认定，幼儿园教师是专家设计的音乐教育活动的积极"消费者"，教师对专家设计的教育活动的积极改造，是音乐教育活动实施获得成功的基本保证。因此，音乐教育活动的实施不是教师按照专家的设计不折不扣地去做，而是要考虑活动实施者的兴趣和需要，还要考虑教育现场中的各种条件和状况，对专家的活动设计进行调整。在活动实施过程中，知识不只是活动设计者（专家）规定的，活动的参与者（包括教师、幼儿以及其他人员）也能创造知识，这些知识都需要经过调整的过程以求相互适应。

相互适应取向既关注教师的"教"，也关注幼儿的"学"，同时还注意到环境对幼儿学习的影响。它强调音乐教育活动设计者与实施者之间的相互理解，强调对事件所赋予的意义的解释，强调音乐教育活动实施的复杂性和过程性，因此，相互适应取向在本质上是受"实践理性"支配的。一般来说，低结构化的幼儿园音乐教育活动，以及有经验的教师一般倾向选择相互适应取向。例如，某教师组织中班随乐韵律活动"小老鼠和泡泡糖"的活动，在实施"随 A 段音乐模仿小老鼠走"的环节时，要求幼儿在每一乐句的前一小节学小老鼠走，后一小节做东张西望的动作。虽然她亲自示范并不断提醒幼儿要"这边看一下，那边看一下"，但幼儿还是不能合拍地看，活动匆匆收场。在教研组的共同研讨中，这位

教师和大家一起分析原因：音乐太快，幼儿难以迅速做到动作全部合拍；幼儿还没有将音乐和动作配合好就四散表演，容易混乱。然后找到解决策略：变播放录音为教师带领幼儿减慢速度念儿歌；变离开座位模仿为先在座位上模仿，在每一乐句的前一小节边念"小老鼠"边用双手学小老鼠走，后三小节边念"东瞧瞧——西望望——"边按节奏转头做东张西望的动作。后来该教师又组织了一次活动，结果幼儿很快学会合拍地表演全部动作。

幼儿音乐学习具有个别性，每个幼儿对音乐的理解也不一样，因此，在幼儿园音乐教育活动实施过程中，教师应有意识地关注幼儿的学习需要，并加强与自身的对话，根据实际情况及时调整活动方案和指导策略，以使每个幼儿在音乐教育活动中都获得愉悦感和成功感。

三、幼儿园音乐教育活动实施的创生取向

幼儿园音乐教育活动实施的创生取向将音乐教育活动实施的过程看作活动实施自身创造的过程。这种取向的基本假设是：活动实施是在具体音乐教育情境中创生新的音乐教育经验的过程，而已有的活动设计只是为这个经验创生过程提供的平台而已。

创生取向认为，幼儿园教师的角色是音乐教育活动的开发者，活动创生的过程是教师与幼儿共同成长的过程，教师是创生音乐教育活动共同体中的具有活力的成员。尽管教师可以采用由专家设计的活动，但是真正创生音乐教育活动并赋予活动意义的还是教师和幼儿。因此，教师和幼儿不是知识的接受者，而是知识的创造者。

创生取向强调教师与幼儿在活动实施过程中发挥主体性和创造性，尊重参与者的价值观，强调个性自由和解放，将音乐教育活动创造和开发的过程视为个性成长和完善的过程，因此，创生取向在本质上是受"解放理性"支配的。

幼儿园音乐教育是幼儿与教师在艺术面前"对话"的过程，为此，教师在音乐教育过程中要密切关注发生在幼儿身边的教育契机，发挥教育机智，抓住活动中的瞬间（如对幼儿认知错误的处理、活动中灵感的引发、幼儿质疑的引导、意外干扰的应变以及现场需要的调整等），生成幼儿愿意并有兴趣去做的音乐教育活动。例如，某教师在带领幼儿观看音乐视频《我爱洗澡》的过程中，发现几个幼儿边看视频边高兴地相互挠痒取乐，就提议全班玩一个洗澡的游戏，全部幼儿兴致勃勃地参与游戏……在接下来的几天里，幼儿对"洗澡"话题乐此不疲，舞蹈活动"我爱洗澡"、绘画活动"洗澡"、幽默剧活动"洗澡"等系列主题活动产生了。

"好雨知时节，当春乃发生。"幼儿园音乐教育活动实施的创生取向强调教师在活动中加强与幼儿的对话，了解幼儿发展的状况，利用发展的时机，在幼儿

需要帮助的时候像及时雨一样促进幼儿的发展。这是一种理想化的想法，也应该是音乐教育的理想，它对教师素质提出了更高的要求。

第二节 幼儿园音乐教育活动实施的原则

幼儿园音乐教育活动实施的原则是指幼儿园音乐教育活动实施时必须遵循的基本要求。它反映了幼儿园音乐教育活动过程的客观规律，是指导幼儿园音乐教育活动实施的一般原理。幼儿园音乐教育活动实施的原则是根据幼儿园音乐教育活动的目标、任务、幼儿音乐学习的特点以及幼儿音乐教学规律提出的，应贯穿幼儿园音乐教育活动实施的全过程，全面指导幼儿园音乐教学。审美性原则、创造性原则和实践性原则是幼儿园音乐教育活动实施的三个基本原则。

一、审美性原则

审美性原则是指在幼儿园音乐教育活动实施过程中，教师应把握好幼儿的审美特点，以审美感知的培养、审美情感的激发为出发点，将审美的特殊性质贯穿音乐的欣赏、表演和创造等活动形式中，在整体审美情境中促进幼儿全面发展。《指南》指出，幼儿艺术领域学习的关键在于充分创造条件和机会，在大自然和社会文化生活中萌发幼儿对美的感受和体验，丰富其想象力和创造力，引导幼儿学会用心灵去感受和发现美，用自己的方式去表现和创造美，从小在幼儿的心灵深处播撒下美的种子。这就是审美性原则的具体体现。

幼儿园音乐教育活动的审美性应受到特别重视。美国音乐教育学家雷默认为，音乐教育的核心，是通过音乐的形式及其情感原理的教育，促进学生发展音乐审美的感知与领悟。审美是音乐的基本特性，也是音乐教育活动必不可少的特殊性质。富有审美性的音乐教育活动不仅能使幼儿的情感世界变得丰富，同时也能增强幼儿的独创性，发展幼儿创造美的能力。幼儿园音乐教育是在整体审美情境中通过幼儿亲身参与的音乐实践活动对幼儿实施的全面发展教育。因此，教师必须明确：幼儿的全面发展是教育追求的核心目标，音乐是实施教育的材料或媒介，而整体审美情境则是达成音乐教育目标的必要条件。如果缺少了整体审美情境，音乐和音乐教育活动就无法打动幼儿，无法吸引他们主动投入，幼儿也就不可能通过音乐实践来获得发展，更不可能热爱音乐。

幼儿感受美、表现美的过程分为准备阶段、初始阶段、意象阶段和艺术创造阶段四个阶段。准备阶段是指幼儿直接接触美的对象之前的预备状态；初始阶段以感知觉为基础，是指幼儿被美的对象吸引进入审美注意和对审美对象进行感知；意象阶段指幼儿对审美对象进行识别、想象和理解，并由此产生相应的直觉性情感活动和形象性情感活动；艺术创造阶段指幼儿以新的意象表达其审美体验的过程。

根据幼儿感受美、表现美的过程和特点，教师需从以下几个方面贯彻幼儿园音乐教育活动实施的审美性原则：

1. 选择适宜的音乐材料，触发幼儿的审美需求

音乐作为一门声音的艺术，能通过美好的音响作用于人们的耳朵，触发内心的情感与体验，激励人们对美好生活的向往。几个月大的婴儿就能在音乐的伴随下自由舞动。好的音乐材料能触发幼儿的审美需求，有效激发幼儿主动探索和学习的积极性。但不是所有的音乐材料都适合幼儿，这需要教师了解幼儿的年龄特点并具备一定的审美能力。教师可以根据幼儿一日生活的内容，初步筛选风格多样化、多元文化背景的音乐材料，逐步建立音乐素材库。教师可以与幼儿共同欣赏、学习和讨论，在幼儿的一日生活中，投放相适宜的音乐材料，通过浸润式学习触发幼儿对美的感受和体验。例如，在大班的表演区中，教师投放了《捏面人》《龟兔赛跑》《我爱我的幼儿园》等几首歌曲，幼儿可以自主选择播放歌曲。一个月以后，根据幼儿们对最喜爱歌曲的投票，选出本月音乐教育活动使用的音乐材料。这不仅可以提升幼儿学习的主动性，还可以为后期的学习做好审美准备。

2. 创设适宜的审美情境，引发幼儿对作品的兴趣，做好审美准备

幼儿期以具体形象思维为主，幼儿对音乐形象的理解必须以其生活经验为基础，所以，在幼儿正式接触作品之前，教师创设适宜的审美情境，引发幼儿对音乐作品学习的兴趣，做好审美准备是非常有必要的，这是幼儿实际感受美、表现美的前提。在创设审美情境方面，教师通常需要进行生活经验的铺垫和音乐氛围的铺垫。

与音乐材料相匹配的故事情境，与审美情境创设相关的图片、多媒体课件、音响、活动室的布置，以及教师的语言、姿态和穿着等，共同构成音乐氛围，幼儿对接下来的学习是充满期待还是漫不经心，在很大程度上受到音乐氛围的影响。因此，一个睿智的教师从来不会忽视音乐氛围的创设。例如，某教师在组织幼儿欣赏《摇篮曲》之前，将活动室的窗帘拉上，使活动室内的光线变得柔和，并将幼儿坐的小椅子围成半圆，另外还用投影仪营造出"星星眨着眼、月亮挂树梢"的美好夜色。幼儿进入活动室后，马上就有了身临其境的感觉，刚才喧闹的场景一下子变得安静起来。大家蹑手蹑脚地找到座位坐下，对接下来的环节充满期待。又如，大班音乐欣赏活动"苗鼓"，在幼儿进入活动室前，教师请配班教师将借来的大苗鼓摆在活动室中显眼的位置，自己则身着鲜艳的苗族服装在休息室等待。幼儿进入活动室后，马上为苗鼓所吸引，三三两两谈论起来，有些幼儿忍不住上去摸一摸。两三分钟后，教师从休息室走出来，身上叮叮当当的银器撞击声又将幼儿的目光拉到教师身上。

3. 以美的方式呈现作品，带给幼儿初始的审美冲动

在幼儿对作品充满期待的前提下，作品的呈现方式和效果非常重要，因为第一印象影响着幼儿接下来的学习兴趣。在音乐教育活动中，教师尽力为幼儿呈现最好的音响效果，用音乐感动幼儿，带给幼儿初始的审美冲动，既是激发幼儿学习积极性的需要，更是满足音乐教学特殊性的需要。"美"的作品呈现，不只是指作品呈现的形象或音响效果美，还包括作品呈现的方式与其情感的一致性。如果使用音响或投影设备呈现作品，教师一定要事先试听，将效果调试到最佳；如果由教师本人呈现作品，如范唱歌曲等，就需准确把握作品情感。例如，在大班音乐教育活动"编织梦想"中，为了帮助幼儿感受音乐舒缓、优美的特性，教师创设一种与作品协调的带有整体审美情境的教学情绪场，注意使自身的情绪、语言表达、身体动作都和音乐本身所要求的情绪相协调，同时借助富有审美想象空间的道具——丝带，来帮助幼儿感受和理解音乐的美。

4. 挖掘作品的审美价值，唤起幼儿的情感体验，促使幼儿在与作品的"对话"中获得审美感动

情绪情感是个体审美心理诸要素中最活跃、最关键的因素。无论是审美感知还是审美想象或是审美理解，都有情感活动伴随，并且情感是触发其他心理活动的诱因，推动着它们的发展。幼儿容易受到感染，将自己的情绪情感转向自然物，与它们融为一体。这使幼儿不仅对美的对象倾注了深挚的感情，并从这种活动中获得了无穷的乐趣，而且当愉快的情绪得到满足时，他们会更加积极地投入活动中，注意力集中，联想丰富而活跃，形象思维流畅，想象奇妙，并把这种情感深入他们自觉的艺术创造活动中。因此，在引导幼儿感知作品的基础上，教师应通过音乐作品唤起幼儿的情感体验，激励幼儿在一定的想象中产生情感共鸣，获得审美感动。

☞《美丽之门》
故事简介

"对话"是围绕作品产生的，在某种意义上，此时幼儿和作品都是活动的主体。因此，教师应努力挖掘作品所蕴含的各种有利于幼儿发展的审美价值，在幼儿和作品之间架设情感沟通的桥梁，促进幼儿与作品的深层次"对话"。一是充分感知，通过多次呈现作品，给予幼儿充足的感知时间，引导幼儿注意作品中的音乐要素，培养幼儿聆听音乐的意识和能力，增强他们对音乐的感悟和理解；二是通过视觉、听觉、本体感觉[①]等多通道参与，丰富审美体验；三是通过语言联想或游戏参与等移情体验，理解作品，获得审美感动。最后需要强调的是，促使幼儿轻松参与音乐学习，是使其获得审美感动的重要前提。

例如，在大班随乐韵律活动"美丽之门"中，某教师通过童话故事激励幼儿进行富有创意的肢体互动，引领幼儿在充满温暖和爱意的音乐声（据英国著名歌

---

① 本体感觉指人在与对象相遇时，依赖肌肉运动、身体位置、肢体平衡和肌肤触摸等方式所获得的一种感觉，它是人类最本原的一种生存智慧，是人们用肢体进行思考和学习的方式。

曲《萨莉花园》改编成的器乐曲）中，细致领悟作品舒缓的旋律，体验"爱"的美好情感，获得审美感动。

5. 鼓励幼儿用自己喜欢的方式大胆进行艺术表达

在理解作品的基础上，幼儿会"情不自禁"地表达自己的审美体验和审美感动。对幼儿来说，艺术表达的过程就是艺术创造的过程。对此，教师首先要积极鼓励，给每个幼儿提供表达的机会，接纳幼儿富有个性的表达，使每个幼儿敢于表达、乐于表达；其次，教师要及时为幼儿的艺术表达提供支持，使其在表达的过程中获得新的审美经验。例如，在大班音乐教育活动"编织梦想"中，幼儿在教师的鼓励下，在尝试"徒手表演→运用一根丝带表演→运用两根丝带表演→全体合作表演"以帮助妈妈实现美丽梦想的多种创造思路中，用套圈和丝带"变"出了太阳、花、雨伞、蘑菇、房子、孔雀开屏等多种造型，在和小组成员默契合作的过程中，也体会了生活的美好、生命的动人。

总之，以审美性原则贯穿幼儿园音乐教育活动，不仅有利于把审美作为推动幼儿与音乐相互作用、启发幼儿想象与创造的手段，还能使幼儿在不断地体验美和创造美的过程中增强和提高审美趣味，这也是幼儿园音乐教育的目标之一。

二、创造性原则

创造性原则是指在幼儿园音乐教育活动实施过程中，教师应把握音乐创造的基本属性，以萌发幼儿艺术创造兴趣为出发点，将审美表达贯穿音乐的欣赏、表演和创作等活动形式中，并根据幼儿的学习情况及时调整实施策略，在充满创造性的活动实施过程中促进幼儿全面发展。《指南》提出，教师要在大自然和社会文化生活动中引导幼儿用心灵去感受和发现美，用自己的方式去表现美、创造美；成人应对幼儿的艺术表现给予充分的理解和尊重。对幼儿而言，"表现美"的过程即创造的过程，因此，创造性原则成为幼儿园音乐教育活动实施的基本原则之一。

创造性原则既是幼儿音乐学习特点和幼儿园音乐教育目标在幼儿园音乐教育活动实施过程中的体现，又是教师成功实现音乐教学目标的要求。"通过音乐培养具有创新意识和创造能力的时代新人"是幼儿园音乐教育的核心目标，这个目标的实现离不开教师对音乐教学的创造性实施，也离不开幼儿对音乐学习的热情投入和尽情表达。幼儿艺术表达的过程就是创造的过程。对于幼儿而言，早期的艺术学习和创造经验必然对其今后人生的创造活动产生重要且深远的影响。每个幼儿都是以自己独特的方式接触音乐、表达体验的，创造力培养的最好方式即创造本身。对于教师而言，幼儿园音乐教育活动实施的过程既是促进幼儿发展的过程，也是幼儿实现自我创造的过程。为此，教师需要从以下几个方面贯彻创造性原则。

（一）营造审美创造的氛围，萌发幼儿的创造热情

幼儿园音乐教育是通过音乐活动中的审美过程对幼儿施加整体和全面发展教育影响的基本素质教育。只有当幼儿从中获得快乐和愉快的体验时，音乐才真正成为幼儿的需要，并且被他们所接纳，幼儿也才会有创造性的音乐表达。教师可以从以下两个方面营造审美创造氛围，激发幼儿创造热情。

一是营造氛围，引发情趣。轻松、活泼、富有启迪性的氛围，可以引导幼儿想象，促使其产生创造欲望。教师要通过匹配音乐的故事情境创设（图片、视频等）以及故事角色的扮演（语言、肢体动作）呈现艺术作品的美，展现艺术作品的感动，引导幼儿在反复感知中体验、领会作品内涵，引起兴趣，激发情趣。教师个人的情感素质是其发挥音乐审美价值的关键。一方面，教师要把对作品的欣赏当作一件乐事来细细品味、享受，在教学过程中投入真情实感；另一方面，教师还要关注和满足幼儿在音乐活动中产生的各种情感，如希望受到教师和同伴的关注、认可、赞扬，喜欢尝试各种新鲜的经验，渴望表达自己的想法、展示自己的才华，害怕失败、害怕遭拒绝和受冷落等。例如，某教师引导大班幼儿欣赏舞蹈《芭比娃娃》，她用轻慢、下降的语调刻画出芭比寂寥的心情，用随音乐木偶式的重复动作表现芭比孤单的身影，还用芭比娃娃玩具和在场每个幼儿握手、打招呼，拉近幼儿和芭比之间的距离，她的语言、眼神、动作不仅吸引所有幼儿全身心投入活动，还深深打动了全场的观摩教师。

二是以开放的视野接纳幼儿的音乐表现。幼儿好奇心强、想象大胆，在他们充满稚气和童真的想法中，创造性若隐若现。对此，教师要及时发现并精心培育。我们不能用成人文化语汇中的音乐概念来比照儿童文化中的音乐，而应当在儿童的文化背景和语境中分析幼儿的音乐表现，体察幼儿音乐的意义，品评幼儿的音乐能力及音乐表现。当幼儿的一些想法稀奇古怪超越客观现实时，当他们的描述与实际情况有出入时，当他们手舞足蹈、自编自唱时，教师切不可以用"像不像""对不对"等成人固定的模式去限制或盲目否定他们，而应敏感地捕捉幼儿创造思维的"闪光点"，加以科学引导，为他们创造自由、民主、宽松的环境，让他们自由思索、大胆想象、主动选择并做出决定。

（二）循序渐进，积累音乐创造的经验和图式

一是通过专门的音乐欣赏活动引导幼儿接触多元化的音乐作品，帮助幼儿积累音乐审美经验，因为一定的审美经验是幼儿进行音乐创造的前提。教师应有计划、有步骤地选取古今中外经典的和民族特色浓郁的音乐、舞蹈和戏剧等艺术作品供幼儿欣赏。此举既可以丰富幼儿的音乐欣赏经验，又可以帮助幼儿在感受多元文化的基础上兼容并蓄，形成包容心理。

二是组织幼儿多通道参与欣赏，反馈感受，促进幼儿对作品的理解。学习心理学认为，个体在认识过程中开放的感知通道越多，个体对认识对象的体验就越

细致、越丰富，理解也就越全面、越深刻。幼儿受身心发展的制约，感知觉在认知活动中占据着重要地位，他们主要依靠外部可见的艺术操作活动来感知、欣赏艺术作品。而幼儿的感受力又刺激着他们的艺术表现能力。据此，教师在音乐教育活动中，可以针对不同年龄、不同水平的幼儿和不同的音乐作品，注意引导幼儿充分运用视觉、听觉、触觉等多种感官，感知色彩、声响等的意蕴，调动想象、思维、动作和语言的参与，促进幼儿对作品的理解。例如，某教师引导幼儿欣赏乐曲《野蜂飞舞》时，鼓励幼儿用线条、用语言、用动作表现自己听音乐的感受，增进了幼儿对作品紧张、回旋性质的理解。

三是重视引导幼儿通过模仿积累音乐学习经验和图式。幼儿音乐知识技能的学习更多依靠口耳相传，因此，模仿是幼儿学习音乐知识技能的重要手段，是扩大其音乐学习经验的一种途径，更是幼儿创造的前提。幼儿在模仿的过程中，不仅有观察、思考、反馈、评价等积极的学习心理活动参与，也伴随着知觉、情感、审美等方面的体验，并且这种积累是幼儿艺术创造必不可少的过程。但是，模仿不等于灌输教学，在模仿学习过程中，教师应启发幼儿大量运用观察、记忆、体验、联想、欣赏、记忆等方法监控自己的学习，而不是机械摹刻。在幼儿模仿学习的基础上，教师应鼓励幼儿尽可能地运用各种艺术工具和材料围绕某一主题自主创作、表现，并在这一过程中帮助幼儿自主修正和完善相关的音乐知识和技能。

（三）为幼儿搭建适宜的艺术创造支架，彰显幼儿创造个性

《指南》明确提出，成人应对幼儿的艺术表现给予充分的理解和尊重，不能用自己的审美标准去评判幼儿，更不能为追求结果的"完美"而对幼儿进行千篇一律的训练，以免扼杀其想象与创造的萌芽。创造并非凭空产生，它需要广阔的认知基础，更需要自由的探索和足够的试错空间，需要创造的欲望和创造性思维。为此，教师应做好以下几点工作：

一是正确处理创造力培养与知识技能学习的关系。音乐知识技能是帮助幼儿更好地进行音乐表达、表现的基础，也是帮助幼儿走向创造的基石，这与幼儿与生俱来的艺术本能是不一样的。幼儿不可能永远靠本能生活，仅靠本能的表现与创造，幼儿永远只能停留在较低的水平上，无益于幼儿可持续的成长与发展。随着幼儿理解力的增强，他们对音乐表现能力就会有所要求，如果教师不适时给予必要的音乐知识技能支持，就会挫伤幼儿参与音乐学习的兴趣和积极性。事实上，两者并不矛盾。一方面，创造是幼儿艺术的灵魂，而音乐教育在对幼儿进行创造性培养的同时，也使幼儿的音乐知识技能有所提高；另一方面，音乐知识技能又是幼儿艺术表现和创造力提高的必要条件，没有一定的技能技巧，幼儿的艺术创造力就如空中楼阁。因此，知识技能是创造力的载体，技能掌握的过程也是创造力培养的过程。但相对而言，我们应以艺术创造为追求境界，以发展音乐能

力为重点，而音乐知识技能应作为帮助幼儿保持活动兴趣和进行创造的手段，音乐知识技能的学习，应根据幼儿的年龄特点，运用潜移默化的方式进行。

二是提供多种想象线索，启发幼儿自由创造。除了提供足够的时间和活动场所，使幼儿有机会自由创造外，教师还需要提供多种想象线索，为幼儿的艺术创造搭建支架。在音乐教育活动中，教师可以尝试为幼儿提供一些原始素材，如简单的音调、节奏、动作等，通过创设适宜的审美情境，展现生动的范例，激发幼儿的想象力、创造力和艺术表现力。在此基础上，教师再引导幼儿在集体创作的氛围中感受音乐，并根据自身的情况即兴创编歌词或舞蹈；用自创的图谱和符号来记录自己的音乐，或将自己对音乐作品的感受用线条、图画表现出来。教师还可以启发和鼓励幼儿用歌唱、舞蹈和演奏来表达自己的想法，使音乐成为幼儿的另一种语言。总之，教师应通过"不同的活动材料""各种启发性提问""可供选择的音乐表现形式"等方式，支持幼儿在自由自在、随心所欲的玩耍中接触各种音乐活动的材料、器具和方式，在敲、打、吹、涂、画中激发幼儿对音乐活动的兴趣，促进想象力及创造力的发展。

三是在音乐教育活动中培养创造的品质。良好的心理品质是创造的基础。如果教师注意帮助幼儿塑造学会类比、专心致志、追根求源、独特探索、善于发现问题等创造品质，不但能培养幼儿在音乐活动中的创造能力，对幼儿其他方面的发展乃至一生的影响也会是深远的。

• 学会类比。类比是创造的重要因素。如播放速度快慢差别很大的两段音乐让幼儿去类比。

▶认识儿童

经常进行类比练习的幼儿会用语言或体态进行联想，如把慢的音乐类比成"妈妈的摇篮""妈妈在哄宝宝睡觉""白云在天上飘""风儿在轻轻地唱歌"等或各种缓慢、抒情的体态语言，而把快的音乐类比成"军队在行走""小动物在跳舞""下大雨"或各种韵律操、动作幅度大而较快的体态语言。幼儿在音乐的类比游戏中会形成类比意识，并由被动类比向主动类比发展。

• 追根求源。在音乐活动中，教师要养成幼儿善于寻找事物的各种原因，发现事物关系的习惯，激发和保护幼儿的好奇心，使幼儿在音乐活动中生发的新鲜感及旺盛探索欲望得到保持。如在奏乐教学中，教师引导幼儿探索怎样为不同风格的乐曲编配不同的打击乐器。教师引导幼儿在游戏中发现每件打击乐器发出的声音各有特色，有轻有重、有响亮有喑哑、有强烈有柔和等，激发幼儿自己去探索为不同风格的乐曲配合适的打击乐器，为幼儿自己进行配器创作打下基础。

● 独特探索。创造的本质即与众不同，因此教师要培养幼儿独特的探索能力。在音乐活动中，教师要鼓励幼儿用与他人不同的方式游戏，描述和创造体态动作，肯定及赞扬幼儿独特的设想。如在小班音乐活动"小鸭看花"中，教师鼓励幼儿想象出各种形态的花，表扬有创新的幼儿。音乐活动中的歌词、节奏、曲调的创编等活动都能培养幼儿独特探索的能力。

● 幽默感。富有幽默感是创造力发展的良好条件，在音乐活动中，有许多作品本身是一种幽默氛围的渲染，如"幽默曲""颠倒歌""幽默音乐小品"等。幽默感受能使幼儿消除紧张、思维活跃、性格开朗。教师在组织音乐活动时要善于引导幼儿发现周围滑稽、可笑、不合逻辑的现象，探究其原因，提出对策，进行创造。

● 善于发现问题。这一品质与观察力和判断力密切相关。敏锐的观察力和准确的判断力是创造性的前提条件。在音乐活动中，教师要培养幼儿善于发现问题并敢于质疑的品质。批判性思维和发散思维训练是常用的策略。教师可以通过鼓励幼儿对已有的知识进行质疑，或者寻找现有方法的缺点和不足来训练幼儿的批判性思维。例如，节奏教学中的"找错误游戏"，随乐韵律活动中的问题质疑"跳舞时，花儿可以开在我们身体的哪些部位""除了可以用手的动作来表示下雨外，还有哪些动作也可以表示下雨""小鸟的翅膀只能用手来表现吗"等；也可以通过一些专门的创作游戏引领幼儿寻找和已有答案相异的答案，从而训练其发散思维，如改换歌词、创编动作、音乐故事想象等游戏。

（四）创造性实施音乐教育活动，综合实现音乐教育价值

教育的成败最终由教师素质决定。幼儿园音乐教育的目标实现、功能发挥、效果达成有赖于具有创新品质的教师。为此，教师应从以下几个方面不断提高自我修养，做创新型教师，通过自己对音乐教育活动的创造性实施，综合实现音乐教育的价值。

一是不断提高文化素养、音乐技能和音乐理论修养，为创造性实施音乐教育活动打好基础。文化素养保证教师能理解儿童、教育、创造的意义，能主动汲取生活中的美，能理解与挖掘美，并能将其融入自身的教育态度、风貌、情感和意志之中，对幼儿产生潜移默化的影响。文化素养决定了教师的艺术潜能。除文化素养外，教师还应具备声乐、器乐、指挥、音乐理论及创作等方面的知识，这是从事音乐教育的"基本保证"。另外，教师还要有意识地将创造的原理方法迁移到音乐教育活动中，以增强自身对艺术行为、艺术作品的理解力。

二是提高艺术表现力和感染力。作为传递美的使者，教师应有能力把自然界和社会生活中的美好事物形象地传递给幼儿，要具有把自身的艺术才能转化为能被幼儿所接受，并激发幼儿表现美、创造美的欲望的能力。教师要通过其艺术再现激发幼儿表现美的冲动。幼儿对美的欣赏源于其内心的一种感受，但这种感受

需要教师情感的渲染，需要教师能与他们一起发自内心地去欣赏、赞美、表现、创造。具有创造性表现音乐作品能力的教师，才有可能培养具有创新意识的幼儿。

三是提高观察幼儿、及时反馈，引导幼儿正确评价音乐学习的能力。教师在教育过程中的主要角色是观察者、引导者、支持者、合作者、激励者等。为更好地支持幼儿主动学习，教师更应具备科学的儿童观，能仔细观察幼儿的行为和学习情况，及时给予支持和回馈，激发幼儿的主动学习。对于幼儿音乐学习而言，其价值已经涉及智力（包括艺术与非艺术方面的智力）、情感（包括艺术情感与一般的社会性情感）、个性（包括自信心、自我认知能力、自我调控能力、独立性等）及社会性（包括守纪、责任感、交往合作意识及能力、公平竞争意识及能力）等心理发展的全部领域。教师不仅应支持和帮助幼儿掌握在活动中发现问题、解决问题及反思自己，学会学习，更要通过师幼评价、幼幼评价方式引导幼儿了解同伴学习的价值，促进幼儿之间的有效沟通，学会相互欣赏。教师要对幼儿在活动过程中所表现出的活跃思维、丰富想象、创造性表现等表示肯定和鼓励，这样可以进一步诱发其音乐创造力的发展，增添他们对音乐活动的兴趣。

四是提高自身创造性实施音乐教育活动的能力。一个不具备创新能力的教师何谈培养幼儿的创造能力呢？教师在组织音乐教育活动时，一定要密切关注幼儿的学习和反应，根据幼儿的学习情况及时调整教育策略。无论是环境创设、教育活动实施，还是主题活动的创编、区域活动的安排以及游戏活动的指导，都是展现教师创造力的大好天地。当教师充满创造性时，幼儿所享受的音乐教育才充满智慧挑战和童年快乐。

三、实践性原则

实践性原则是指在幼儿园音乐教育活动实施过程中，教师应全情投入，并提供机会，引导幼儿在充分的感受、欣赏、表演等音乐实践活动中获得全面发展。

幼儿的音乐学习是一种行动先于思考的、以感性体验为主要通道的整体实践活动。幼儿必须在与音乐的亲密接触中，在亲身参与的实践中感悟音乐，体验音乐的美感。为使音乐教育的性质能够更好地与幼儿发展的性质相匹配，使音乐学习能够更有效地吸引幼儿，使音乐教育能够更好地促进幼儿发展，教师必须从以下几个方面贯彻实践性原则。

1. 重视教师对音乐作品的演绎与实践

陶行知认为，教育是心心相印的活动，唯独从心里发出来的，才能达到心的深处。音乐是情感艺术，具有强烈的感染力，而幼儿又是最易受感染的群体。因此在音乐教育活动中，教师要全情投入，加强自身的感染力，以"己"情动"他"情，激发幼儿参与音乐实践的兴趣。例如，在歌唱活动开展之前，教师要反复揣摩自己的演唱和演奏，力争使自己能够准确地体会歌曲所表达的情感和形象，用歌声、琴声、眼神、肢体动作等与幼儿沟通，用自己演绎的音乐打动幼儿；在音乐欣赏活动中，教师要以真情投入，使自己的情感表达与幼儿发生共鸣。

音乐作品不同，表现的情感也不同。在模仿学习的时候，教师不能光靠语言指导，只说不做，除了"以情激趣"外，还应充分进行表情、动作、嗓音等方面的示范，力求带领幼儿准确、细腻地表现出音乐作品中的情感。

2. 提供充足的时间和机会，鼓励幼儿投入音乐实践

体验是幼儿认识世界的普遍方式。音乐教育更要重视让幼儿通过多种感官去体验和认识音乐作品，用多样的方式去表达和交流音乐实践经验。在每一个音乐教育活动过程中，教师都应尽可能地给予幼儿充分实践的机会，启发和鼓励幼儿在亲身经历的感受过程中主动体验，从而获得并加深对作品的认识和把握。游戏扮演、结伴表演、自由探索等，是幼儿音乐实践常用的方式。例如，在大班音乐欣赏活动"小乌鸦爱妈妈"中，教师首先引导幼儿欣赏根据歌词绘制的图片，讨论画面内容，猜想歌词；接着自己和配班教师用女声二重唱为幼儿表演歌曲，并逐段示范，引导幼儿理解作品；然后和幼儿分别扮演"乌鸦妈妈"和"小乌鸦"，随音乐玩游戏。在整个活动中，教师带领幼儿通过"看""说""听""演"等多种音乐实践方式，充分体验和理解歌曲。

3. 营造音乐化的生态环境，促使幼儿在生活中进行音乐实践

陈鹤琴认为，大凡健康的幼儿，无论游戏、散步或工作，他们都本能地爱唱歌，善于表现音乐的律动。幼儿的生活离不开音乐，我们应当用音乐来丰富幼儿生活，使幼儿无论在学习、劳动、游戏时都能意志统一、精神合拍、精神愉快，使幼儿生活音乐化。实际上，在幼儿的一日生活中为幼儿提供良好的音乐氛围，营造音乐化的生态环境，促使他们沉浸在音乐之中，可以达到"润物细无声"地唤醒幼儿音乐意识、激发幼儿音乐表现积极性的目的。因此，幼儿园音乐教育不应局限于集体教学，而是要延伸到各种活动和环节中，在做操、户外活动、进餐、休息时都可以有选择地播放不同类型的音乐，让幼儿像习得语言一样，在音乐的熏染中自然地积累音乐经验，让音乐成为他们生活中不可缺少的部分。

第三节 幼儿园音乐教育活动实施的常用教学方法

教学方法是指在教与学的过程中，为了达成教学目标，在一定的教学理念和教学原则指导下，教师的教授方法和学生在教师指导下的学习方法，它们之间高度融合、有机统一。

幼儿园音乐教育活动的实施，需要激发幼儿的艺术潜能和创造性，促进幼儿主动参与学习，提升自我反思、自我保障、自我完善的能力。这需要教师掌握合

理、有效、先进的教学方法，以人为本，提高教学效能，有效促进幼儿的全面发展。根据当前幼儿园音乐教学的实际需求，我们总结出的常用教学方法有运用语言指导的方法、直观感知的方法、实际操作的方法、运用角色变化的方法、以欣赏位为主的方法、引导探究为主的方法。在实践中，这些方法常常结合在一起使用。

一、运用语言指导的方法

（一）讲解

讲解是教师运用口头语言向幼儿说明、解释事物或事情。讲解的内容既要具备科学性和思想性，尽可能与幼儿的知识经验发生联系，同时也应注意启发幼儿，促进幼儿的思维发展。教师的语言要讲究语言艺术，应生动形象、富有感染力，清晰、准确、简练，条理清楚、通俗易懂，音量、语速适中，语调抑扬顿挫，适应幼儿的心理节奏，能引起幼儿的兴趣，容易被幼儿理解和接受。

讲解的优点是教师容易控制活动进程，能够使幼儿在较短时间内高效学习。但如果运用不好，就会出现教师高控制、幼儿被动接受的局面，容易让幼儿缺乏学习的积极性和主动性。所以讲解一般不宜单独使用，而应该与其他方法结合，以促进幼儿主动学习和思考。根据实际需要，教师可以将它与以下方法结合起来使用，以促进幼儿学习能力的发展：

（1）讲解与操作相结合。如教师在指导幼儿学习"踵趾小跑步"时，为帮助幼儿理解、掌握动作要领，可以边讲解边示范，并配以简单好记的顺口溜"脚跟脚尖跑跑跑"，幼儿边看、边听、边思考，就比较容易学会这个动作。

（2）讲解与设疑相结合。这种方式一般包括先设疑再讲解、在讲解的过程中设疑两种情况，目的在于激发幼儿的主动学习和思考，认真分析并澄清问题。例如，在中班随乐韵律活动"小老鼠与泡泡糖"中，教师发现幼儿在做"小老鼠｜东跑跑｜西一看｜看— —||"动作时，总是不能准确地在第一个"看"字上做转头动作。于是教师就在讲解前设疑，澄清问题，请幼儿再看教师做一遍动作，并找出教师东看、西看的时机，促使幼儿在主动观察和思考中带着疑问学习，并和教师一起澄清问题。

（3）讲解与讨论相结合。讲解与讨论相结合的优点是可以调动幼儿的积极性，帮助幼儿更好地理解或记住教师所讲的问题。教师既可以在讨论前讲解，也可以在讨论中讲解，有时还可以在讨论后讲解。例如，在大班随乐韵律活动"包饺子"中，有一个环节是幼儿随第三段音乐模仿饺子在锅里慢慢煮熟，然后慢慢翻滚并浮起来。在活动进行中，教师发现幼儿在这个环节情绪容易激动、比较浮躁，难以控制自己，就设计了一个"噗！妈妈向锅里泼了一瓢冷水"的情节，并组织幼儿讨论：妈妈泼冷水后，"饺子"应该怎么做？幼儿通过讨论和尝试表演，激动的情绪平缓下来，教师用游戏的情境不露痕迹地引导幼儿控制住情绪，使活动继续有序开展。

（二）提问

提问是课堂教学的一种重要方法。幼儿有了疑问需要提问，教师为了发现幼儿的问题也需要提问。提问是一门艺术，一方面，有经验的教师很注意研究如何提问、如何有效地进行追问；另一方面，主动提问能帮助幼儿学会思考，学会分析问题并解决问题。

提问大致可分为回忆性提问、理解性提问、分析性提问、综合性提问、评价性提问和运用性提问六种，下面以音乐教育活动"小乌鸦爱妈妈"为例加以说明。

（1）回忆性提问，常见提问内容有"这首歌里唱了什么"等，其特点是答案具体。例如，听完歌曲《小乌鸦爱妈妈》后，教师提问：这首歌唱了什么？

（2）理解性提问。通过提问理解作品内容，达到整体感知的目的。例如，听完歌曲《小乌鸦爱妈妈》后，教师提问：小乌鸦在干什么？他的妈妈怎么样了？是谁把他养育大的？

（3）分析性提问。提问时力图找出作品中隐藏的因果关系，并通过分析，帮助幼儿理解作品。例如，听完歌曲《小乌鸦爱妈妈》后，教师提问：小乌鸦为什么不出去玩耍？他的妈妈自己为什么不出去找虫子？

（4）综合性提问。这里是指综合理解作品的提问。例如，学习歌曲《小乌鸦爱妈妈》后，教师提问：请你说说小乌鸦是怎样爱妈妈的。

（5）评价性提问。评价是一种综合能力，其核心是思维能力，尤其是辩证思维能力。通过评价，教师可以引导幼儿理解作品的核心价值。例如，学习歌曲《小乌鸦爱妈妈》后，教师提问：这是一只怎样的小乌鸦？你喜欢他吗？请你说出原因。

（6）运用性提问。这种提问的主要目的是促使幼儿将音乐作品中的经验或本次音乐学习的知识、方法、思路用于解决生活中的其他问题，使幼儿触类旁通、举一反三，提高其运用知识的能力，促进知识间的迁移。例如，学习歌曲《小乌鸦爱妈妈》后，教师提问：你会怎样爱自己的妈妈？

在幼儿园音乐教育活动实施过程中，教师掌握一定的提问技巧，可以增强提问的艺术性，使提问更富有成效。

（1）精心设计问题。教师要提问的每一个问题，都应精心设计、合理规划，这样才能有效地克服随意性提问的弊病。好的提问能体现教师对音乐材料的深入研究；好的问题能与幼儿的智力和知识发展水平相适应，能激发幼儿学习的欲望，有助于实现活动目标，富有启发性，并能促使幼儿自我反省。

（2）讲求提问的方法与技术。

• 发问。基于幼儿的年龄特点和接受能力，教师需要注意发问的时机、顺序、方式和语态。例如，一次不可发问太多；根据幼儿喜欢歌唱的特点，有时可以采用歌唱式提问，用歌唱的方式发问，带给幼儿新奇的体验。

● 待答。在提问过程中，教师应该有两个最重要的停顿时间，即第一等待时间和第二等待时间。第一等待时间是指教师提出一个问题后，要等待足够的时间，不能马上重复问题或指定幼儿回答问题，因为幼儿需要时间思考问题。第二等待时间是指幼儿回答之后，教师也要等待足够的一段时间，才能评价幼儿的答案或者再提出另一个问题，因为其他幼儿对他的回答给出判断和评价也需要时间。

● 助答。当幼儿回答不够准确、完整、流畅，甚至完全"卡壳"时，教师应耐心期待并积极设法促使转机，一般可根据具体情况采取以下措施：一是重复发问、申明题意；二是分解难点、化难为易；三是转换角度、另辟蹊径；四是适当提示、巧用点拨；五是补充修正、以求完善。例如，某教师在组织大班幼儿学习《龙灯舞》时，问了这样几个问题：想一想，金龙出海该怎样做？金龙抱柱该怎样做？幼儿不理解教师的问题，因而反应不佳。后来，教师将问题调整为：想一想，我们做金龙出海（或金龙抱柱）造型时，龙头该怎么做？龙尾怎么做？龙身又该怎么做呢？幼儿在具体问题的提示下，马上摆出了相应的造型。

● 总结。提问结束后，教师要对幼儿的回答及时进行总结，公正地指出其优点或不足。如有必要，教师可复述正确答案或再做简单讲解，以使其他幼儿都能知晓；或请其他幼儿复述正确答案，以加深理解。

（3）引导幼儿自己质疑提问。通过提问培养有问题意识的幼儿，是音乐教育活动实施的一个重要目标。教师鼓励幼儿追问、反问，将"问号"装进幼儿脑子里，可使幼儿终身受益。

（三）讨论

讨论是指幼儿在教师指导下，为解决某个问题而进行探讨，辨明是非真伪以获取知识的方法，多适合中、大班幼儿。在幼儿园音乐教育活动中，讨论法也常与其他教学方法结合使用，它可以更好地激发幼儿的学习兴趣，调动幼儿学习的主动性和积极性，提高音乐教学效果，同时促进幼儿多元能力的发展。教师在使用讨论法时，应注意以下两点。

1. 选择合适的讨论时机

（1）在音乐教育活动中猜测和推理时组织讨论。当幼儿园音乐教育活动需要厘清歌词的顺序、通过歌词进行创编或者对音乐故事表演进行创编时，讨论能够帮助幼儿厘清事物之间的关系，并进行创造性表达。

例如，学习《秋天》这首歌曲，教师请幼儿将打乱的图片重新排序，组织展开的讨论，请幼儿对为什么这样排序，讲出各自的理由，并对最后的结果进行投票。教师针对图片进行提问，"秋天除了树叶到处飞呀飞，还有什么也到处飞呀飞？"对此幼儿展开了热烈的讨论，对这首歌曲进行了富有新意的创编。

（2）在进行重难点教学时组织讨论。讨论可以让幼儿主动学习，发挥主体作用，调动学习的积极性，从而攻克教学重难点。

例如，在大班随乐韵律活动"武林大会"中，教师在示范自己的第一套虎拳后，请幼儿对看到的虎拳进行总结性讨论"虎拳的招数有什么特点？"，并请幼儿对虎拳的招式进行解析，以此帮助幼儿主动学习虎拳，并掌握活动的重难点——虎拳的基本招式和出拳方向。

（3）知识迁移时组织讨论。当学完新知识之后，要运用新知识推断一些现象时，教师可组织幼儿讨论。这样的形式往往能引起幼儿浓厚的兴趣和挑战的欲望，并获得挑战成功后的自信。

还是以大班随乐韵律活动"武林大会"为例，当幼儿掌握了虎拳的基本招式构成（一个基本招式动作＋不同的动作方向）后，可以迁移经验，共同讨论其他不同的动物拳法。

2. 做好讨论的组织策略

想要使讨论能正常展开并取得良好的效果，教师就要讲究讨论组织的策略。

（1）完整的语言表达是基础。幼儿年龄小，口语表达还跟不上思维的发展，所以教师应要求幼儿想清楚了再说，不急着让幼儿参与讨论，而是留一点时间，让幼儿将问题考虑清楚，将想要表达的想法理顺，再组织幼儿讨论。同时，教师要营造友好、民主的氛围，使每个幼儿都乐于发言，善于倾听其他幼儿的意见。这样，既能锻炼幼儿的语言表达能力，又能提高幼儿的倾听能力与反应能力。

（2）有序参与讨论很必要。日常教学中我们不难发现，讨论开始时幼儿都抢着发言，不举手也在回答问题，秩序混乱，听不清楚大家的讨论内容，既起不到讨论的作用，也养成了不尊重他人的坏习惯，更不谈认真倾听和思维碰撞了。所以教师应引导幼儿有序发言，养成讲礼貌、懂尊重、守秩序的好习惯。

（3）合理组建学习小组。讨论法一般以小组讨论为主，以2～4人为宜，既可以使每个人都有发言机会，又能保证发言的质量。对于能力较弱的幼儿，教师应鼓励他们："可以大声一点，大家都想听到你的回答！"

二、直观感知的方法

直观感知的方法是幼儿园音乐教育的常用教学方法之一，主要包括观察、示范、演示等。

（一）观察

观察是幼儿在教师指导下，有目的地感知客观事物的过程或幼儿自发的观察过程。观察是有意识、有目的、较持久的知觉过程。观察可以帮助幼儿获得丰富的感性经验，有效地刺激感觉器官，发展观察力，促进智力发展，是幼儿认识自然和社会的主要方法。观察还可以激发幼儿的求知欲和对周围事物的兴趣，此法在幼儿园音乐教育活动中使用频繁。在幼儿音乐学习中，观察模仿是一切音乐学习的基础，所以培养幼儿良好的观察能力尤为重要。

1. 扫描观察法

观察者在相等的时间段里对观察对象依次轮流进行观察。扫描观察法一般在游戏开始和结束的时候运用较多。

2. 顺序观察法

根据观察对象外部结构的特点，按顺序进行观察，如从上到下或从下到上，从左到右或从右到左，从整体到局部或从局部到整体，从明显特征到不明显特征，从外到里等有顺序、有层次地细心观察，使观察者对观察对象有整体的、较全面的认识。顺序观察法在音乐活动与图谱相关的教学中，如排图、走迷宫、填图等游戏中常会使用。

3. 比较观察法

同时观察两种或两种以上的事物，对相似事物中的不同因素，对不同事物中的相同因素进行对照和辨别的一种方法。比较观察法有利于提高观察者对事物认识的精确性，发展观察者的观察能力，也有利于发展观察者的思维能力。如在学唱儿童歌曲《吹泡泡》中，幼儿通过对两段歌词图谱的对比，发现相同的歌词和不同的歌词，以此运用推理的方法根据学会的第一段歌词，自主学习演唱第二段歌词。

4. 角度观察法

观察者根据每件物品、每处风景所在的不同角度进行观察，发现其方位的特点以及空间对应的关系，发展观察者的空间方位能力。这种观察法在幼儿园集体舞教学中使用频繁，当处在空间变化的状态下，需要幼儿通过空间位置的变化仔细观察方位特点，找到自己的位置。

（二）示范

示范是指教师通过自己的表演，为幼儿提供榜样。在幼儿园音乐教育活动中，教师对歌曲的演唱和舞蹈动作的表演展示，都属于示范。教师示范的过程是其创造性表现作品、向幼儿展示的过程。为激起幼儿的学习兴趣，教师示范时应注意以下几点：一是教师的示范要富有情趣。教师要准确领悟作品的风格和情绪，通过自己的声音、动作和表情生动地表现作品或动作，使幼儿对作品或动作产生良好的第一印象，愿意参与学习。二是示范讲解相结合。三是力求化繁为简，突出重难点。四是注意在示范中借助眼神、语言等与幼儿有效互动。例如，在中班音乐教育活动"小老鼠舞会"中，教师带领幼儿随音乐跳起老鼠舞，并用眼神和儿歌鼓励幼儿按节奏边跳边念："我得意·啊｜我得意—｜真·啊真得｜意———｜｜"，幼儿在教师的带动下兴致勃勃地表演着。五是除教师示范外，还可以鼓励幼儿同伴示范，以及运用影像资料示范等。

（三）演示

演示是指教师向幼儿展示各种实物或直观教具，引导幼儿按照一定的顺序注意物体的各个方面和各种特征，使他们获得对某一事物或现象较完整的感性认识。教师逐一出示并介绍各种乐器，或者一边听音乐一边指图片等，都是演示法的运用。幼儿园音乐教育活动中主要使用实物演示和图谱演示，这里简单介绍图谱演示。

图谱是指幼儿园音乐教育活动中采用的主要以图片或象征性符号表现音乐作品形象、情节、结构或情绪的辅助教学材料。图谱演示可以吸引幼儿的注意、营造适宜的审美氛围、加深对音乐的理解、降低记忆歌词的难度等，对教学起到促进作用。如在学习歌曲《数羊群》时，由于歌曲中十只羊的姿态各异，歌词各不相同，幼儿记忆起来比较困难，所以教师为幼儿准备了与歌词相匹配的十只姿态各异的羊的图片。教师这样做，一方面吸引了幼儿的注意力，另一方面也降低了记忆歌词的难度、加深了幼儿对歌词的理解。又如，随乐韵律活动"采果子"动作变化较多，教师先请幼儿感受音乐的情绪变化，并根据不同的音乐情绪创编出上路、摘果子、高兴、回家等动作；然后将其加以整理、完善，与幼儿共同设计"跳舞小人"动作示意图，经过设计的图谱具体形象，幼儿再也不会手忙脚乱了。幼儿园奏乐活动中则经常使用打击乐演奏总谱。

三、实际操作的方法

实际操作的方法是指幼儿在教师的指导下，通过多次实践练习而巩固和掌握某种知识技能的方法，如幼儿听指令敲打乐器。

运用实际操作的方法应注意以下几点：

（一）明确练习的目的、要求和方法，以幼儿感兴趣的方式进行练习

如教师以鼠妈妈带着鼠宝宝出去玩的口吻，指导幼儿边念儿歌"小老鼠｜东跑跑｜西一看｜看— —｜｜"边随儿歌练习小老鼠"走"和"看"的动作，这种方法可以引起幼儿对练习的兴趣，带给他们愉悦感和成就感，提高了练习的效率。

（二）观察幼儿练习的情况，及时做出反馈

教师要观察幼儿练习的情况，及时做出反馈，必要时，教师还可以进行示范。反馈的方式要多样化，教师可以通过语言进行表扬，也可以通过眼神传达肯定和认可，还可以通过肢体动作的回应给予暗示。例如，在中班随乐韵律活动"小鱼和美人鱼"中，教师请幼儿用动作学一学音乐里的小鱼是怎么游泳的。一名幼儿做出"双手手掌相合，在胸前左右摆动"的动作，教师用语言反馈："好可爱的鱼宝宝！我们一起来跟他学一学。"全体幼儿坐在座位上模仿这一动作。

有时，教师面对幼儿练习中出现的错误，不应急着纠正，而是通过练习进程引导幼儿自己发现，这也是一种促进幼儿主动学习的反馈思路。例如，大班音乐教育活动"数羊群"，当教师请幼儿根据她范唱的歌曲选择与"第五只，跳个不停"相匹配的羊的图片时，幼儿意见不一，有幼儿选择了图五"跳舞的羊"，也有幼儿选择了图十"唱歌的羊"。此时，教师没有急着纠正幼儿的错误，将"唱歌的羊"的图片放在了第五只羊的位置，继续往下唱。果然，唱到第十只羊时，幼儿自己发现了错误并改正过来。

（三）在练习过程中，教师不应只关注幼儿的机械模仿，还应注意通过启发性问题来引导幼儿想象，留给幼儿探索的空间

如幼儿在练习小鸟飞的动作（双手手臂上下摆动）时，教师可以引导幼儿联想"还可以用这个动作表演什么"（双手高举→大树，双手体侧平摆→蜻蜓，双手下摆→小鸡等）。

（四）借助提示和指示，提高练习效果

教师可以借助提示和指示，帮助幼儿降低学习难度，匹配幼儿的"最近发展区"，为幼儿主动探索和学习搭建桥梁，提升幼儿的学习效能。在音乐教育活动中，教师运用提示的方法，兼有引起幼儿注意和帮助幼儿克服记忆困难的作用；指示则主要是为了指引幼儿行动的方向，唤起幼儿主动学习的积极性。

1. 善用预令

预令是指在音乐教学情境中，当幼儿从一种状态向另一种状态转换时，如歌唱活动中演唱形式的转换、奏乐活动中演奏形式的转换等，教师给予他们的提前暗示。预令的作用在于使幼儿对即将进行的新环节有良好的意识，并主动、从容地调整自己的行为，从而体验音乐活动所带来的快乐、舒适和自由的感觉。从是否使用有声语言的角度，预令可以分为言语预令和非言语预令。

言语预令是指教师将即将进行的内容以言说的方式直接告知幼儿。如演奏活动中由分组演奏转向全体合奏时，教师往往会提前面向全体幼儿大声地说："大家一起来。"言语预令简单、易操作、直接，教师无须专门练习。非言语预令是指采取眼神、动作、表情等非言语方式暗示幼儿接下来需要做出的行为。如在中班随乐韵律活动"小鱼和美人鱼"中，教师用到了动作预令的策略：在吹泡泡的音乐出现时，教师每次都会提前两拍做深呼吸、鼓起嘴巴、双手放在嘴边做准备吹泡泡的动作。这个预令要表达的意思是：下面要吹泡泡了，大家快快准备好！这一动作预令使幼儿有较充足的思想准备，同时培养了幼儿从教师的行为中获取有效信息的能力。

预令的时间和动作的幅度要适宜。一般来讲，教师的预令以提前半拍或一拍为宜。当进行转换的内容较难时，幼儿所需的准备时间就要长些，教师预令的时间也要相应延长；反之，则短些。在乐句内部进行状态转换时，教师预令的动作

幅度要相对小一些、平稳些；在乐句间进行状态转换时，教师预令的动作幅度要相对大一些、明显些，应具有起伏感，以帮助幼儿从视觉上感受到乐句的起始，从而逐渐建立乐句感。

为帮助幼儿更好的感知，预令常常采用情境化的语言，如"下面要吹泡泡了，大家快准备好！"。这样的预令既能帮助幼儿做好活动开始的准备，以及下一个阶段的合乐准备，也能更好地帮助幼儿在情境和想象中，全身心投入活动。同时，当幼儿熟练流畅地参与活动时，教师的示范可以退出，改为用预令支持幼儿的学习；当幼儿完全不需要教师的支持时，预令也可以取消。

2. 阻断幼儿错误的动力定型

这一方法是帮助幼儿掌握活动重难点的有效方法。例如，某教师采用整首教唱法教幼儿学唱歌曲《蝈蝈与蛐蛐》，因为歌曲中前三个小节"我是蝈蝈，我是蛐蛐，我是哥哥"的旋律都一样，幼儿很容易就因自主推理或认知惯性的影响而将第四小节"我是弟弟"唱得和前面的旋律一样，教师一时难以纠正。为解决幼儿学习中的困难，教师采用分句教唱、语言提醒、动作提示等方法阻断幼儿错误的动力定型。如教师逐句教唱，待唱完第三小节，教师便提醒幼儿："仔细听好，下面一句是怎么唱的。"随后用手指做一个向下的动作来提示幼儿此处旋律将要改变。此后，每唱至第三小节第二个"哥"字时，教师就提前用手指提示旋律下行。在教师的提示下，幼儿成功地掌握了歌曲的唱法。

3. 帮助幼儿记忆，引导幼儿主动学习

例如，《数羊群》是一首充满流行音乐气息的摇篮曲，欢快的旋律、活泼的歌词，适合大班幼儿学习。但因歌曲 A 段曲调节奏变化多，B 段歌词无重复，幼儿记忆歌词有一定难度。所以，教师在采用了两个策略：一是动作提示策略。教师先根据歌词内容和幼儿一起设计相应动作，引导幼儿借助动作提示建立对 B 段歌词初步的表象记忆。同时，教师注意引导幼儿尝试用自己的动作表演，以此验证动作对记忆歌词的帮助作用。二是图片提示策略。在故事情境中，教师引导幼儿观察图片中的形象，不仅能激发幼儿主动学习的愿望，高效理解、记忆歌词，还有助于激发幼儿在想象中的自由表达。

（五）巧用道具，提高幼儿练习的兴趣

道具是幼儿园音乐教育活动中常用的辅助材料。好的道具不仅能唤起幼儿参与练习的热情，而且更能起到调控幼儿学习情绪，调节教学节奏，拓展幼儿想象空间，培养幼儿快速反应能力等作用。例如，在随乐韵律活动"小老鼠舞会"中，教师为自己和每个幼儿准备了一撮"老鼠胡子"，贴上"老鼠胡子"的幼儿兴致勃勃地练习着小老鼠走路的动作。又如，在随乐韵律活动"戏狮"中，教师为每个幼儿准备了一个呼啦圈，而教师自己的道具则是一把扇子，很简单的两样道具，却在活动中发挥出意想不到的效果：幼儿利用呼啦圈创造性地扮演"小狮子"，教师做戏狮人，用扇子指挥幼儿的动作。扇子挥向左边，"小狮子"就跳到左边做动作；扇子挥向右边，"小狮子"就跳向右边做不同的动作；扇子绕圈，"小狮子"则在地上做打滚的动作。幼儿在扇子的指引下，大胆想象，充分表现。

然而，道具并不是越多越好。如在小班随乐韵律活动"小小鸡"中，教师就没有必要为每一个幼儿制作"小鸡"头饰，这不仅会浪费教师的时间和道具材料，也会给活动带来阻碍。因为小班幼儿大多无法自行带好头饰，游戏中会出现头饰掉落等情况，教师为幼儿再次佩戴头饰将打断活动的进行。所以，道具的使用一定要巧妙，既能有效帮助幼儿进入情境，激发幼儿的想象和表现，又能节约人力、物力。

四、运用角色变化的方法

《指南》指出，教师是幼儿学习活动的参与者、支持者、合作者、引导者、观察者，教师应关注幼儿在活动中的表现和反应，敏锐察觉他们的需要，实时调整角色，给予幼儿实时的帮助和支持。随着教育观念的更新，教师的角色转变已成为建构适宜的师幼关系、提高教育有效性的重要手段。在幼儿园音乐教育活动中，教师需要经常运用自身角色变化的方法激励幼儿的主动学习。

（一）成为活动的支持者和参与者，学会变换角色

在新的教育改革背景下，关注幼儿成为学习的主体，激发幼儿学习的主观能动性，这需要教师转变角色，为幼儿的成长助力。在幼儿园的一日活动中，幼儿随时都可能会产生许多问题，但由于年龄的特点和经验有限，他们往往还不会归纳事物的特点，这时就需要教师及时地介入和引导，使探索深入下去，从而促进幼儿的主动学习。

在幼儿园音乐教育活动实施过程中，教师可以选择多种角色参与和支持幼儿的活动。在新课教学的导入环节，教师可以作为引导者，带领幼儿初步感知音乐作品，也可以扮演音乐作品中的角色以及幼儿的伙伴等角色引导幼儿参与活动。在活动的过程中教师可以逐步以幼儿伙伴的角色参与活动；当幼儿在活动过程中遇到困难时，教师可以扮演音乐作品中的角色，提出问题，激励幼儿找到问题的解决办法，促进幼儿主动学习能力的发展。针对不同年龄阶段的幼儿，教师应考虑介入的程度。年龄越小的幼儿对教师的支持需求越大；年龄越大和能力越强的幼儿，教师给予自主的空间应越大。

教师以参与者的角色组织音乐教育活动时，需要处理好参与和控制的关系，根据不同教学情境的需要，选择合适的"参与"和"控制"的维度。从"教师"→音乐作品中的角色→幼儿的伙伴，表现为从"高控制"→"低控制"之间的不同维度，控制的程度逐渐降低。例如，在音乐教育活动"数羊群"中，教师

是以"教师"的身份参与活动的。学习歌曲的第一个环节，教师以正确的歌词内容和节奏提示幼儿回答，并做相应的动作（如当幼儿说"第六只，想跟你玩"时，教师即刻反馈"第六只，真——是——皮"，边说边做打响指的动作），以此帮助幼儿理解、记忆歌词及羊的动态。这时，教师对活动的控制程度较高。在活动接近尾声处，幼儿和教师一起重复演唱 B 段音乐，教师逐渐退出，用动作提醒幼儿歌词。当重复唱至"第八只"时，教师将录音音乐的音量逐渐减弱，并做睡觉状，且越来越轻地说："第八只，第八只，第八只……"活动室里十分安静。然后，教师伸懒腰，并提问："我刚才睡着了没有？"幼儿回答："睡着了。"此处教师是以音乐中的角色参与活动的，控制的程度较低。

（二）学会适宜的角色退出

在幼儿园音乐教育活动中，教师的角色因音乐活动的特点有了新的特质和内涵，它不仅要求教师根据教育活动需要经常变换自己扮演的角色，还需要教师从教师或扮演的非教师角色中退出来。角色退出是幼儿园音乐教育活动中弱化对幼儿支持的一种有效策略，是发展幼儿自我教育及相互学习意识和能力，创造幼儿自由实践与表达机会的重要手段。教师的退出包括空间上的退出和心理上的退出：空间上的退出体现在与幼儿的接近程度方面；心理上的退出则体现在教师权威性参与程度方面。

空间上的退出是指教师有意识地逐步离开某个幼儿或离开活动的中心位置，退到离幼儿比较远的空间位置上去。例如，在随乐韵律活动"小老鼠舞会"中，教师先扮演老鼠妈妈带领"小老鼠"（幼儿）一起随音乐出来表演，当幼儿基本熟悉音乐和动作后，"老鼠妈妈"就退到旁边，转而欣赏"小老鼠"随音乐的表演。

心理上的退出是指教师帮助幼儿逐渐摆脱对教师的依赖性，逐步转向自主学习。但退出并不是放任不管，从教师带领幼儿→幼儿带领幼儿→幼儿自由活动，教师逐步退出，由指导者→支持者→合作者或旁观者，对幼儿的学习给予不同程度的支撑。

五、以欣赏为主的方法

（一）多通道参与欣赏的主要类型

感受是审美教育的基础，为提高幼儿的音乐审美能力，提升幼儿的欣赏水平，促进幼儿的全面发展，了解有效促进幼儿欣赏能力发展的途径和方法尤为重要。多通道参与是幼儿园音乐教育活动实施中提升幼儿欣赏水平的基本方法。多通道参与指人在学习、接纳、感知外界事物时充分运用各种感官，通过各种知觉的协调作用体会理解外界刺激的学习方法。"多通道"即帮助幼儿打开尽可能多的感知通道，同时调动多种感官来丰富、强化他们所感知到的艺术作品内容。

"参与"是让幼儿尽可能多地在学习艺术作品的过程中欣赏作品。在实际运用中，多通道参与欣赏主要包括运动觉参与欣赏、视觉参与欣赏和语言参与欣赏。

1. 运动觉参与欣赏

运动觉参与欣赏，在实际运用中主要指用跟随音乐做动作、歌唱和演奏简单的打击乐器的方法，来感知音乐和表现音乐。幼儿听到乐曲时，往往会不由自主地手舞足蹈。对于幼儿而言，运动觉参与可以帮助他们更好地体验音乐、感受音乐，因此，运动觉参与欣赏的方法广泛运用于各种音乐欣赏活动中。例如，在欣赏《天鹅》和《四小天鹅舞曲》时，教师可以引导幼儿用肢体动作来表现大小天鹅的不同，从而感悟这两段乐曲的不同特点，加深对作品的理解；在欣赏《土耳其进行曲》时，教师引导幼儿用打击乐器演奏的方法，强化幼儿对该乐曲结构工整、节奏感强的特点的感受。

2. 视觉参与欣赏

视觉参与欣赏主要是指在音乐伴奏下用欣赏或创作美术作品的方法来感知和表现音乐。让幼儿用美术作品来表达他们对音乐的理解，能更有效地激发幼儿的大胆想象与创造，并促进幼儿之间的分享与交流。例如，在欣赏ABACA回旋曲结构的乐曲《钟表店》时，为加深幼儿对乐曲中引子、间奏、尾声音乐的理解，教师用小闹钟、布谷鸟钟、复古摇摆钟和星星座钟四幅图片表示四种不同的钟声，分别对应乐曲中引子、间奏一、间奏二、尾声的音乐，结合图片让幼儿欣赏，再引导幼儿将图片填入大的图谱中。幼儿在反复倾听、充分感知音乐的基础上，很快找到了图片在图谱中的位置。又如，欣赏乐曲《春雨》时，教师让幼儿自由想象并创作"春雨的颜色"，幼儿用手中的笔画出了一个温馨美丽的春天。

3. 语言参与欣赏

语言参与欣赏主要是指在音乐伴随下用欣赏、表演或创作文学语言的方法来感知和表现音乐。当幼儿的语言发展到一定程度时，他们往往能用完整的句子或短语、词汇等来形容所听到的音乐带给自己的感受。如幼儿会用轻柔、舒缓、柔美、安静等词语来形容摇篮曲，会用雄壮、威风、有力等词语来形容进行曲。随着词汇量的不断增加，幼儿用语言描述音乐作品特点的能力会越来越强。欣赏钢琴曲《我的祖国》时，教师随音乐激情澎湃地朗诵散文诗《美丽的祖国》，优美的音乐和抒情的语言使幼儿久久沉浸在生活在美好祖国的感动与自豪中。

（二）多通道参与欣赏的注意事项

1. 根据幼儿年龄、欣赏作品与欣赏要求的不同，选择不同的感知觉通道，并巧妙组合

在幼儿园音乐教育活动中，对于年龄较小的幼儿，教师一般较多选用运动觉参与欣赏的方法；对于年龄稍大的幼儿，教师不仅可以广泛使用多种感知觉通道，且使用的方式、方法、要求等也有所不同。例如，欣赏乐曲《金蛇狂舞》，

教师采用儿歌、表演、游戏等形式，着重开发幼儿的视觉通道，设计了合适的教具——用布和卡片制作了两条色彩鲜艳的可供操纵的金龙和两只狮子面具。活动中，幼儿随着音乐，用手在屏风上操纵出舞龙、舞狮的场景，同时在舞狮时配以锣鼓伴奏，深切感受到龙狮狂舞的热烈气氛和音乐形象。

另外，不同的作品、不同的欣赏要求，也是选择参与欣赏感知觉通道必须考虑的条件。例如，在欣赏《土耳其进行曲》时，鉴于该乐曲结构工整、节奏感强，教师可考虑用打击乐器演奏的参与方法；而在欣赏《欢乐颂》时，由于该歌曲音域较窄，歌唱感较强，教师可考虑用歌唱参与的方法。总之，幼儿能够参与，幼儿喜欢参与，操作过程能有效强化幼儿的音乐感受与音乐享受，是选择音乐欣赏参与方式的重要原则。

2. 把握以听觉通道为主体，其他通道参与欣赏为辅助的原则，围绕音乐作品展开欣赏

多通道参与欣赏，为幼儿体验和感悟音乐提供了帮助。但是，应用这些辅助手段时，需要把握"音乐为主，其他手段为辅"的基本原则，始终围绕音乐作品展开欣赏，而不是用大堆的语言谈话、游戏等喧宾夺主。因为以反复听赏为基础的音乐欣赏活动，才能促使幼儿对音乐融入、感动。

3. 注重对音乐作品的整体欣赏

音乐欣赏活动应该是一种整体性的感知、审美活动，它有赖于幼儿日常生活经验的积累，包括动作、语言、画面、符号、情感的积累等。如果把音乐片段化、局部化，难免有分割之嫌，幼儿无法从中获得整体的感受，可能会导致他们对音乐的片面理解。

当然，在整体展开音乐欣赏的过程中，教师还要提醒幼儿注意音乐中的细节，增强幼儿对音乐细微变化的敏感性，做到点面结合。教师可以通过动作、表情、语言、图片的变化来提示幼儿感悟音乐中的细节，切不可为了突出细节而割断音乐，这样必然得不偿失。幼儿在感知音乐时，开放的感知通道越多，对音乐的感知就越精细，理解就越深刻，记忆也就越牢固。幼儿参与音乐活动的机会和方式越丰富，所获得的审美快感也就越多。

六、以引导探究为主的方法

以引导探究为主的方法是奥尔夫音乐教育体系倡导的音乐教育活动方法。奥尔夫音乐教育体系在教育理念上，强调人类性、原本性、实践性、艺术性、系统性、挖掘人潜在的音乐性；在教学内容上，强调从朗诵、声势、节奏、歌唱、形体、读谱、作曲、乐器、欣赏、戏剧等方面进行综合性的学习；在教学形式上，提倡通过元素的、原本的、综合的、探索的、即兴的、创造的等各种手段实现其教育理念。奥尔夫音乐教育理念有三个重要的原则：第一，一切从幼儿出发；第

二，通过亲身实践，主动学习；第三，培养幼儿的创造力。基于这种音乐教育理念，幼儿拥有了在综合感知的基础上，通过各种想象和联想，运用多种方式进行即兴表达的机会。

引导创作法是奥尔夫音乐教育体系中经常使用的一种具体教学方法。引导创作法是指通过教师的启发、引导及示范，向幼儿提供一些材料（如最初的节奏、最基本的音调、最基本的运动方式等），帮助幼儿通过集体创作、协助创作进行音乐学习。例如，在音乐教育活动"机器人和海水"中，教师运用小木偶机器人道具帮助幼儿理解机器人的动作特点，在教师运用木偶做出不同动作的同时，幼儿模仿木偶机器人做出不同的动作，在教师的乐器伴奏下，幼儿即兴表现机器人在生活当中的各种动作，伴随乐器演奏的快慢感受机器人的情绪变化和动作变化。教师运用纱巾和声效，创设大海的情境，让幼儿反复体验机器人运动、海浪拂过机器人身体的两种不同感受，引导幼儿自主即兴表达，最后每位幼儿用彩色纸撕出一个机器人面具，戴在脸上，在教师即兴演奏乐器的伴随下表现机器人与海浪的故事。

总而言之，在实际的幼儿园音乐教育中，以上六种教学方法很少单独使用，它们常常会被综合运用到音乐教育活动中。所以教师应该根据幼儿的年龄特点和实际情况，合理、适宜地选择教学方法。

☞幼儿园音乐教育活动中常见的教学方法一览表

思考与实践

1. 试述幼儿园音乐教育活动实施要贯彻审美性原则、创造性原则和实践性原则的原因。

2. 分析作品《匈牙利舞曲（第五号）》，尝试为该作品设计音乐欣赏的方法。

谱7-1

匈牙利舞曲（第五号）

☞大班随乐韵
律活动"武
林大会"

3. 请扫描二维码，观看大班随乐韵律活动"武林大会"视频，分析视频中的教师在活动实施中运用了哪些有效的教学方法，并尝试模仿试教。

推荐读物

［1］巴雷特，韦伯斯特.音乐的经验：重新思考音乐教学与学习［M］.梁菁，译.上海：上海教育出版社，2020.

该书为"音乐教育理论研究译丛"之一，是牛津大学在音乐聆听、音乐经验领域出版的重要著作。书中共含十七篇文章，从哲学、聆听、音乐教学与学习的文化维度、创造性、角色的变迁、音乐教师教育六个不同的方面，探讨了对音乐教学与学习的思考。该书视角全面、观点新颖。建议学习者重点阅读第二部分和第四部分。

［2］许卓娅.幼儿园音乐教育资源：歌唱［M］.北京：人民教育出版社，2018.

该书是"幼儿园音乐教育资源"丛书之一，丛书还有打击乐、律动两个册本。该书具有丰富的课程资源，可以满足幼儿园教师开展各类音乐活动的需要。书中有深入浅出的领域说明、幼儿学习的关键经验、丰富的教育素材、多样的教育活动和游戏活动实例，有助于幼儿园教师根据幼儿的发展状况和实际需求生成各种课程。建议学习者结合该书，学习本章中的案例。

［3］王秀萍.经验的早期儿童音乐教育［M］.苏州：苏州大学出版社，2019.

经验的早期儿童音乐教育，遵循"旧经验—新旧经验交互—旧经验改造"的经验教育原理。它以假扮情境的设置为教育活动的起点，以幼儿由日常经验假扮到合拍、合句段结构的音乐性假扮为教育活动过程，以幼儿完成音乐性假扮任务为教育活动的目标。该书应用了目前较为前沿的教育理论和音乐材料，具有开阔的理论视野；大量、生动的课堂教学实例，又使该书具有很强的实践性与可作性。建议学习者重点阅读第五章、第六章、第七章，理解以音乐经验为旨趣的早期儿童音乐教育的课程编制原理。

第八章　幼儿园音乐教育活动的组织实施

本章提要

本章主要介绍了幼儿园不同类型音乐教育活动的组织实施。教师在组织实施音乐教育活动时，需要打破单一的音乐教学课堂模式，把音乐教育活动扩展到幼儿的一日生活当中；还需要根据本地区、本园以及本班幼儿的实际情况，灵活选择不同的教育组织实施形式，有效地促进幼儿的全面发展。

学习目标

1. 了解幼儿园不同类型音乐教育活动组织实施的要点及方法。
2. 尝试并初步体验幼儿园不同类型音乐教育活动的组织实施。

不同类型的音乐教育活动，在不同结构化程度的组织过程当中，有着不同的组织实施要点。了解并掌握歌唱、随乐韵律、奏乐、音乐欣赏等不同类型的幼儿园音乐教育活动的实施要点，有助于教师真正了解幼儿的需求和幼儿的学习方式，正确选择指导策略，促进幼儿的主动学习意识，保护幼儿的好奇心与创造力，帮助幼儿进行有效学习。

第一节 歌唱活动的组织实施

一、歌唱活动的组织要点

歌唱活动依据结构化程度由低到高可以大致分为自发歌唱活动、音乐区角中的歌唱活动、生成的歌唱活动、预成的集体歌唱活动等四类。上述四类歌唱活动的组织实施均有各自不同的要点，下面进行简要介绍。

自发歌唱活动主要是幼儿自发演唱自己熟悉的歌曲，歌曲的"碎片"，或者由不同"歌曲碎片"重新组成的"新作品"，当然也经常是模仿现场的歌唱行为（教师、同伴或录音音乐中其他人的歌唱）。教师在面对这种活动时需要慎重参与，如果教师的参与让幼儿感到不够安全，反而会阻断幼儿的自我享受。

音乐区角中的歌唱活动一般是由教师特意创设的环境所引发的。教师在面对这种活动时需要慎重参与。如果幼儿有意愿邀请教师观赏或参与，教师最好以同伴的身份参与，以便让幼儿感受到自己是活动的主人。

生成的歌唱活动有可能发生在平日的各种活动中，如散步、郊游、等待等时间。如果发生集体的自发歌唱，教师可以根据情况承担激发、维持热情和提升演唱水平等不同角色。当然也可以将幼儿在此活动中热情聚焦的作品转化为集体预成的音乐教育活动。当幼儿热情聚焦的歌曲内容有不适合幼儿发展的问题时，教师需要积极引导，不能放任自流，更不能推波助澜。

预成的集体歌唱活动根据作品的难度和幼儿实际发展水平需要有不同的组织实施方法。但非常重要原则是：教师需要引导幼儿学会认真倾听歌曲的"原型"，同时也需要引导幼儿学会监控自己的"再现"是否与"原型"一致，以及一致的程度如何。具体方法如下：

（1）如果歌曲的歌词比较困难理解和记忆，需用专门的程序和方法来帮助幼儿解决相关问题。

（2）如果歌曲的歌词不太难理解和记忆，最好使用动作等愉快游戏的方法，利用幼儿的无意注意，让幼儿慢慢自然学会唱整首歌曲。

（3）如果歌曲的结构比较复杂（包含几个不同段落），或者带有副歌部分，可以将歌曲拆分开来一部分一部分进行学习。

（4）幼儿歌曲一般不会太长，所以一般不用一句一句地教唱，以免影响整体审美情趣。对特殊困难的句子，教师可以反复带唱几遍。

二、歌唱活动的实践案例

教师需要准确把握本班幼儿的情况，灵活机智地找到引导的策略，有效地达到预设的目标。小班歌唱活动"小手拍拍"在确立了培养幼儿思维发散性目标的基础上，以层层递进，不断深入的方式开展教学。

▶**案例 8-1**

小班歌唱活动"小手拍拍"

（1）在开始部分完成后，教师用儿歌《小手拍拍》引入内容。

（2）教师念诵歌词，引导幼儿用手指出自己或同伴身体的不同部位，让幼儿在游戏中反复熟悉歌词及节奏。

（3）教师演唱歌曲，用同样的游戏方式，引导幼儿完整地熟悉歌曲。

（4）通过引导幼儿思考小手还能指出哪些不同的事物，反复进行歌曲练习。（这一步骤预设了三个层次的目标。）

● 在第一次的引导中，幼儿指出自己想编入歌曲的事物。由于教师开始的游戏是指人的身体部位，所以在启发幼儿指出其他事物的过程中，幼儿可能更多想到的是还没有被唱过的其他身体部位。

● 如果有幼儿唱到了其他内容，教师应马上肯定该幼儿，帮助其他幼儿打开思路。如果幼儿的思路没有打开，教师应做出示范，把不是身体部位的事物编进歌曲，帮助幼儿打开思路。

● 在教师的引导下，幼儿的思路可能还会有局限，比如只想到教室里的各种物品。此时教师需要再一次做出引导，让幼儿明白原来可以看到的物品都能被唱到歌里去。

（5）带领幼儿在绕圈拍手的行进中，不断创编歌词并演唱。

大班歌唱活动"小金鱼"属于"三段式"音乐教育活动，"三段式"音乐教育活动具有一定的科学性，值得我们继承和发展。但教师在实践操作中不能生搬硬套，而应该以开放、发展的眼光来进行实践，给予幼儿更多自由、自主的空间，促进幼儿的全面发展。

▶案例 8-2

大班歌唱活动 "小金鱼"

【作品分析与设计思路】

本次歌唱活动选取儿童歌曲《小金鱼》为活动歌曲，这首歌曲主基调温柔、充满爱，我根据本次活动所需进行了歌词改编，融入 "找图谱" 游戏、"爱心传递"、"猜声源" 三个游戏来引导幼儿进行歌曲学唱，体验同伴之间的友谊。本次活动的设计思路来自日本作家五味太郎创作的绘本《小金鱼逃走了》，绘本讲述了住在池塘的小金鱼有一个梦想，想要到大海里找朋友的故事。歌曲的歌词也根据绘本内容进行了改编。

【活动目标】

1. 通过聆听歌曲、为图谱排序，感受小金鱼从 "不开心" 到 "开心" 的情绪变化。

2. 熟悉歌曲曲调，理解歌词；尝试在稳定节拍下进行爱心传递，并用自己的方式演绎歌曲中 "小金鱼" 的情绪情感。

3. 在爱心传递游戏中，引导幼儿相互帮助，表达朋友之间的友爱之情。

【活动准备】

图谱 6 张；小金鱼眼罩 1 个；爱心图标 1 个。

【活动过程】

一、开始部分

幼儿复习演唱歌曲《春天和我捉迷藏》，根据歌曲幼儿跟唱并随乐自然摆动。

二、基础部分

1. 故事导入，创设情境叙述故事，引出歌曲内容：我是一条住在池塘里孤独的小金鱼，我非常非常不开心。你们知道什么是孤独吗？对，因为我没有朋友，非常孤独，我想要逃到大海里去找朋友。（教师唱第一遍，清唱。）

2. 学习歌曲，图谱排序

师：我想问问，在刚才我讲的故事里，我是一下子就游到大海里了吗？我最开始从哪里再到哪里再到大海里呢？（教师唱第二遍，第二遍加拍腿的动作。）

教师出示乱序的图谱：这是我讲的故事，能不能按照故事的顺序将这些图谱排一排呢？（教师唱第三遍。）

师：你们真是太棒啦，找到了池塘、小河，还有大海的图谱，那其他的图谱正确吗？我们一起听一听。也可以跟着我轻轻唱哦！（教师唱第四遍。）

（教师单独提出"游过来游过去"图谱）

师：谢谢你们帮助我，我太开心啦！看来我可以去找好朋友们啦！你们真是暖心的朋友，我想把这份爱心传递给更多的人，你们愿意和我一起传递爱心吗？

3."爱心传递"游戏（教师做"把爱，送给你"动作示范，并纠正动作错误的幼儿。）

师：我做了一个什么动作呀？对，我把爱传递给下一个小朋友，我们一起再来做一遍（幼师一边做一边唱）。

师：遇到了这么多好朋友！和他们打打招呼，原来来到了大海会有惊喜，我觉得好温暖！谢谢你们，给你们比心！

师：我们再传递一次，看看还有没有惊喜，好吗？因为我太开心了，这次我们加快点速度，好不好，那我们一起唱哦！（出示小鱼朋友ppt，并提示幼儿如果有不清楚的歌词可以看一下图谱。）

4.猜"声源"

（1）介绍游戏规则

师：谢谢你们帮助了我，现在我们都是好朋友。你们愿不愿意和我一起来做一个游戏？接下来我会请一个小朋友来当小金鱼，音乐开始，大家一起传递爱心。音乐结束谁拿着爱心，谁就对中间的小金鱼说"我是你的好朋友！"让小金鱼听声音猜猜好朋友是谁。

（2）提升游戏难度

师：你们真的太厉害了，一下子就猜出好朋友了。看来大家真的太有爱了！那怎么样可以让朋友不容易猜出你的声音呢？（改变声音）游戏结束，教师让参与游戏的幼儿互相拥抱，体验友谊。

三、结束部分

师：这首好听的歌曲你们知道叫什么名字吗？我们一起来演唱这首歌曲吧！幼儿演唱《小金鱼》并跟随音乐一边演唱一边创编动作，演唱结束后幼儿在钢琴伴奏中离开活动室。

【活动反思】

1.难度提升

在爱心传递游戏中，当幼儿稳定了节拍，教师可以根据幼儿的熟练程度，适当加入两人、三人同时传递爱心提升游戏难度。同时也可在猜声源的环节中，加大难度，如小金鱼要同时辨别两个小朋友的声音。

2.创造性表达

在最后的演唱环节可以加入歌词创编。例如，幼儿可以随意替换小

> 金鱼最后游到的地点（天空、花园、太空等）。
>
> （设计：陈欢、张昀）

第二节　随乐韵律活动的组织实施

一、随乐韵律活动的组织要点

随乐韵律活动依据结构化程度由低到高可以大致分为自发随乐韵律活动、音乐区角中的随乐韵律活动、生成的随乐韵律活动、预成的集体随乐韵律活动等四类。上述四类随乐韵律活动的组织实施均有各自不同的要点，下面进行简要介绍。

自发随乐韵律表演主要是幼儿自发玩弄自己身体部位或身体动作，熟悉随乐表演作品的"碎片"，或者由不同"动作碎片"重新组成的"新作品"；当然也经常是模仿现场的律动行为（教师、同伴或录音音乐中其他人的律动表演）。教师在面对这种活动时同样要慎重参与，如果教师的参与让幼儿感到不够安全，反而会阻断幼儿自我享受。

音乐区角中的随乐韵律活动一般是由教师特意创设的环境所引发的。但与歌唱活动不同的是，幼儿创造性地律动要比创编歌曲自如得多。教师如果能够提供更多适合幼儿模仿的视频材料，对幼儿自主学习会很有帮助。同样，教师在面对这种活动时需要慎重参与。当幼儿有意愿邀请教师观赏或参与的时候，教师也最好以同伴的身份参与。当然，如果幼儿主动邀请教师提供帮助，教师也应该尊重幼儿的意愿，并及时提供他们需要的帮助。

生成的随乐韵律活动幼儿期是动作思维和表达发展的关键时期，在平日的各种活动中，幼儿都可能产生热情聚焦的动作方式。教师应该对幼儿的动作兴趣、幼儿的动作创新或与动作表演有关的情境创新具有敏感性。一旦发生相关的事件，教师可以根据情况承担激发、维持热情和提升演唱水平等不同角色。当然也可将幼儿在此活动中热情聚焦的动作或动作情境或律动作品转化为集体预成的教育活动。当幼儿热情聚焦的动作表演内容有不适合幼儿发展的问题时，教师需要积极引导。

预成的集体随乐韵律活动一般可以分为两种类型：集体舞蹈和创造性律动。在集体舞蹈的学习过程中，幼儿除了需要面对音乐和动作的挑战以外，还需要面对空间安置和人际交往两方面的挑战。另外，作为一种团队性的集体活动，幼儿必须面对克制自己、服从大局的挑战。在创造性律动的学习过程中，幼儿需要更多地面对利用已经具有的各种经验即兴地使用自己的运动与音乐、他人以及物品（乐器或道具）和谐一致地表达某种主题。因此，自我组织、自我管理、自我创新是这类活动对幼儿核心挑战。对于这两种不同活动，教师的活动组织和活动设计实施原则也很是不相同的。具体方法如下：

（1）集体舞蹈一般需要动作和队形（队形变化）分开教授。

（2）熟悉音乐的时候需要采用舒适的坐姿，同时还需要同时随乐做一些简单的身体动作，不要仅仅采用聆听的方式熟悉音乐。

（3）如果音乐结构比较复杂，往往还需要采用生动有趣的图画来帮助幼儿感知。

（4）幼儿在队形中分辨左右往往是一个很大的困难。因此使用一些标示物，如左手带一个花环，往往可以减轻幼儿方向或方位识别的困难。

（5）创造性律动的重要核心之一是"故事"。故事能够提升幼儿表现的热情并帮助幼儿展开想象的丰富性、独创性和逻辑性。

（6）创造性律动的另一重要核心是身体运动的概念体系。如：身体有哪些部位，各部位可以做怎样的路线运动，各部位和各种运动可以怎样相互配合，身体可以怎样进行空间的移动，移动的路线是怎样的，自己的运动怎样与音乐配合，怎样与道具或乐舞配合，怎样与他人配合，怎样与具体独特的空间配合等。这些都是需要教师在引导幼儿尝试表达的时候逐步让幼儿了解的。

二、随乐韵律活动的实践案例

随乐韵律活动"爱跳舞的小红绳"属于"一杆子式"音乐教育活动。这种组织形式也遵循了循序渐进的原则，每一步都建立在幼儿已有经验的基础上，环环相扣，联系紧密，让幼儿在经验的探索、积累上不断叠加，有效地激发了幼儿主动面对新的挑战的自信。

▶案例 8-3

大班随乐韵律活动"爱跳舞的小红绳"

【设计意图】

《演艺人》是斯科特·乔普林的钢琴曲，该曲旋律富有个性、编配简单，又有轻松而幽默的爵士味，像是在讲述一个风趣搞笑的故事。如何帮助大班幼儿充分体会这首乐曲的曲风特点，激发幼儿的艺术表现力，是教师在设计这个活动时思考得最多的问题。活动借小红绳为律动材料，赋予绳子以生命，在情境故事中将灵活可操作的绳子和乐曲风格契合，鼓励幼儿在游戏中运用红绳创造不同的动作和造型。

整个乐曲分为 AB 两段，A 段是小红绳溜出家门的情境：前 12 小节是溜出去并被妈妈拉回来的情境，后 4 小节是成功溜出门的情境。B 段是小红绳高兴跳舞的情境。加入形象简单的图谱，可以将小红绳的动作形象化，帮助幼儿在玩绳子的游戏中更准确、更简单地理解音乐的结构，理解故事的发展，并在后期的创造中积累更多的艺术经验。

【活动目标】

1. 倾听音乐，尝试用绳子和身体动作表演故事情节，熟悉音乐的结构和动作顺序。

2. 能运用绳子长、软等特性创编不同的舞蹈动作，大胆想象、创编喜欢的个人造型和合作造型。

3. 在情境故事中感受故事情节的发展和人物情绪的变化，体验合作表演的快乐。

【活动准备】

音乐、PPT、小红绳、绘本。

【活动过程】

一、教师完整表演，幼儿初步了解故事的内容、动作和语言

1. 教师出示小红绳，调动幼儿的兴趣

教师指导语：今天来了一位新朋友，就藏在我的拳头里，你们使劲吹口气，它就会出现，它是谁？

2. 教师用小红绳完整表演，幼儿观察，初步感知音乐旋律

教师指导语：它要去干吗？我们一起看一看。

3. 教师在手背上画一扇门，加入情境性语言再次表演，幼儿再次观察，猜测故事情节

教师指导语：接下来小红绳要用一种特别的方式为你们表演它的故事。

二、幼儿用小红绳模仿表演，感知动作的顺序和节奏，在具体操作中熟悉故事情节

1. 教师出示小红绳，幼儿练习用小红绳表演

教师指导语：你们观察得真仔细，可是门太紧了，还有很多小红绳出不来，你们愿意帮帮它们吗？

2. 幼儿结合音乐表演

教师指导语：小红绳还会念咒语变造型，最后你想变出什么好看的造型呢？赶紧在门里藏起来，准备逃跑吧。

三、教师出示线条门，激发幼儿创编并表现不同的舞蹈动作

1. 教师出示线条门，幼儿观察舞会图片，跟随音乐自主创编并展示舞蹈动作

教师指导语：小红绳是舞蹈高手，会跳各种各样不同的舞，你会用身体和小红绳跳什么舞？来跟着音乐展示一下吧！

2. 教师引导幼儿观察模仿朋友的舞蹈动作

教师指导语：这两位朋友的舞蹈很有意思，你的舞叫什么名字？

3. 反思调整，激发幼儿尝试自主表现多维度和不同方向的舞蹈

教师指导语：谁还会跳和他们不一样的舞？跳两支舞哦，准备好了吗？请到舞台中央展示吧！

四、教师出示数字门，引导幼儿结伴舞蹈，合作做造型

1. 教师出示数字门，幼儿大胆猜故事情节

教师指导语：恭喜大家到了第二扇门，这是什么门？

2. 播放音频，幼儿一边听一边观察，尝试两两结伴表演和造型

教师指导语：它想跳双人舞，你们可以吗？两个朋友面对面，商量一下待会儿跳哪两支舞，两个人又可以做什么不一样的造型？

3. 教师请两名幼儿示范，分解动作，幼儿模仿同伴的舞蹈

教师指导语：可以为我们展示一下你们的双人舞吗？

4. 幼儿两两结伴表演，跳双人舞

教师指导语：谢谢你们，还有不一样的双人舞吗？请和好朋友面对面，展示一下你们优美的双人舞吧！

五、教师出示黑暗门，在幼儿对故事情节的好奇中结束活动

1. 教师出示黑暗门，引导幼儿猜想

教师指导语：我们终于到了最后一扇门——黑暗门，你们敢进去吗？

2. 出示绘本《爱跳舞的小红绳》

教师指导语：黑暗门里到底有什么？线索就藏在这本有趣的绘本里，想知道吗？那我们一起跳着舞去故事里寻找答案吧！

【活动评析】

1. 在游戏情境中关注幼儿艺术想象力和创造力发展

本活动借助游戏"门"营造出小红绳参与舞会的神秘情境，幼儿借助绳子道具用手指动作、身体动作表现出一个奇妙的故事。在这个过程中，无论是道具本身，还是闯关游戏门，都搭建了一个潜移默化的想象和创造支架，支持幼儿在快乐的情境中大胆观察、模仿，并创造出属于自己的个性化红绳动作。另外，从个人动作到双人动作，也呈现了幼儿律动动作发展的阶梯，他们需要在人际交往中感受合作完成律动动作、合作操控舞蹈道具的挑战和乐趣。

2. 后续活动设想

红绳在活动中是核心道具，但在后续环节中教师可以逐步尝试去掉红绳，鼓励幼儿将自己想象成红绳，进一步解放身体，用自己身体的各个部位再现小红绳的故事，这也是幼儿韵律动作学习与发展的深入路径，更多地把空间还给幼儿，支持他们更多元的创造和表现。

（设计：杨娟、叶曾琴；执教：叶曾琴）

第三节　奏乐活动的组织实施

奏乐活动依据结构化程度由低到高可以大致分为自发的奏乐活动、音乐区角中的奏乐活动、生成的奏乐活动、预成的集体奏乐活动等四类。上述四类奏乐活动的组织实施均有各自不同的要点，下面进行简要介绍。

自发的奏乐活动主要是幼儿自发探索怎样弄响一个物品，并利用物品的响声玩弄自己熟悉的歌曲、乐曲；音乐的"碎片"；或者由不同"音乐碎片"重新组成的"新作品"；当然也经常是模仿现场的奏乐行为（教师、同伴或录音音乐中其他人的演奏）。教师在面对这种活动时，需要慎重参与，以免阻断幼儿自我享受。

音乐区角中的奏乐活动一般由教师特意创设的环境所引发。在音乐区角中，教师应根据需要提供或更新多种玩具、乐器或可能替代乐器的物品。录音音乐中需要提供在具体教育活动中使用的音乐和节奏都比较鲜明的音乐。如果幼儿主动邀请教师提供帮助，教师也应该尊重幼儿的意愿，并及时提供他们需要的帮助。

生成的奏乐活动主要是依靠教师的敏感性。在平日的各种活动中，特别是观看有奏乐表演的影像资料时，都有可能使幼儿产生对音乐的热情聚焦事件。当然，把这些事件转化为预成的集体奏乐活动并不是一件容易的事情。

预成的集体奏乐活动根据作品的难度和幼儿实际发展水平需要有不同的组织。下面展示划分成更多教师预成的和更多幼儿创造性参与的介于两者中间三种情况：

第一种情况，教师使用预先设计好"身体动作总谱"或"语音总谱"或"图形总谱"的方式教授，帮助幼儿掌握配器布局的整体状况。然后组织幼儿分声部徒手练习，最后再组织幼儿用乐器演奏。有发展空间的作品还可以逐步提升配器的丰富性。

第二种情况，教师先组织幼儿集体创编"身体动作总谱"或"语音总谱"或"图形总谱"的节奏型，集体练习掌握节奏布局的整体状况。然后，教师再组织幼儿为各声部选择乐器和音色，接下来组织幼儿分声部徒手练习，掌握声部间相互配合的情况。最后组织幼儿用乐器演奏。

第三种情况，教师或幼儿先给出"故事或情境"，再组织幼儿一起为该情境创编动作表演，最后再选择乐器为动作"伴奏"。或反过来，教师先组织幼儿尝试用乐器来描述故事，然后为乐器所讲述的故事创编动作表演。

第四节 音乐欣赏活动的组织实施

音乐欣赏活动依据结构化程度由低到高可以大致分为自发音乐欣赏活动、音乐区角中的音乐欣赏活动、生成的音乐欣赏活动、预成的集体音乐欣赏活动等四类。上述四类音乐欣赏活动的组织实施均有各自不同的要点，下面进行简要介绍。

自发的音乐欣赏活动主要是幼儿在感受周围环境中的音响时，自发探索，利用不同的表达方式（舞蹈、哼唱、讲述、绘画、角色扮演），体验感受音乐的过程。教师指导时仍然需要慎重参与，以免阻断了幼儿自我享受。

音乐区角中的音乐欣赏活动一般是由教师特意创设的环境所引发的。首先，教师应在幼儿的一日生活中，为幼儿提供丰富的音响材料（音乐素材需多样化），这是引起区角音乐欣赏活动的首要保证。其次还应根据需要，不断提供或更新多种便于幼儿表演、自由表达的材料，引起幼儿自主进行音乐感受下的表现行为。教师在指导时，常作为观察者和参与者的角色参与活动，在活动中，应注意保持好自己的角色，蹲下来与幼儿在一起，与他们保持平等的关系。

生成的音乐欣赏活动主要是依靠教师的敏感性，及时关注幼儿热情的聚焦事件所产生的。

▶认识儿童

在平日的各种活动中（包括散步、郊游），幼儿经常会对周围环境中的特效音响或是最近生活中熟悉的音乐，产生热情和关注。教师要学会观察幼儿，运用正确的观念，思考并理解幼儿的行为，善于捕捉幼儿有意义的学习瞬间，及时引导幼儿生成有意义的学习活动。

预成的音乐欣赏活动组织和实施的原则，即采用幼儿能够接受的参与方式，让幼儿通过亲身实践来获得对该艺术作品和该种艺术表演形式的体验。在具体的组织实施过程中，教师应注意以下几点：

（1）教师应具备较强的专业素养。首先能够选择题材广泛、符合幼儿年龄特点、幼儿感兴趣的音乐素材，有时还需对音乐素材进行必要的剪辑；其次，能够比较专业的分析处理音乐材料；最后在实施过程中能够运用多种方式富于表现力的表达音乐。

（2）为帮助幼儿利用多通道的感官方式进行感知体验，教师在实施过程中应常采用语言材料、动作材料和视觉材料加以辅助。

（3）在实施过程中，教师应遵循儿童发展的年龄特点。由于小班的幼儿理解能力和运用多种方式进行自我表达的能力有限，于是在参与亲身实践时，多是以模仿感受为主。中、大班的幼儿已具备一定的理解和表达能力，教师在实施过程中，可以更多加入创造性表现的引导。

思考与实践

1. 下园观摩一次幼儿园集体音乐教育活动，观察并记录教师和幼儿在活动过程中的行为和语言，集体讨论：选择记录某个环节师幼互动的行为和语言，解读幼儿的行为和语言，分析教师组织实施活动的策略是否恰当。

2. 分小组，自主选择一个幼儿园音乐集体教育活动主题（可在本书案例中挑选），撰写教案，并尝试模拟组织一次幼儿园集体音乐教育活动。小组讨论：反思活动组织实施存在的问题，进一步构建适宜的活动方案。

3. 下园观摩幼儿园一日生活中音乐活动开展的情况，重点观察区角活动中的音乐活动、户外的音乐活动，并做观察记录。

推荐读物

[1] 陈鹤琴. 陈鹤琴教育思想读本·儿童音乐教育 [M]. 南京：南京师范大学出版社，2013.

该书分为两部分：第一部分是儿童的音乐教育；第二部分是儿童音乐教材。前者汇集了陈鹤琴先生对于幼儿园进行音乐教育的著述；后者选编 20 世纪三四十年代出版的《世界儿童歌曲（上下册）》《世界儿童歌曲集》部分曲目。该书收录了由陈鹤琴等人翻译美国心理学家弗里曼《音乐：知觉性的学习》一文，建议学习者重点阅读该文中让儿童的音乐生活化的相关部分。

[2] 侯莉敏. 幼儿园课程与教学理论 [M]. 北京：高等教育出版社，2016.

该书主要包括掌握课程与教学方面的基础知识，可以帮助幼儿园教师认识和理解幼儿园课程与教学的性质和特点，较系统地了解编制幼儿园课程的基本原则和基本内容为理论目标；以掌握幼儿园课程编制的基本方法与步骤，学习制订课程目标、选择课程内容、组织实施与评价课程与教学活动为实践目标。本书旨在帮助学生理解幼儿园课程与教学的内涵、特点、理论基础及课程编制原理，掌握幼儿园教育活动的设计与实施及幼儿园课程资源的开发与利用，了解当下课程改革发展历程及趋向。建议学习者重点阅读该书第五章。

[3] 朱家雄. 幼儿园教育活动设计与实施 [M]. 2 版. 北京：高等教育出版社，2015.

该书从幼儿园不同结构化程度的教育活动和幼儿园各学科（领域）的教育活动两个维度，详细陈述了幼儿园教育活动的设计和实施，论述了幼儿园课程与教育活动的关系，阐述了幼儿园教育活动的选择和组合等问题。建议学习者重点阅读第三章"不同结构化程度的幼儿园教育活动的设计"。

第九章　幼儿园音乐教育评价

本章提要

本章主要从两个方面展开：第一节先从整体上对幼儿音乐教育活动评价的理念、内容和方法进行分析、阐述；第二节再从幼儿个体音乐学习的角度进行现状分析，包括对幼儿音乐学习过程、幼儿音乐能力发展状况、幼儿学习能力及个性社会性发展等多方面的评价。

学习目标

1. 了解幼儿园音乐教育的评价内容、评价方法以及评价的意义。
2. 了解幼儿园音乐教育活动的评价理论。
3. 学会评价幼儿园音乐教育活动。

第一节　幼儿园音乐教育活动的评价

《幼儿园教育指导纲要（试行）》明确指出，幼儿园进行艺术教育的目的在于使幼儿初步感受并喜爱环境、生活和艺术中的美。幼儿园应为幼儿提供健康、丰富的生活和活动环境，满足他们多方面发展的需要，使他们在快乐的童年生活中获得有益于身心发展的经验。幼儿园音乐教育评价是对幼儿音乐教育的适宜性、有效性及价值取向性进行了解、把握，继而对其音乐教育工作进行调整和改进的过程，是对幼儿园艺术教育的作用、价值作出判断的过程。它对幼儿园音乐教育活动的实施起着重要的导向作用，也是幼儿园整体教育工作的一个重要组成部分。

很显然，幼儿园音乐教育评价是以学前儿童为对象，对其音乐教育方面的效用给予价值上的一种整体的判断。它不仅包括对幼儿音乐学习结果和发展状况的测量和评价，而且是对幼儿园音乐教育活动本身的价值以及音乐教育活动中教师的观念、态度、价值观和活动设计、组织形式、教学目标、师幼互动等一系列教育活动信息的判断和评定过程。但由于价值取向的不同，目前幼儿园音乐教育评价依然存在着两种倾向：一种是过度关注幼儿学习和掌握音乐知识技能而忽略幼儿情感体验，评价更多的是考察课程实施的结果，具体表现在评价中关注对每学期所规定的完成情况以及幼儿对音乐知识技能掌握的数量，一般以幼儿学会的作品多少、掌握的准确与否作为衡量教师教育工作质量的标准，并且把这个评价结果作为教师本人学期考核及评优的依据之一。这样过度地关注幼儿学习和掌握音乐知识技能而忽略幼儿情感体验的评价所起的导向作用，会使教师们在音乐教育过程中努力去追求幼儿对作品的熟练掌握而忽略幼儿在音乐活动中的兴趣和需要，导致了情感教育等其他教育价值的流失。另一种则完全从幼儿的兴趣出发而忽视基本的音乐知识技能的学习，仅仅关注幼儿在音乐教育活动中的情绪是否愉快，并以此作为衡量音乐教育的价值的唯一标准。具体表现为：幼儿参与音乐活动时只要表现得积极、自由投入，至于唱得是否准确、声音好听与否、节奏感是否把握无所谓。这样看来似乎是关注了音乐教育的情感教育价值，但是，这样的音乐教育评价势必导致音乐的学科性质的丧失。这种评价所起的作用会误导教师在音乐教育过程中忽略幼儿音乐能力的发展，导致音乐学科价值的流失。以上两种倾向，显然是对艺术领域教育目标的理解不够全面所导致的。

如何在幼儿园音乐教育中既能够实现情感教育的价值，同时又不导致音乐教育本身学科价值的流失呢？显然，只有对艺术教育目标进行深入理解、准确把握，才能使评价对音乐教育有效性的导向作用得到有效的发挥，才能真正实现艺术教育对幼儿身心发展的全部价值。

一、幼儿园音乐教育活动的评价内容

幼儿园音乐教育活动的评价内容，主要是通过对音乐教育活动的设计和实施过程的判定，来甄别幼儿是否能够获得基本的艺术感知能力，音乐教育活动是否能围绕艺术领域教育目标来进行。因而，我们大致可以从两个方面来评价幼儿园的音乐教育活动，即对幼儿艺术感受能力的培养和幼儿园音乐教育活动的实施。

（一）幼儿艺术感受能力的培养是实现艺术领域教育目标的关键

1. 音乐教育情感价值的实现可以促进幼儿艺术感受能力的形成

就特征而言，音乐本身是一种极富感染力的情感语言，它能启发幼儿充满激情和幻想，音乐本身的愉悦性、开放性、自主性的特性，可以使幼儿充分感受自我表达的快乐，而这种快乐体验会激发他们更加积极地投身于音乐活动之中，有利于幼儿在自主表达的同时提高音乐感受力。《纲要》艺术领域教育目标第一条就是，能初步感受并喜爱环境、生活和艺术中的美。从审美过程来看，感受都是理解、想象和情感活动的基础，是审美活动的开端，在审美活动中具有重要作用。对于幼儿来说，具有感知音乐的能力可以丰富他们的审美经验，产生积极的情绪体验，有利于形成他们积极的情感态度。比如在音乐形式的艺术活动中，音乐作品所表现的感人的艺术形象是依靠音乐的旋律、节奏、力度、速度等表现手段来完成的。只有让幼儿充分感知各种音乐表现手段在作品中所表达的审美含义，才可以丰富他们的音乐体验和审美经验，才能够使他们成为有欣赏力的享用音乐作品的人。同时，音乐艺术所具有的独特感染力也很容易引起幼儿的注意和兴趣，从而产生轻松、愉快、乐观的情绪，这对于促进他们身心的健康的和谐发展有着重要的作用。《纲要》在艺术领域的三个目标中都提出了有关情感态度的要求，突出了幼儿时期艺术活动的情感教育价值取向。这是因为，富有感染力的艺术活动会更有利于幼儿形成对"美"的感受能力。

2. 关注幼儿的感知、想象与表达与交流等是实现艺术教育目标的途径

音乐艺术是一门既感性又理性的学科。虽然人人都会在生活中接触到音乐，但并不是每个人都能够进入到音乐享受之中的。欣赏音乐艺术需要有"音乐感的耳朵"，即有旋律感、节奏感，而这些大多是通过后天的音乐教育培养出来的。由于感知是一切审美活动的起点，没有感知就谈不上审美、想象和联想，所以在幼儿时期就应该更多地丰富幼儿音乐经验，使他们对音乐具有敏感的感知和理解力，这对于他们成年以后欣赏音乐作品十分有利。为此，在幼儿时期实施音乐教育，不可忽视音乐教育本身的学科价值，应该把幼儿是否能够感受到音乐的旋律、节奏、力度、速度等表现手段，是否能够初步体验到音乐所表达的形象、性质、特点，即能否具有感知与体验音乐的能力作为音乐教育评价的内容之一。

音乐往往是"听之于耳，感之于心"，以其富有感染力的情感语言引发人们丰富的想象，而想象是创造思维的核心。在幼儿时期，想象的产生除了头脑中的记忆表象以外，伴随感知的过程的审美愉悦可以使幼儿产生超越作品的自身、超越时空的联想和想象。由此引发的探究活动，可以使幼儿体验探索和创新的喜悦，形成他们的创造性素质。艺术不仅是一个全面发展的人的基本素养，也是一种个人独特的表达方式。表达与交流是感知与体验、想象与创造的集中体现，它可以反映出人们的审美情趣和艺术能力。幼儿在对美的感知与体验的基础上，用自己喜欢的方式去表达、与同伴共同分享感知音乐的乐趣和探究的快乐，这对于他们成长为适应未来社会的人是非常重要的。为此，幼儿在音乐活动中所表现出来的想象与联想的能力、表达与交流的能力都应该成为幼儿音乐教育评价的重要组成部分。

（二）幼儿园音乐教育活动的有效实施是实现艺术教育目标的保障

1. 活动目标的评价

幼儿园艺术教育活动目标是在全面理解《纲要》艺术领域目标的前提下，由教师按照一定的发展阶段的教育要求和幼儿自身的需要制定的一种对活动结果的期望。幼儿园音乐教育的目标体系是一个完整有序的统一体，每一个活动目标都是总目标和年龄阶段目标的具体化。一般对于活动目标的评价应该包括三个方面：一是具体的音乐活动目标与艺术教育的总目标、年龄阶段目标以及学习单元目标是否有内在的逻辑关系；二是活动目标的设计是否达到了知识与技能（音乐语言）、过程与方法（操作方法）和情感态度与价值观（情感体验）三个层面的要求；三是活动目标的确立是否与幼儿的实际需要（年龄阶段特点）相适宜。

评价幼儿园音乐活动目标时，我们要注意关注以下方面：第一，活动目标中教师对音乐材料所蕴含的音乐或舞蹈的知识与技能及其审美含义的分析是否到位；第二，教师面对音乐活动中具体的材料是如何促进幼儿学习能力发展的；第三，在活动目标的撰写和设计中，价值观和社会性发展的目标是否仅仅泛泛而谈，无法在教育活动中体现出来。

▶ 案例 9-1

小班随乐韵律活动"手的舞会"的活动目标

（1）通过让幼儿感受乐曲的节奏，培养他们的音乐能力；

（2）启发幼儿创编出形式多样的手指动作，激发想象力；

（3）培养幼儿乐于参与艺术活动，培养自我表达能力。

分析与修改：这个活动目标显示了教师作为活动行为发出的主体，但是从目标的陈述上很难看出教师将通过什么具体的措施完成对幼儿音乐能力的培养。很多时候，教师在撰写活动目标时并不清楚采用什么样的活动才能让幼儿有效地达成目标的要求。因此，这种目标很难在活动中落实，也无法帮助教师评价幼儿在教育活动中的反应与教育活动的安排是否合理。可以对其做如下修改：

（1）帮助幼儿熟悉音乐，通过感受乐曲节奏快慢，让幼儿随速度变化舞动手指；

（2）引导幼儿根据音乐的不同风格，能够在聆听音乐时创编出形式多样的手指动作；

（3）注意观察别人的手指动作，并吸收他人的优点，和其他幼儿一起表演，体会合作的乐趣。

2. 活动内容的评价

幼儿园艺术教育活动的内容是实现艺术活动目标的中介。评价的重点在于对音乐教育活动内容的选择和设计组织两个方面。

由于音乐教育活动内容、材料的选择与环境、幼儿的实际情况是相互影响和制约的，因此，在评价活动内容的时候，教师必须考虑各个相关因素，从活动的整体效果来评价各个因素之间协调的合理性。这里，首先要保证活动内容与幼儿园艺术教育的总体目标的一致性；其次，它应该与音乐教育所涉及的范围、领域相一致，应该符合幼儿能力发展的阶段性要求。

对于音乐教育活动内容的设计和组织，教师要关注活动内容各部分之间的过渡、衔接和组织安排是否流畅，活动内容各个部分所占的比例是否合理，活动难点和重点是否突出，活动目标是否明确等。

3. 活动方法的评价

活动方法是实现活动目标的基本手段和途径。它是通过教学方法和学习方法的双向互动得以展开的。活动方法的评价主要表现在四个方面：一是活动方法的选择和运用是否与活动目标和内容相适应；二是活动方法的选择和运用是否符合儿童发年龄特点和接受能力；三是活动方法的选择和运用是否强调并体现了儿童的主体性和自主性；四是活动方法的选择和运用是否能够有机地与音乐活动的设计以及教学环境、设施相联系。

4. 活动过程的评价

音乐活动过程主要指活动中师幼相互作用的过程。它也是一个综合而复杂的动态过程，涉及教师、幼儿及其他各方面。为了更好地促进音乐活动的实施，这里评价的对象主要是教师在音乐教育活动中的行为。评价教师在音乐教育活动中的行为可以从以下几个方面着手：

（1）教师的行为表现。这里主要指教师的精神面貌、教态，在教育活动中是否亲切自然、热情饱满，能否做到讲解清晰、示范准确，是否善于调动儿童的兴趣和积极性，并有效地激发儿童进行自主的学习和独立的思考。

（2）教师的指导。对于教师教学指导的评价主要是关注教师是否合理地安排了集体活动、合作活动以及个别活动等多种组合与变化，是否关注了不同活动中对幼儿音乐学习及相互交往的影响，活动安排和组织是否紧凑、有序，各个环节之间能否呈现出层次性、系列性和逻辑性，以及教师能否根据幼儿的实际情况灵活调整教育活动的目标和预设的活动计划。这里特别强调的一点是，教师在教育活动中对幼儿在不同阶段的反应作出的评价对于活动目标的达成有着重大意义。

（3）教师在活动过程中的角色。主要关注教师在活动中是否为幼儿创设了适宜互动的活动环境，以引导幼儿进行积极、主动的学习，能否将教学目标巧妙地体现在活动设计之中，在活动中能否为幼儿的情感交流与沟通创造机会和条件等。

5. 活动效果的评价

活动效果在此主要是指在音乐教育活动中幼儿的行为表现反映出来的教育效果，其中主要包括：幼儿参与活动的主动性、积极性是否高涨；幼儿的情绪是否振奋、愉快、轻松、自然；幼儿的注意力是否集中，在活动过程中情绪是否饱满；活动预期幼儿掌握的知识、技能是否达成；等等。

幼儿园音乐教育活动的评价就是评价主体（主要有家长、教师、园长、幼教专家、幼儿及社会各界人士等）为了实现一定的教育目的，对整个活动过程、场景进行判断、修正、反思所持的价值取向。不同的幼儿音乐教育评价取向支配或决定着评价主体采取不同的评价方式。幼儿园音乐教育活动的开展是一个极富表现性的动态生成的过程。我们不能只关注静态目标的达成情况，还应关注活动过程中课程的动态生成；不能仅关注客体（活动内容、材料的提供等）的呈现状况，还应用发展的眼光关注主体（幼儿、教师）在活动过程中独特的、个性化并富有创造性的体验和感悟。这正是我们在进行幼儿园音乐教育评价时所遵循是基本原则。因此，树立科学的幼儿园音乐教育评价观念是提升幼儿园音乐教育评价有效性的基础和前提。

二、幼儿园音乐教育活动的评价方法

《纲要》第四部分将幼儿园教育评价的功能界定为"了解教育的适宜性、有效性，调整和改进工作，促进每一个幼儿发展，提高教育质量的必要手段"。《纲要》还指出：评价的过程，是教师运用专业知识审视教育实践，发现、分析、研究、解决问题的过程，也是其自我成长的重要途径。概括地说，幼儿园音乐教育进行评价具有四个功能：促进每个幼儿的发展，促进幼儿音乐教师的专业成长，提升幼儿音乐教学功能的实效性，促进幼儿音乐课程本身的发展。幼儿园音乐教育活动中的评价方法有很多，下面从不同的角度作简要的介绍。

（一）从评价性质分为量化评价和质性评价

所谓量化评价，就是在教育活动过程中，把学生以及学生的学习情况，通过观察，客观地记录下来，形成的一些数据和量表，并进行分析。这种强调客观和量化特征的"科学"评价方法，在实践中经常显得"束手无策"。原因在于，这种运用分析的方法对幼儿及其表现进行分解和量化的方法，虽然对于幼儿发展领域的简单问题可以通过技术性的方法来解决，但是这种评价方法没有把幼儿的整体发展作为观照对象，而幼儿的发展更多是具有复杂性和不确定性的问题，例如幼儿的兴趣、需要、情感、价值、社会性等复杂的、难以量化的一些复杂问题仅靠实证主义的定量方法必然是无法解决的。

所谓质性评价，强调的是评价者和被评价者的积极参与和互动，而且评价者必须用多种视角和多种观点，用文字描述的方式，记录和分析被评价者的行为意义和独特体验。这种质的研究关注过程而不关注结果，不以知识获得的多少为标准，是一种动态而非静态的评价方法。在质性评价中，教师只有理解了幼儿的思想、感情、价值观和知觉规则，才可能理解幼儿具体外显的行为。在评价过程中，教师更多的是一个倾听者、发现者、互动者。评价者只有通过"质"的方法，通过与幼儿进行长期的交往与倾听，才能获得幼儿真实而完整、丰富而不断变化的个人话语，从而更准确地把握幼儿的个人意义建构，走进幼儿真实的价值世界，并最终促进幼儿主动而持续的成长与发展。

（二）从评价方式分为随机性评价和终结性评价

随机性评价是融汇于整个音乐活动之中，根据活动过程中出现的问题和幼儿的反应进行的评价。它的适用范围不仅针对教育过程还针对幼儿的学习态度和情感。随机性评价不是在音乐教育活动结束的时候进行的，而是和整个活动过程有机地融为一体，随时捕捉和分析幼儿在活动过程中的一个个片段，对活动中幼儿的反应随时予以鼓励和纠正，同时也对教育活动进行适应性调整。

终结性评价用于活动过程结束的时候，是为了总结幼儿在音乐教育活动中学到的内容以及表现。这种评价与教师所设置的教学任务、活动目标密切相关。终结性评价的优点在于可以帮助幼儿在活动结束的时候再一次回顾所学习的内容，但不足之处是过于简单地处理了活动过程中出现的问题，不能及时对幼儿的最近发展区作出反应。

（三）从评价者的角度分为自我评价和同行评价

在幼儿园音乐教育中，这两种情况通常是结合在一起的。实践证明，积极的自我评价和客观善意的同行评价有助于教师获得可持续发展能力。特别是对于缺乏经验的新教师，具有良好自我反省的习惯和获得他人的教育经验，能更快促进教育水平的提高。

综上所述，幼儿园音乐教育评价应关注幼儿一生的可持续发展而非一时的表现，应全方位地关注整个教育活动所涉及的各种要素的协调分配而非某一方面的体现。这就要求评价主体在进行评价时，应注意方法的多元化，不能仅用一种方法来进行评价。随着幼儿园课程改革的不断推进，音乐教育活动更多采用了质性评价。首先，对幼儿园音乐教育评价的方法可以采用观察记录法，通过平时的事件观察（幼儿在日常生活中用音乐来表现自己的情感）、时间观察（定期观察幼儿在音乐方面的表现）、随机观察（根据自身时间的调整随机抽查幼儿的音乐表现）等，将收集的资料与同行或专家交流讨论，解读幼儿的音乐行为能力，科学地判断幼儿音乐潜能的个体差异，因人制宜地制订出在每个幼儿最近发展区内的音乐发展计划，让每个幼儿都能在自己原有的水平上有所发展。其次，对幼儿园音乐教育进行评价时，主张多元主体的共同参与。由于不同主体的知识经验、社会阅历不一样，他们在看待同一事物时，会看到事物的不同侧面，看到幼儿表现的不同意义，有着不同的理解和解读。这有利于我们更全面地分析教学，提升教师的专业素养。例如同行可能更多的是从活动是否符合幼儿教育教学的规律的角度去评价；而幼儿心理专家则可能更多的是从活动目标的确定、内容的选择与组织实施是否符合幼儿的心理发展特点和规律的角度去评价；家长则可能更多的是从关注幼儿的发展变化的角度去评价。从不同侧面反映音乐教育活动的开展情况，更全面地帮助教师进行分析和反思，可以激发教师的创新意识和能力，提升教师的教育实践智慧。

幼儿发展评价要求多视角看问题，倡导评价方法的多元化，如定性评价和定量评价相结合，绝对评价和相对评价相结合，诊断性评价、形成性评价和终结性评价相结合等，体现出评价的个性、差异性和异质性。

三、幼儿园音乐教育评价的注意事项

（一）音乐教育评价的内容应全面多样

对幼儿音乐教育进行评价的内容应该全面，不能只看某一方面是否达成，这要求各评价主体应树立一种"大评价观"。大评价观并非指对音乐教学活动的方方面面都进行说明、判断及修正，而是指根据具体场景进行具体分析。它主要可以从以下几方面展开：首先，凡是具有教育意义和价值的结果，无论是否与预定目标相符，都应该得到肯定和支持。评价主体应把教师和幼儿在幼儿音乐课程开发、实施及活动开展过程中的全面情况都纳入评价的范围，强调评价者与具体教育情境的交互作用；注重幼儿参与的积极主动性，关注活动后幼儿在日常生活、学习过程中的各种变化和发展，而不只是强调活动开展后幼儿的显性学习结果、预定目标的实现程度。其次，应关注教师、幼儿与各文本的"对话"，主要是与环境、材料、教材等客观文本的交互作用。正如解构主义所描述：同一文本，不同的人进行解读，甚至同一主体在不同时期进行解读，就会有不一样的感悟、不一样的理解。即便对同一材料，因不同主体的知识经验、生活阅历的不同，在进行解读时就会出现不同的效果，相应的就会出现个体独特而富有个性化、创造性的镜像。主体对文本的解读，正是在这种个体独特并富有创造性的思想的碰撞中摩擦出创新效果。因此，不仅要关注幼儿的个性化的发展变化，还要注重教师对文本独特并富有创造性的展现，关注教师、幼儿在与各种文本的"对话"过程中所产生的共鸣。再者，评价主体不仅要关注活动内容的选择是否符合真、善、美的标准，更重要的是应关注教师的教育教学观是否正确、科学以及活动开展后相关内容在幼儿实际生活中是否适用，是否有利于促进幼儿的身心健康、协调发展。因此，评价主体在对幼儿音乐教学进行评价时，评价的内容应全面，不应只关注某一方面是否达成，防止导致评价目的负向偏离。

（二）音乐教育评价的方式应具体化

幼儿音乐教育评价方式的具体化包括两层含义：一是幼儿教育的专家或园长评价幼儿园教师的活动表现应具体化，二是教师对幼儿在活动中的各种表现的评价应具体化。幼儿教育专家在观摩幼儿园的教学实践活动时，经常会对活动进行诊断、修正，但很多时候他们并非很客观地进行评价，更多的是说明活动的优点，而很少对活动的不足方面进行评价。或只有很笼统、模糊的表述，诸如"你的活动还不错，气氛很活跃，幼儿参与还行，但是幼儿的想象力和创造力没有得到很好的发挥和体现……"等。只有将"怎么样更好地发挥幼儿的想象力和创造力？""在幼儿音乐方面，哪些行为能够说明幼儿的想象力和创造力得以发挥？"等问题具体化，才能给教师一些具体地启发和引导，从而激发教师的创新意识，促使其设计独特、个性化的幼儿音乐教学活动，采用更多创新性的方法引导幼儿的发展。教师根据幼儿在音乐活动进程中的表现做出的回馈应具体化，以便幼儿有个具体的形象可以参考。

▶认识儿童

在幼儿音乐教学活动过程中，教师通常对幼儿音乐表现的即时评价都是"唱得真好！""你真棒！""啊！比上次有进步！"这样笼统的评价方式对幼儿发展的启发、引导的意义和价值在哪儿？幼儿的音乐表现到底"好"在哪里？"棒"在哪里？哪些行为说明幼儿表现"好"和"棒"？进步在哪里？是声音更好听了，还是节奏更稳了？幼儿并不清楚。时间一久，幼儿就会厌倦，感觉乏味无趣，甚至对教师的音乐活动置之不理。若巧妙地运用幼儿感兴趣的角色或事物进行具体化的评价，不但可以提高评价的有效性，而且可以让幼儿亲身体验具体的变化。只有评价既具体又形象，让幼儿明确地知道好在哪里，在教师的点评中认识到自己在音乐表现中的优点和不足，幼儿才能在模仿、反思、交流的过程中提升自身的音乐表现能力和音乐素养。

第二节　幼儿音乐学习的评价

幼儿音乐学习的评价主要包括对幼儿音乐学习过程的评价，以及对幼儿音乐能力发展状况的评价。除此之外，对幼儿学习能力、个性、社会性发展状况的评价也有助于幼儿园教师进一步把握幼儿音乐学习的特点，更好地开展幼儿园音乐教育活动。

一、对幼儿音乐学习过程的评价

《纲要》下的教育教学活动以幼儿在课堂上的自主合作、探索为主，关注的不再是教师的表现，而是师幼互动、幼儿的参与情况，这一点是极为重要的。教育活动应该是师幼互动、心灵对话的舞台。参与，意味着相互建构，它不仅是一种教学方式，更是弥漫、充盈于师生之间的一种教育情境和精神氛围；参与，意味着心态的开放、主动性的凸现、个性的彰显、创造性的解放。让幼儿参与到活动中来，关键的是调动幼儿的思维参与状态，引发幼儿心理上的认知冲突，并观察幼儿是否都参与到教育活动中了，是否参与了教育活动的各个环节。幼儿是被动地、应付地学习，还是积极主动地探索等方面，都是音乐教育活动的评价标准之一。因而，音乐学习过程对幼儿音乐能力的培养和提高尤为重要。传统教学在教育过程中主要的精力和时间是在研究教材：准备使用什么教材？如何把自己准备好的材料信息分在每一周、每一天教给幼儿？这些全都是教师预先制定、事先设想好的，而对于幼儿可能会出现的反应、问题全凭教师自己的想法和经验加以假设，这样就使幼儿成了知识的被动接受者。而现在，一切正在悄悄改变，不光要研究教师怎么教，而且要研究幼儿学会学习的方法。表面上热闹、实际没有引起幼儿多少思维火花的活动不能算是一个成功的教育活动。所以说，音乐教育活动的评价已经将重心从教师的"教"转向幼儿的"学"，转向了对幼儿学习过程的关注，转向了教育的主体——幼儿身上来。

对幼儿学习过程的评价应从两个角度进行：一是教师对幼儿学习过程的评价；二是引导幼儿进行自我评价和相互评价。

（一）音乐活动中教师对幼儿学习过程的评价

音乐活动中教师对幼儿的行为和反应作出及时的评价对于幼儿学习兴趣的提

高和探究性学习能力的培养有着非常重要的作用。很多时候教师在教育活动实施的过程中将注意力多放在了预设教育计划完成的情况上，忽视了对幼儿学习的反馈。很多时候，幼儿并不知道自己的行为与音乐的配合有什么不到位的地方。教师可以通过真诚的评价来帮助幼儿进行反思。例如，当幼儿随着音乐作出各种动作时，教师的评价不能直说"好""非常好"等笼统的评价，而应该根据幼儿的表现鼓励他们说说为什么要这样做，如果说不出来，教师可以帮助幼儿联想。例如，在一次中班的幼儿园音乐教育活动中，本来教师的预设是让幼儿自己选择乐器铺设不同的小路，伴随音乐节拍在自己铺设的路上走。一个幼儿把许多带把的小铃铛摆在地上，说这是一片小草地，聪明的教师很快就根据幼儿的这一回答提醒所有的孩子，经过草地时应该怎么走，将音乐中速度较慢的地方放在经过这段路的时候。这样不仅提高了幼儿的表现力和创造力，也让他们有了反思自己行为的机会。

（二）引导幼儿进行自我评价和相互评价

自我评价能力的发展是学习能力发展的重要指标，在音乐活动中帮助幼儿建立良好的自我评价意识，能够让幼儿的学习效率大大提高。例如，在大班集体韵律活动"牛仔很忙"中，教师首先教幼儿学习"找朋友"（这个游戏是孩子们非常熟悉的）的游戏。在学习的过程中，教师先做示范，然后邀请一个幼儿来做第一个找朋友的人。当幼儿出现错误游戏进行不下去时，教师没有马上告诉大家应该怎样纠正而是让所有参与游戏的幼儿一起停下来，讨论为什么会出错，教师是怎样做的，小朋友的错误在哪里以及如何纠正。幼儿在相互讨论中很快找到错误，游戏继续了。虽然活动的进程看似被打断，但是幼儿可以从这样的自我评价和相互评价中，找到学习的方法。

引导幼儿在音乐活动中进行自我评价和相互评价，教师需要注意以下几个方面：

1. 在活动中创造让幼儿自评和互评的机会

任何能力的形成都离不开实践。如果把评价作为教学的一部分，教师在活动过程中，就应该经常让幼儿参与对自己和同伴行为表现的讨论，并给予适当的引导，帮助幼儿逐渐学会自评和互评。

2. 帮助幼儿获得评价的积极体验

幼儿在音乐活动中获得评价的积极体验，能够促进他们主动建立和发展评价的意识。幼儿在这样的锻炼中会逐渐明白自己应该怎样努力、怎样想、怎样做，从而成为学习的主人。这样的评价是逐渐将教师教的策略转化为幼儿学的策略的最好途径。

3. 帮助幼儿不断提高评价的能力

音乐学科知识的学习和评价指标体系的建立，是在学习的过程中不断发展起来的。在学习的过程中，教师可以为幼儿提供很多观点，同时还要引导幼儿说出自己的看法。教师可以采用一些有效的策略，如将幼儿的声音或动作录制下来，回放给幼儿；遇到困难时将活动暂时停下来，组织幼儿进行讨论等。但需要注意的是，幼儿在自评和互评的时候态度要真诚，不做损害他人人格的评价，要关注评价能否让他人感受到尊重和鼓励，这样才有利于幼儿评价能力真正的发展。

二、对幼儿音乐能力发展状况的评价

我们一般能够通过观察、谈话、问卷和测试等方法对幼儿音乐能力的发展作出相应的评价。除此之外，由音乐教育的专家学者以及权威机构制定的幼儿音乐能力发展的标准化测量工具和测验，也可以为我们了解和评价幼儿音乐能力发展倾向和水平提供有价值的参考。下面简要介绍三种具有代表性的幼儿音乐能力发展的测量工具或测验。

（一）《初级音乐表象测量》（幼儿园至小学 3 年级儿童）

美国音乐教育家和心理学家埃德温·戈登在 1965 年出版了他的第一套《音乐才能测量》后，又于 1979 年出版了一套特别针对更年幼测验对象的测验手册——《初级音乐表象测量》，并由此提出在年幼儿童音乐能力发展倾向测验中更强调的是"直觉反应"和"表象"在音乐能力发展中的重要性。

这套《初级音乐表象测量》测验手册包括两个子测验——音调测验和节奏测验。每个子测验包括 40 个测量项目。在音调测验中，测量项目是成对的音序列，每个音序列由 2~5 个时值相等的音组成。成对的音序列或完全相同，或改变其中一个音。在节奏测验中，测量项目是由音高相同的音组成的成对的节奏型。它们有的完全相同，有的拍子或音群的组织不同。所有的测量项目均为电子合成，每个测量项目在播放时中间间隔 5 s。测验的任务是要求幼儿听辨这些成对的片段中第一个和第二个是相同还是不同。为了便于学龄前儿童回答测验的问题，戈登还特别设计了一些幼儿熟悉的物品图形，如汽车、汤匙、帽子、船等，用来代表各个测量项目；同时他还设计了笑脸和皱眉面孔的图形，供幼儿选答；若测量项目中成对的片段相同，幼儿就在两个同样的笑脸图形上画圈；如果不同，就在一个笑脸和一个皱眉面孔上画圈。

戈登的《初级音乐表象测量》关注幼儿的直觉反应和表象，并以此两方面来组织和设计测验的项目及材料。因此，通过测量，教师既能了解到幼儿这两种能力发展的天生潜能，同时也能为幼儿这两种能力的发展寻找更好的音乐材料。

（二）《儿童音乐能力诊断测验》

《儿童音乐能力诊断测验》是一个由日本音乐心理研究所编制的标准化测验工具。该测验的适应对象为 4—7 岁的学前儿童。测验材料及指导语全部采用录音播放的方式提供给儿童。另外，该测验采用的是书面选择答题的方式，答题册上所有内容均用形象直观的图画呈示，且画面精美，富于童趣。儿童答题仅需根据判断画圈或打叉。因此，这套工具可以在大面积的集体测量、评价工作中使用。

测验工具包括五个部分：

第一部分：强弱听辨——1道例题和4道测试题。每题1分，共4分。每题由1对音量不同的音乐片段组成。要求被试听辨并指出各组中音量较强的那个片段，并在相应形象下的方格内画圈。

第二部分：节奏听辨——1道例题和4道测试题。每题1分，共4分。每题由1对鼓声节奏组成。要求被试听辨并指出各组中的1对鼓声节奏之间是相同还是不同。若相同便在相应形象下的方格内画圈，否则打叉。

第三部分：高低听辨——2道例题和8道测试题。每题0.5分，共4分。前4道测试题由1对单音组成，后4道测试题由一对音乐片段组成。要求被试听辨并指出各组中的单音或音乐片段中较高的1个，并在相应形象下的方格内画圈。

第四部分：音色听辨——1道例题和5道测试题。每题0.8分，共4分。每题由3个演奏不同乐器的形象组成。要求被试听出录音中播放的音乐是何种乐器演奏的，并在相应形象下的方格内画圈。

第五部分：音乐欣赏——6道测试题。共4分。每题由2个性质不同的画面组成，如热闹的公园，安静的田野；老牛拉车，骏马奔驰；等等。要求被试听录音中播放的音乐更接近于哪幅画面所描写的内容，并在相应形象下的方格内画圈。

（三）学前儿童观察评价系统

学前儿童观察评价系统（COR Advantage）是高瞻课程模式中的学前儿童观察评价工具，具有发展适宜性、高信度、高效度等特点。高瞻课程模式中的创造性艺术领域共有5条关键发展指标，每条关键发展指标均设置水平0—7，教师可以根据自己对幼儿的了解和观察进行评价。因此，学前儿童观察评价系统是具有较强实操性的学前儿童观察评价工具。该系统还支持通过轶事手册、幼儿总结表、幼儿发展概述、班级总结表等观察记录表，记录幼儿的发展状况，帮助教师和家长更好地评价和支持幼儿。

从以上几种儿童音乐能力发展的标准化测验中我们可以看出：这些对儿童音乐能力多角度的测试方法，其目的一方面是帮助教师识别儿童的早期音乐天赋，另一方面则是较好地了解、评价儿童音乐发展的水平及音乐能力发展方面的优势和缺陷，从而使教师在测验的有效数据中进行分析和思考，为儿童提供更有针对性地适宜、优化的音乐教育环境，进一步合理地调整和改进音乐教学。因此，结合我国本土文化的特点及我国音乐领域教育和儿童实际发展状况，在借鉴国外的一些音乐测试方法的基础上编制合适我国的幼儿音乐能力测验项目，并付诸实践是我们今后探讨的一项极其重要和有价值的工作。

三、对幼儿学习能力发展状况的评价

幼儿学习能力发展状况有两种评价体系：同质教育的评价和异质教育的评价。

（一）现代教育大多是以同质教育为基础的

同质教育忽视了个体差异，其主要假设是：同年龄段所有的幼儿都处于同一发展水平；同样的课程适合于不同特点的幼儿；可以对幼儿实行标准化教育。在同质教育中，教师的观点就是儿童要接受的观点，因此，最后的评价几乎都是以标准化或近乎标准化的考试来考查幼儿学习与发展的结果。在同质教育观的支配下，幼儿学习能力发展状况的评价在观念上强调统一性，忽视个体性、差异性，用一把尺子衡量所有的幼儿，对所有的幼儿都从一个视点去观察、评价；让不同的幼儿在同一时间、同一空间按同一速度学习同一内容，并且用同样的标准评价他们。这种忽视差异的做法，过分强调了幼儿学习和思维方式的统一性，掩盖了幼儿学习和认知方式的独特性，在某种程度上是有欠公平的。

（二）异质教育观指引下的幼儿学习能力发展状况的评价，承认并充分尊重幼儿之间的差异，体现了"差异的平等"观念

平等具有两层含义：一是同质的平等，即运用同一的标准、要求，评价多样性的对象。其结果要么将幼儿的发展单一模式化，要么就是把幼儿的发展过程简单化为掌握知识和发展智力的过程，限制或忽略了那些最能表现幼儿的多样性的方面，如情感、意志、动机、兴趣等的发展。二是"差异或异质的平等"，即运用不同标准、要求，评价不同的对象。这种异质的平等观，强调每个幼儿之间的差异，摈弃歧视，反对追求共识和统一的标准，通过宽松的争论去发现错误，追求"差异的平等"。

异质教育观支配下的幼儿发展评价注重幼儿学习能力发展状况的差异性评价。

1. 要采用个体化的评价标准

《纲要》明确提出，要承认和关注幼儿的个体差异，避免用统一的标准评价不同的幼儿，强调评价时针对每个幼儿的特殊情况，确立不同的发展目标和评价标准。评价标准的个体化，能够切实地关注幼儿个体的处境和需要，真正地尊重和体现幼儿的个体差异，激发幼儿个体的主体精神，以促进每个幼儿实现其自身价值。

2. 尽量建立个别化的评价体系

在实施评价时，教师应打破传统评价中一刀切、整齐划一的单维度评价标准，建立"因人施评"的评价体系。具体来说，就是关注和理解幼儿个体发展的需要，尊重和认可幼儿个性化的价值取向，依据幼儿的不同背景和特点，运用不同的评价方法，正确判断每个幼儿的不同发展潜能，以最大程度的个别化方式，

促进个体价值的最大程度的实现，促使每个幼儿尽可能得到最优发展。教师要根据每个幼儿的特点，为每个幼儿在发展的现实性和可能性之间制定不同的标准。例如，教师在组织语言活动时，对表达能力强、想象力丰富的幼儿，可要求他们在已掌握的基础上进行仿编、创编或表演；对内向、不善言辞的幼儿，则可鼓励他们概括大意或进行复述。

3. 突出纵向评价

评价要始终关注幼儿个体的发展，要对幼儿个体的发展进行纵向的比较，从而突出幼儿个体发展的意义。

总之，幼儿教育绝不能像工业制造那样，将能力不同、性格不同的幼儿打造成整齐划一的工业产品；幼儿园也绝不应成为批量制造单一形式产品的加工厂，而应成为塑造个性人格、鼓励异质教育、促进差异发展的人才培养基地。

四、对幼儿个性、社会性发展状况的评价

社会化是个体获得态度、价值观，交往技能及其他能使个体参与到社会生活中的品质的过程。个性化与社会化相对，是指在生理上、心理上获得独立的过程，即自我确定、自我形成的过程。社会化发挥的是"整合"功能，它将幼儿作为一个参与者整合到社会中去。比如，幼儿想获得同伴的友谊就必须学习合作行为和公平原则。而个性化所起的作用是"分化"的功能，它包括个人自我意识的发展，将自己与他人区分开来，确定个人在生活中的独特方向。在一定程度上，社会化与个性化是相矛盾、相制约的两个过程。

如何才能解决幼儿教育中存在的问题，如何才能培养出适合未来社会的新人才？《纲要》中提出：幼儿社会性发展是在社会环境中的影响下，在与周围人的交往过程中逐步实现的。由于音乐学科的表现性决定了音乐教育活动能为幼儿提供各种的表现机会与条件，使幼儿在与他人的交往中社会性得到不断的发展。例如，在歌唱活动"打电话"中，当唱到"喂、喂、喂，我在幼儿园"的时候幼儿之间相互对视，用眼神相互交流，会让幼儿得到一种非常友好的、与同伴默契的幸福感。音乐活动的性质决定了幼儿必须亲自参与和体验，这就推动了活动中幼儿以自己独特的方式感知音乐，并在教师的引导下逐步建立自己独特的语言和评价标准。这就要求教师对评价有比较清楚的认识。

（一）在评价者和幼儿之间建立一种平等、信任的对话关系

评价者和幼儿双方互相沟通、理解，评价成为一种双方作为活生生的"人"的交流，这样才能保证评价的真实性和公平性。弗莱雷认为，没有了对话，就没有了交流；没有了交流，也就没有真正的教育。通过对话，教师的学生（student-of-the-teacher）及学生的教师（teacher-of-the-student）等字眼不复存在，新的术语随之出现：教师学生（teacher-student）及学生教师（student-teacher）。教师不再

仅仅是授业者，在与学生的对话中，教师本身也得到教育，学生在被教育的同时反过来也在教育教师，他们合作起来共同成长。[①]

（二）淡化教师权威

教师只是评价主体中的普通一员，而不是领导者或决策人。教师要坚持理解、宽容、平等、对话的主体间性的行为，以消解教室里的"中心"和"话语霸权"。多尔认为，在教师与学生的反思性关系中，教师不要求学生接受教师的权威；相反地，教师要求学生延缓对那一权威的不信任，与教师共同探究，探究那些学生正在体验的一切。教师同意帮助学生理解所给建议的意义，乐于面对学生提出的质疑，并与学生一起共同反思每个人所获得的心照不宣的理解。[②] 这一表述，同样适用于幼儿发展评价中教师与幼儿之间的关系。

（三）倾听幼儿的声音

幼儿和评价者都是独立的价值载体，具有同等的话语权力，评价在本质上就是一个共同体内部的平等对话与协商的过程。在评价的整个过程中，幼儿在某种程度上是最有发言权的，教师应尽量给予幼儿最大的主动权和最多的发言机会，让幼儿先对自己的行为与结果作出分析和判断，再进行自我评价。教师给予幼儿的不应只是对其认知技能与能力水平的鉴定，而应该引导幼儿进行自我认识，成为幼儿遇到困惑或问题时的贴心人。

总之，对于幼儿生理和心理的正常发展来说，准备一个适宜的环境是十分重要的。音乐教育活动恰恰以其独特的愉悦性、参与性和体验性为幼儿的全面成长提供了一个适宜的环境，它能引领幼儿园艺术教育回归素质教育，而幼儿园音乐教育评价则为艺术教育的健康发展提供了方向上的保障。

思考与实践

1. 幼儿园音乐教育活动的评价内容主要由哪些方面构成？其基本途径是什么？

2. 幼儿园音乐教育活动的评价方法有哪些？你认为比较有效的方法是什么？

3. 幼儿学习过程中评价应从哪两方面进行？谈谈在音乐活动中教师应该怎样评价幼儿。

4. 怎样理解幼儿园音乐教育活动与幼儿个性、社会性发展的相关性？

5. 幼儿园音乐教育活动评价如何能做到对幼儿园艺术教育进行良好的调控和改进？

---

① 弗莱雷.被压迫者教育学［M］.顾建新，等译.上海：华东师范大学出版社，2001：7.
② 多尔.后现代课程观［M］.王红宇，译.北京：教育科学出版社，2000：237-238，247.

［1］徐韵，阮婷，林琳，等.学前儿童艺术学习与发展核心经验［M］.南京：南京师范大学出版社，2021.

该书分别从美术和音乐两个学科角度阐述了学前儿童艺术学习中"感受美""表现美/表达美"和"创造美"三个核心经验，涵盖了许多一线教学案例，为幼儿园教师艺术实践能力的提升和艺术教育活动评价提供了参考依据。书中详细介绍了音乐领域的关键发展经验，学习者可以阅读第五章、第六章、第七章，这些内容可以成为幼儿音乐学习与发展的重要评价依据。

［2］爱泼斯坦.学前儿童观察与评价系统［M］.霍力岩，刘祎玮，刘睿文，等译.北京：教育科学出版社，2018.

该书是高瞻课程模式的学前儿童观察评价工具，书中第二部分详细阐述了9个评价领域、36个评价项，并分8个水平层级（水平0～7）提供定义和轶事记录举例，为一线教师在观察评价幼儿方面提供了翔实的参考。建议学习者阅读"创造性艺术"评价领域，该部分具体讲述了幼儿音乐学习与发展的水平层级、各层级的具体评价指标以及评分说明。

第十章　幼儿园教师的音乐教育
素养及自我反思学习

本章提要

　　本章主要介绍了教师在幼儿园音乐教育活动需要的专业素养，包括两个方面：一是设计与组织音乐教育活动的基本素养；二是专业化成长的基本素养。教师只有在了解自己必须具备的基本素养以及在职业岗位上不断进行自我提升的内容和方法之后，才能够更好地进行专业化成长，更好地保障幼儿的全面发展。

学习目标

1. 了解幼儿园教师必须具备的专业素养的具体内涵。
2. 了解幼儿园教师在岗自我反思学习的具体内容和思路。
3. 了解幼儿园教师如何利用"外部支持者"提升自我反思学习效率的方法。

第一节　幼儿园教师的音乐教育素养

在幼儿园的音乐教育活动中，教师对活动的组织实施效果起着重要作用。教师组织实施音乐教育活动的能力，决定了活动开展的效果。较强的组织实施教育活动的能力，来自教师良好的专业素养以及持续的专业化成长。

教师的专业素养包括：人格素养、领域素养与学习素养、领域教学素养。领域教学素养主要包括：了解幼儿在领域学习中的发展现状与发展需求，能够基本熟练应用相关规律和策略通过师幼互动有效促进幼儿发展。

一、幼儿园教师设计与组织音乐教育活动的基本素养

幼儿园教师设计与组织音乐教育活动的基本素养包括：

（1）音乐专业水平；

（2）对音乐教育活动的价值判断；

（3）对音乐教育活动的理解；

（4）对音乐教育活动资源的把握；

（5）已有的教育经验；

（6）情绪状态；

（7）与幼儿园其他人员之间的关系，以及与幼儿及其家庭的关系。

幼儿园教师在音乐领域的教育活动当中，应当具备音乐素养，具体包括以下几个方面：

（1）较好的音准和节奏感；

（2）掌握一定的音乐基础知识；

（3）具备演唱、演奏、舞蹈、配器、指挥的基本操作实践能力和表现音乐作品的能力；

（4）具有一定的音乐审美能力；

（5）积累了一定数量的音乐作品。

教师的音乐素养为教师选择、开发适合的音乐教育资源，再现音乐作品的魅力提供了有力的保障。教师把握和表现音乐的能力，为激发幼儿热爱音乐，积极主动地参与活动，不断提升音乐审美能力创造了有利条件。

教师在组织实施音乐教育活动时，要把握好教育活动的价值，有计划地安排幼儿一日生活中音乐活动的内容，富有创造性地选择适合本班幼儿的活动材料，设计并组织实施教学，在组织实施中找到适合的教学策略，保证教学的效果。这都需要教师不断提升自己的教育教学水平。教师教育教学水平的提升在于教师自

身的不断学习，掌握先进的教育观念，在实践中不断总结思考，积累丰富的教育教学经验。这些方面的持续进步都需要借助教师专业化成长的支持力量。

二、幼儿园教师的专业化成长

幼儿园教师的专业化成长，是指在教学活动中，教师不断反思、不断学习，专业化能力不断提升。这是教师从教育活动的操作者，成长为教育活动的研究者的过程。这一过程需要教师较长时间的积累和努力。教师的专业化成长不仅依赖自身的学习和提高，还有一种更重要的方式，就是积极参与园本教研活动。

园本教研活动让教师从个体的反思者，成为研究共同体中的成员。大家在对共同问题的对话中，不断实现各自观点的交汇，相互启发、相互碰撞、相互包容。在园本教研活动中，教师不断生成新的研究内容，帮助研究共同体成员打开思路，积极思考。研究共同体可由该园的多名教师、领导、教研员共同组成。园本教研活动中的对话应本着民主、平等的原则展开，这样才能够让每一位教师在宽松、自由的氛围中积极参与，以便有效促进其专业化成长。

第二节　幼儿园教师的自我反思学习

在强调要使学生成为学习主体、强调学生的学习要与社会生活问题研究与解决紧密联系的今天，大部分幼儿园教师职业培训的模式仍旧是"三中心式"（课堂中心、教材中心、教师中心）的。这种模式所基于的培训理念是：受训教师可以通过系统地学习对所有教师都有效的理论知识和实践技能，而最终获得职业态度和能力水平的不断提高。这些系统的知识和技能，已经被收集在用作培训教材的书中，通过专业师资培训人员的教学组织，受训者能够在课堂中理解和掌握它们。

正如同普通教育对"三中心式"培训提出的质疑一样，教师教育理论研究对该模式提出的批评是：

（1）被动的单向灌输式的培训方式，会阻碍甚至降低教师"职业自律性"的发展；

（2）脱离真实教育情境和具体教育问题的一般理论和技术教学，在相当严重的程度上割断了教育职业学习与教育工作实践的联系；

（3）全体一致的内容和进度表，忽视了每个具体受训教师的个人教育经验基础。

因此，尽管这种"三中心式"培训原本追求的是"规模生产的效益"，也不能说完全没有效益，但实际上还是在很大程度上违背了教师"职业自律性"或发展的科学规律。当前国际教师教育的目标是在真实的教育工作实践中（即岗位上）促进新手教师不断成长为"专家型"教师。而"专家型"教师的标准判定，也不再完全以"应用现成的教育科学理论和科学（合理）技术的熟练度"作为标准。改变这种判定标准的理由有二：其一，因为现代社会发展对教育提出越来越多的要求，现成的教育科学理论和技术已经"捉襟见肘"，需要具有高度职业自律性的教师来对之进行不断完善；其二，因为现代教育已经指出，教育的根本目的就是要培养"自主自律"的人，即使人能具备掌握自己的命运的意识和能力。

现代教育研究已经发现，养成反思型的思维习惯是达到前述教师教育目标至关重要的保障。如果不能使幼儿园教师在此方面获得高水平的发展，那么普通教育同样不太可能使幼儿在此方面获得良好的发展。因此，无论是从幼儿成长的角度还是从教师自身专业化成长的角度，"反思性实践者"这一概念被历史性地提出，职前教师教育与职后教师培训的目标已经明确地转换为：侧重通过在岗的（扎根于岗位教育实践的）研究性的自我培训，培养具有探索职业未知问题的热情，和具有发展职业实践的知识技术体系的态度和能力的反思型专家教师。因此，无论职前或职后，相关的策略都是需要了解和掌握的。

一、幼儿园教师的自我反思"路标"

（一）新手教师的自我反思"路标"

新手教师专指参加工作 2 年之内以及能力在此水平范围内的教师。

刚刚参加工作的新手教师可以从个人比较容易进入、指导者比较擅长的工作领域入手，进行自我反思学习。然而，新手教师很可能不知道怎样选择既适合自己又可从自己幼儿园内直接获得有效外援的领域进行反思。因此，他们应该根据自己的一般情况和幼儿园的优势领域向领导和同事申请具体援助，有目的、有计划地引导自己选择合适的反思问题。

新手教师的教育方案设计和教育实施总结应使用尽可能用详细的文字来落实，以便与同事以及指导者进行深入交流。

新手教师在教育方案实施过程中的理性观察、思考、决策等过程性监控，可以先从一个问题入手进行自我反思。以下是新手教师的自我反思"路标"：

（1）今天可能会遇到的主要问题将会是什么？

（2）书本和指导者已经告诉我的解决策略（如知识技能）主要有哪些？

（3）对于这些知识我真的理解了吗？我能否举例说明？我到有经验的教师那里去证实我的理解的正确性了吗？我曾经有的成功或失败的经历能用来证实这些知识的适用性吗？

（4）对于这些知识的适用性我有怀疑吗？我为什么会有这样的疑问呢？

（5）这些技术我真的掌握了吗？对着镜子做或在头脑中"过电影"式地进行表象操作时我觉得自己做得与指导者有太大差别吗？我到有经验的教师那里去证实我的操作的正确性了吗？我曾经有的成功或失败的经历能用来证实这种技术的适用性吗？

（6）今天遇到的未知问题主要是什么？只靠自己我能够想出的可能原因和对策有哪些？

（7）我可能到哪些地方去咨询（书本、网络、同事、指导者）？

（8）我对各种获得的信息的最终加工结果是什么？下次遇到同样的问题我的解决策略将有哪些？

从总体上来说，新手教师的自我反思学习一开始不宜全面铺开。比较适宜的策略是：一个问题初步解决后再转向另一个问题，在一个领域初步解决基本问题后再转向另一领域的基本问题。新手教师的自我反思学习是一个迁移应用已有适宜经验的过程，但新手教师也要鼓励自己对现有经验的适宜性进行合理质疑。

（二）成熟教师的自我反思"路标"

成熟教师专指参加工作5年之内以及能力在此水平范围内的教师。

虽然已经不是新手教师，但成熟教师仍需先从自己认为最主要的问题入手，或是从个人的弱项同时又是幼儿园园本长项的工作领域入手，进行自我反思学习。

成熟教师的教育方案设计和教育实施总结同样也需要尽可能用详细的文字来落实，以便与同事以及指导者进行深入交流。

成熟教师在教育方案实施过程中的理性观察、思考、决策等过程性监控，可以先从一个问题或几个具有连带性的问题入手进行自我反思。以下是成熟教师的自我反思"路标"：

（1）今天会遇到的已知主要问题将会是什么？

（2）书本和经验已经告诉我的解决策略（如知识技能）主要有哪些？

（3）对于这些知识我的理解是否还不够全面？我到更有经验的教师那里向他们咨询过吗？我曾经有的成功或失败的经历能用来扩大这种知识的适用性吗？

（4）对于这些知识的适用性我有过怀疑吗？我为什么会有这样的疑问呢？

（5）对于这些技术我真的掌握了吗？对着镜子做或在头脑中"过电影"式地进行表象操作，我觉得自己做的与本园这方面做得最好的教师有太大差别吗？我到更有经验的教师那里去证实我的操作的正确性了吗？我曾经有的成功或失败的经历能用来扩大这种技术的适用性了吗？

（6）对于这些技术的适用性我有过怀疑吗？我为什么会有这样的疑问呢？

（7）今天遇到的已知突发问题是什么？我的临时判断和应对策略适宜吗？

（8）今天遇到未知突发问题主要是什么？我的临时判断和应对策略适宜吗？只靠自己我还能够想出更多的可能原因和对策有哪些？

（9）我还可能到哪些地方去征求咨询（书本、网络、同事、指导者）？

（10）我对各种获得的信息的最终加工结果是什么？下次遇到类似的问题我的解决策略将是什么？

从总体上来说，成熟教师的自我反思学习同样一开始不宜全面铺开。比较适宜的策略是：一个问题初步解决后再转向另一个问题，在一个领域初步解决基本问题后再转向另一领域的基本问题。成熟教师的自我反思学习是一个在自己的弱势领域中获取和迁移应用他人适宜经验的过程，但成熟教师也要鼓励自己对现有经验的适宜性进行新的开发。

（三）骨干教师的自我反思"路标"

骨干教师专指参加工作 5 年以上并能在园内体现骨干作用的教师。

骨干教师可以从个人相对更感兴趣同时又是幼儿园园本弱项的工作领域入手进行自我反思学习。

骨干教师的教育方案设计和教育实施总结也要用尽可能详细的文字来落实，以便与同事以及指导者交流。

骨干教师在方案实施过程中的理性观察、思考、决策等过程性监控可以尽力监控自己对每一个具有连带性的问题的处理过程。以下是骨干教师的自我反思"路标"：

（1）今天将要探索主要问题是什么？连带的问题可能有哪些？

（2）书本和经验已经告诉我的解决策略（如知识技能）主要有哪些？暂时找不到直接答案的问题是什么？

（3）对于这些问题我是否可能间接借用已有的理论和解决策略？我可以找更有经验的同事或专家咨询、研讨吗？

（4）对于这些问题的根源我有什么假设吗？我为什么会有这样的假设呢？我将怎样来验证我的假设呢？

（5）对于解决这些问题我可以发明或改造某种技术吗？对着镜子做或在头脑中"过电影"式地进行表象操作，我觉得能够解决目前所面临的问题吗？我可以找更有经验的同事或专家一起来研究吗？我将怎样尝试和不断完善这些技术呢？

（6）对于这些新产生的知识和技术的适用性我还有怀疑吗？我为什么会有这样的疑问呢？

（7）今天遇到的已知突发问题是什么？我的临时判断和应对策略适宜吗？

（8）今天遇到未知突发问题主要是什么？我的临时判断和应对策略适宜

吗？只靠自己我还能够想出的更多可能原因和对策有哪些？

（9）我还可能到哪些地方去征求咨询（书本、网络、同事、其他人）？

（10）我对各种获得的信息的最终加工结果是什么？下次遇到新的问题我将如何更敏锐外地发现其不同表现之下的共同性质？可能促进这种敏锐性的策略又将是什么？

从总体上说，骨干教师的自我反思学习也不宜全面铺开。比较适宜的策略是：一个问题初步解决后再转向另一个问题，在一个领域初步解决基本问题后再转向另一领域的基本问题。骨干教师的自我反思学习是一个在自己感兴趣的领域中创造性地开发新的适宜性经验的过程，但骨干教师也必然存在自己弱项，因此所有的教师都有不断对自己的已有经验进行改造的自我反思学习任务。

二、幼儿园教师自我反思学习的案例及分析

（一）新手教师自我反思学习案例及分析

> ▶**案例 10-1**
>
> （1）领域：歌唱。
>
> （2）问题：倾听、等待前奏，然后开始歌唱。
>
> （3）对教育方案设计的自我反思：这是《纲要》中规定的学习要求，因此要对幼儿提出并组织幼儿加以练习。如果幼儿做不到，就多练习几遍。
>
> （4）对教育方案实施的自我反思：幼儿不能控制自己，刚讲过马上就忘记了；多练了，情绪就不好了。
>
> （5）对教育实施总结的自我反思：幼儿不能控制自己，刚讲过马上就忘记了；多练了，情绪就不好了。

新手教师缺乏能帮助自己提高反思水平的理论框架（知识），因此，只能把在教育方案实施过程中的感觉转换成可记录的文字或可交流的口语。指导者对于新手教师自我反思的引导可以从以下几个方面进行：

（1）你觉得幼儿能理解"什么是前奏"吗？（知识）

（2）你知道幼儿在尚未形成倾听、等待前奏习惯时需要"提前提醒"吗？（知识）

（3）你知道怎样用语言、表情、动作来"进行提醒"吗？（知识、技能）

（4）你知道前奏的力度、速度和吸气时间的处理不当都可能会刺激幼儿"抢唱"吗？

（5）你知道你自己的紧张透过形体表现出来也可能会刺激幼儿"抢唱"

吗？（知识）

（6）你知道怎样消除自己的紧张吗？（知识、技能）

（二）成熟教师自我反思学习案例及分析

▶案例 10-2

（1）领域：奏乐。

（2）问题：乐器组交替演奏时，靠后演奏的小组中许多幼儿总是不能及时开始演奏。

（3）对教育方案设计的自我反思：可能是因为幼儿注意力不集中，这又可能跟自己不够热情有关，我应该激励幼儿集中注意力；可能是因为自己交代要求时没有讲清楚，也可能是自己指挥转换时动作不够大，我应该仔细讲解，加大转换提示动作的幅度；同时，幼儿对音乐和演奏不熟悉也肯定是一种重要因素，我相信逐步熟练就会解决。

（4）对教育方案实施的自我反思：有效果，但仍旧不理想。本园某教师的活动效果总是比我要好，而且我的指挥动作做得连自己也感到别扭；和幼儿的交流总好像是隔了一层纱似的，我心里也总是别别扭扭的。

（5）对教育方案总结的自我反思：我的指挥动作一定还存在问题，书上说应该提前将身体和目光转向后一演奏小组（知识），但我不清楚在什么时候转和怎样转（知识、技能），我应该把这些动作再去做给会做的人看看。

这位教师显然已经能够了解一些问题的关键所在，但对于解决问题的技术细节还有一些不太明白的地方，指导者对于成熟教师自我反思的引导可以从以下几个方面进行：

（1）指挥转换的动作是一种沟通信息，应该让幼儿有机会能够与自己相互理解，并能够有机会逐步练习到比较自如地对这些信息进行反应的程度（知识）。

（2）在幼儿对音乐和演奏还不太熟悉的时候，教师的身体和头部应该提前两拍先转向后一演奏小组，同时用眼神提示：下面要轮到你们了，准备好了吗？而手臂却需要仍然继续留在前一小组，动作幅度不能变化，以避免使前、后两组幼儿产生已经应该交替的误解和不必要的紧张反应，直到前一小组演奏到谱子最后一拍的"尾部"，教师的手臂才与呼吸动作一起做出夸张的转换提示，同时也自然地将手臂转向后一演奏小组（知识、技能）。

（三）骨干教师自我反思学习案例及分析

> ▶案例10-3
>
> （1）领域：随乐韵律。
>
> （2）问题：原随乐韵律设计的第三段表演中，整个乐段4个乐句始终表现饺子在汤锅中自由翻滚的动作。在实际教育活动中，一般从第2乐句开始，幼儿情绪便会逐步进入失控状态。不但原设计所期望的创造性、艺术性表现受到影响，就连自控性、安全性也都成了问题。
>
> （3）对教育方案设计的自我反思：整个乐段4个乐句都做自由移动和翻滚，幼儿高度兴奋的活动时间过长，容易进入发泄状态。能否在幼儿兴奋程度尚未上升到进入发泄状态的高度之前就中止翻滚呢？如果前3个乐句分别表现的是饺子"在冷水中"静止不动，饺子"在温水中"轻轻颤动，饺子"在热水中"原地扭动，直到第4个乐句，饺子才开始"在开水中"奔跑翻滚，不就将翻滚的时间有效缩短了吗？在"饺子们"的翻滚快进入高潮时，"火被关掉"（音乐中止），"饺子被煮熟"（造型自控不动）。此时，教师再检查"饺子们"好不好，有没有破。这样幼儿就可以自然地把注意力从享受翻滚的兴奋转向享受自控的紧张和创造的乐趣上来了。
>
> （4）对教育方案实施的自我反思：效果相当令人满意。如果偶尔有个别幼儿特别兴奋时，教师只要采用"空间接近"（甚至"身体接触"）的互动策略进行个别提醒，便可以愉快解决。
>
> （5）对教育方案总结的自我反思：压缩过长的高度兴奋活动时间，的确是避免幼儿因过度兴奋而导致情绪失控的有效教育策略。

　　"包饺子"这一随乐韵律活动在由安徽的一位青年骨干教师设计出来后，深受广大幼儿园教师和幼儿的欢迎，已在全国许多省市的幼儿园中被反复实施。但幼儿过度兴奋的问题始终没有得到充分的注意和适宜的解决。最终，这个问题被南京市的一位中年骨干教师解决了。该中年骨干教师认为，实际上，从更深刻、更具普遍性的层次上来看，早期教育中"动静交替"和"快节奏"原则的适宜性又一次得到了证实和扩展。这位中年骨干教师的自我反思学习中已经能够提升到"教学设计要适应幼儿学习的身心规律特点"的理论层面上来。

第三节　幼儿园教师自我反思学习的"外部支持者"

尽管教师自我反思学习的"外部支持者"的问题似乎离师范生稍微远了一点，但了解这方面的问题，有利于他们在专业上的可持续发展。因为，他们首先要理解"外部支持者"也需要成长；其次，他们要理解相互尊重的共同探讨才是获得新知识、新技能的有效途径。

一、"外部支持者"支持教师自我反思学习的"路标"

幼儿园教师胜任岗位所需的内容可以粗略地分为两大类：学术理论性知识（学科知识）和实践性知识（职业工作实操经验）。

有研究发现：无论职前培养还是职后培训，如果脱离真实岗位的工作情境，割裂了现成普遍经验（理论）与教师个人经验的联系，教师是很难完全靠自己将两者加以融会贯通的。

新手教师在岗的实际工作实践与现成普遍经验之间，也往往会缺乏必然联系。因此，新手教师和成熟教师与骨干教师相比，更难完全靠自己的工作实践将理论与经验加以融会贯通。如果缺乏现成普遍经验的支持（无论是对理论的还是对技能的"借鉴"），任何教师都难以独立地成长为专家型教师。如果缺乏专业成长自律性（强烈的主观愿望和科学的主观努力）；任何教师也都难以有效地成长为专家型教师。因此，幼儿园教师培养、培训的核心工作之一就是帮助他们学会自我反思，核心工作之二就是鼓励他们"争取外援"。

教师专业化成长的过程中不能没有"外援"，但作为"外援"的其他任何"卷入者"都绝不是仅仅作为"外援提供者"的角色卷入的。每一个卷入者只有在能够明确地把自己同时作为"自我反思学习者"来看待的情况下，才能既成为"自我反思学习共同体"建设者，又成为这一共同体建设活动的受益者。所以，在这种教师教育理念和工作体系中，每个教师都必须学习如何在互动中通过"争取外援"、"提供外援"和"自我反思"来促进自身的专业发展。

（一）成熟教师

成熟教师在较长时间的工作实践中已经积累一些实际经验（知识），但由于这些经验极少有用语言加以表述的机会，所以它们往往以一种"不可言传"的方式存在着，因此也就成了一种"个体经验"。心理学研究告诉我们，用语言把这些经验"讲出来"的过程，实际上就是"不可交流的个体经验"向"可交流的群体经验"过渡的过程。这些经验一旦在一定程度上转化成功，其普遍性质量就得到了提升。

"讲出来"可以有两种方式：讲给别人听和讲给自己听。"讲给自己听"又可以有三种方式：用出声的语言讲给自己听；用无声的语言"讲（想）"给自己听；用书写符号的语言写给自己看（听）。这些方式都可以称作自我反思。

有研究表明，使用语言进行自我反思的态度倾向（习惯）并具有一定能力的新手教师，更容易快速地成长为骨干教师。而不太具有这种自我反思习惯的成熟教师的进步却相对缓慢，已经积累的经验也更容易僵化或老化。其中，没有动力"说"（或"想"），不能"说"（或"想"）是这些成熟教师的主要"病症"。所以，成熟教师要"动员"自己在"带徒弟"的过程中把已经积累的经验"说"（或"想"）出来。

以下是成熟教师作为"外部支持者"支持新手教师进行自我反思学习与发展的"路标"：

（1）新手教师在将要进行的工作中可能面对最基本的问题是什么（或在重要的问题上最容易犯的错误是什么）？

（2）对这个具体问题我自己以往的经验和教训有哪些？我能不能用最简要的语言和具体实例向他讲清楚？

（3）要使他能够避免错误的出现，我已经积累了哪些有效策略（或技术）？我能不能用比较方便的方法教给他？

（4）从他现在的状态来看，他理解和掌握了我给他的忠告和技术吗？

（5）我自己对这个问题的理解和解决这个问题的策略还存在什么问题吗？

（6）我和他对这个问题的研究学习还需要或可能继续深入吗？

（7）我向他征询了关于我提供的知识和技术的应用效果的评价吗？

（8）我向他征询了关于我提供支持的适宜性的评价吗？

（9）他的行动和反思对我的新启发是什么？我可以进一步完善原先对这个问题的看法和做法吗？

（10）我直接向他征询了完善这一问题的理论和技术的意见了吗？

（二）骨干教师

幼儿园骨干教师是指能够组织指导成熟教师进行教学研究，能够不断将自己和幼儿园内的有效经验进行初步理论化，能够用初步理论化的知识和策略来支持新手教师和成熟教师进行专业发展，能够沟通园内、外的有效经验，并使这些经验能够被更好地应用的教师。因此，骨干教师需要敦促自己不断加强理论学习和将书本理论转化为实践理论的学习。骨干教师同样需要用"三种方式"来进行自我反思，只不过应该更注意选择更适合自己的反思方式。骨干教师的职责之一是支持其他同事自我反思。因此骨干教师也更多机会来应用理论和提升理论。骨干教师应该明确：自己的努力目标是不断争取与更具有普遍意义的高级理论相互交流、相互促进。

以下是骨干教师作为"外部支持者"支持成熟教师进行自我反思学习与发展

的"路标"：

（1）新手教师和成熟教师在将要进行的工作中可能面对最基本的理论问题是什么（或在重要的问题上最容易犯的错误及其理论原因是什么）？

（2）对这个具体问题我自己已经积累的相关理论有哪些？我能不能用最通俗的语言和具体实例向他讲清楚？

（3）要使他能够避免类似错误的出现，我已经积累了哪些更具有普遍意义的策略（或技术）？我能不能用比较方便的方式使他理解类似策略（或技术）之间的内在联系？

（4）从他现在的状态来看，他理解和掌握了我给他的忠告和技术吗？

（5）我自己对这个问题的理解和解决这个问题的策略还存在什么问题吗？

（6）我和他对这个问题的研究学习还需要或可能继续深入吗？

（7）有什么新的问题出现吗？我可以用已有的理论和技术来解释它吗？

（8）我向他征询了关于我提供的理论的应用效果的评价吗？

（9）我向他征询了关于我提供支持的适宜性的评价吗？

（10）他的行动和反思对我的新启发是什么？我可以进一步完善原先对这个问题的看法和做法吗？

（11）我直接向他征询了完善这一问题的理论和技术的意见了吗？

（12）我能够与他一起再对这种理论的可扩展性进行更深入的研讨吗？

（三）园长、业务园长或教研员

园长、业务园长或教研员（特别是由骨干教师成长起来的教研员）更有责任并且更有能力向本园的全体教职员工提供专业发展的外部支持。在不断了解社会以及教育生态发展的现状和趋势的基础上，把握幼儿园课程发展的总方向，是使全体教职员工得以把握个人发展总方向的重要前提。园长、业务园长或教研员要不断完善园本培训环境，在时间、空间、资料、信息，以及在岗学习秩序、园内学习文化氛围建设等方面，从管理、限制转向服务、鼓励和支持。

以下从直接参与的重点教研活动角度来分析园长、业务园长或教研员作为"外部支持者"支持各水平教师进行自我反思学习与发展的"路标"：

（1）我明确本次活动要解决的问题与本阶段工作要解决的问题之间的关系吗？我能够用简洁的语言或文字表述出来吗？参加这次活动的人员都基本理解任务了吗？我是怎么知道的？

（2）我了解这个问题目前总的进展状态吗？现在即将重点探索的问题具体是什么？我能够用简洁的语言或文字表述出来吗？参加研究的人员口头或书面的表述是基本一致的吗？如果有分歧，那是什么？我对分歧的理解又是什么？

（3）我对分歧的心理反应和外显态度是开放性的吗？我应该怎样反应才会最大程度地发挥其他参与人员的主观能动性？

（4）现在正有什么新问题出现吗？这是一个新发现还是一个新挑战？

（5）要将这个问题列为全体教职员工专业发展的新内容吗？

（6）我对发生的情况有不明白的地方吗？比如教师为什么要这样反应？幼儿为什么会有那样表现？我需要把我的问题和思考记录下来以备后续咨询吗？

（7）我向老师咨询的态度会让老师感到责备的压力吗？

（8）我的问题有助于帮助老师和自己弄清问题的真相吗？

（9）我对教师的新发现、新创造有足够的认识和肯定吗？我给机会和鼓励以使教师有愿望继续他的学习和研究吗？

（10）我又对教师说"你应该怎样做"这样的话了吗？（这样做可能抑制教师的自主努力）对于教师提出的问题我说了"你认为可以怎样做"这样的话吗？（这样做可能激励教师的自主努力）

（11）我明确这次活动大家的共同的主要收获是什么吗？我明确有哪些个人收获是值得分享的吗？我明确应该找什么时间用什么方式来分享？

（12）对其他参与人员不能提升到理论级别的问题，我自己能够尝试做得更好吗？如果不能，我自己又应该到何处去征寻"外援"呢？

二、"外部支持者"支持自我反思学习的案例及分析

（一）"外部支持者"支持成熟教师自我反思学习的案例及分析

▶ 案例 10-4

（1）领域：歌唱。

（2）问题：走音。

（3）在音乐教育活动前成熟教师的自我反思学习：某新手老师刚接了新的中班，他向我反映：该班复习小班学过的歌曲时绝大多数幼儿都走音。根据我自己的经验，我认为不可能那么多的幼儿都是先天的生理问题，最大的可能是原小班教师教的时候处理得太粗糙了。那么，新手教师提出的重新教授方案是"得不偿失"的。因为我的已有经验告诉我：教"夹生"的歌曲幼儿再唱也不容易唱好了，而且还很容易使幼儿感到紧张而缺乏兴趣。所以，我向这位新手教师提议：从认真细致教授新的歌曲开始矫正走音问题。他备课很认真，从教育方案上看不出有什么问题。

（4）在音乐教育活动过程中成熟教师的自我反思学习：新手教师刚开始范唱，幼儿就跟着"想当然地"唱起来。原来我忘记了会有这样的问题：如果小班老师教得比较粗糙，那么这些孩子可能不仅只会唱"夹生歌"，而且还可能养成了把新歌学"夹生"的不良习惯，即他们

不知道应该注意倾听新歌到底是怎样的。

（5）在音乐教育活动后成熟教师的自我反思学习：我询问了该新手教师，他表示不知道还有这样的事情，但能够理解应该帮助幼儿养成良好的歌唱习惯——先注意听，不开口唱。但他又提出一个新问题：幼儿没有事情做，教师总不能强迫他们安静倾听吧！这也是许多人的问题，同样是我的问题。

这位成熟教师已经注意到了教师的教学态度和技能与幼儿发展的关系，但还不能从更高水平上点破。在"就事论事"与提升规律之间只差一层"窗户纸"没有捅破。这位成熟教师在进行自我反思学习时还可以再进一步提出的问题是：他应该使自己和新手教师都超越走音问题去思考，教师不仅在教音乐作品和知识技能，更在培养学习态度和学习习惯。观察、思考和行动参与是矛盾综合体，幼儿盲目的参与不应受到鼓励，教师观察时度、量、方法也应适宜、有趣。

（二）"外部支持者"支持骨干教师自我反思学习的案例及分析

▶案例 10-5

（1）领域：歌唱。

（2）问题：观察、思考和行动参与的矛盾。

（3）在音乐教育活动前骨干教师的自我反思学习：我园在解决上述问题时的传统是利用新颖别致的教具和学具，但这种策略太过单一；我也曾了解到利用无意注意的方法解决上述问题，但也不能每一首歌都让幼儿事先欣赏。前些日子我学习到一位专家的观点，了解到可以用"悬念"引发注意观察和用"动作参与"的方式部分满足幼儿的参与需求，同时达到使幼儿自愿注意观察或使用无意注意倾听的目的。所以，我建议在本周中班年级组教研活动中，每位教师都来了解这位专家的观点及其所举的具体例子，并集体讨论下周各班新歌教授时，对"倾听"感受环节的适宜处理。

（4）在音乐教育活动过程中骨干教师的自我反思学习：中一班新歌学习的最后一句比较难，看来可能以后在设计"倾听"感受环节时，不用每一首歌曲都做完整的同样的多次倾听要求，可以把歌曲拆开处理，有的部分用"悬念观察"；有的部分用"动作参与"；有的部分用"有意注意"；有的部分用"无意注意"；有的部分用"强调多听"，有的部分用"忽略带过"。

（5）在音乐教育活动后骨干教师的自我反思学习：中二班老师提出，当新歌第一、二、三句一样，第四句不同；或一、三句一样，二、四句尾部有小差别的时候，幼儿最容易"想当然"，要求倾听分辨也没用。我想起另外一个幼儿园的骨干教师提到过一种"错误动力定型阻断技术"，就是专门用来解决幼儿"想当然"的错误认识的，下周我们的教研内容就定为选择这种具有"迷惑性"的歌曲，专门练习掌握这种技术。

　　这位骨干教师已经具备了相当高的自我反思学习水平。他所占有的有关现成知识和技术的信息是相当先进和精细的。所以，在问题提出后他才可能这样敏锐地将自己从前已经了解到的知识技术与当下的问题联系起来。而且，由于他也相当明确所有教师都必须通过实践尝试来获得对这些现成的理论或技术的掌握和发展，所以他也就把这些理论技术的学习和当下要解决的问题结合了起来。另外，这位骨干教师还能再进一步反思的一点是：幼儿的"想当然"并非完全是坏习惯，在一定条件下，教师如果善于引导和指点，"想当然"也可能发展成为良好的推理习惯。

　　（三）园长、业务园长或教研员自我反思学习的案例及分析

▶ 案例 10-6

　　（1）领域：歌唱。

　　（2）问题：空间移动和伴奏干扰。

　　（3）在音乐领域教研活动开始前园长的自我反思学习：本学期的全园幼儿园教师培训重点是提高歌唱教学能力和歌唱教学研究能力。本周的重点是青年教师在教学过程中的"空间移动技术"应用。有关该技术的理论学习已经进行过，成熟教师和骨干教师也都已经开展过公开教研课，从活动开展后的集体反思情况来看，新手教师都比较明确自己移动是要解决什么问题。今天开展活动的三位新手教师都没有来咨询，所以无法估计还会有什么问题。

　　（4）在音乐领域教研活动中园长的自我反思学习：第二位新手教师使用空间移动技术与幼儿交流时，身体动作好像与歌曲的情绪不一致；幼儿把进行曲风格的歌曲唱得软绵绵的，不知是不是与教师的形体暗示有关系；另外配班教师的钢琴似乎也是弹得软绵绵的，不知道他为什么会这样弹？从前教师的琴通常都是弹得过响、过快，干扰了幼儿的正常歌唱，今天会不会是一种"矫枉过正"的表现？

　　（5）在音乐领域教研活动后园长的自我反思学习：在集体反思中，该新手教师承认，他的移动确是为了在空间上更接近幼儿，以便更好地用眼光与幼儿交流感情。但他没有预先考虑清楚，这是一首比较庄严的进行曲，自己移动的时候体态、步伐、脸部表情、眼神都应该与歌曲的

情绪保持一致，自己移动得太慢且不符合歌唱的节奏，在客观上很可能干扰了幼儿对歌曲的理解和表现。

配班教师并不十分清楚自己的钢琴演奏有什么问题。当被问及是否知道歌曲的情绪、风格，以及是否知道这种风格的进行曲应该如何弹奏时，这位配班教师表示自己并不清楚。当被告知风格和演奏方法之后，他又表示还是不清楚具体应该怎样触键。直到让他把手放在我的手上感受过我触键的发力方式后，他才表示这会儿似乎有点明白了，但确实还需要自己独自练习。

今天的教研活动给我的启示是：我们幼儿园的教师还不太习惯发现自己不明白的问题，也不太习惯向人咨询。我自己的原因是：没有能够预计更多的问题，并提供问题的线索供教师进行活动前的反思。而且也许我对老师们具体帮助不够，老师们也没有养成向我求助的习惯。

针对教师们自我反思不够细致，征询"外部支持者"不够主动的问题，这位园长能更多地在自己身上寻找解决问题的根源，是非常难能可贵的。但这位园长需要进一步注意掌握的专业发展支持策略是：组织教师把相关的有效实践经验分类总结，系统发布，甚至转化为文字，供全园教师在一定时段内随时对照进行自我反思。对于不太习惯自己向自己提问的教师，园长应该先提问，再逐步引导他们向自己提问或寻求帮助。

尽管本章所提供的内容，并不是师范生需要立即掌握的内容，但对于师范生来说，可以从中看到教育教学专业问题的深度和广度，了解如何在未来的工作中更好地利用外部支持资源，并能够在独立思考的基础上更加有效地将外援力量的支持转化为自我专业化成长的动力。

思考与实践

1. 在见习或实习的幼儿园内参加一次教师职后培训，并结合自身经验，撰写一篇自我反思笔记，以小组为单位在班级内交流。

2. 在班级交流结束后，撰写一篇心得体会，重点内容可以放在他人的自我反思对自己的启示。

推荐读物

许卓娅. 平等对话的力量：从怎么看到怎么办 [M]. 南京：南京师范大学出版社，2013.

该书以和杜威对话的方式来建立杜威、作者、其他参与讲述者和读者之间的平等对话关系，努力保持叙事内容中尊重多元价值的对话立场。该书期望能够以这种在"对话"立场上的一致性，即尊重所有参与对话者的态度，来践行本书的核心价值理想——搞教育的人"从自己做起"，从每一细小言行入手，尽自己所能去追求与民主和谐社会理想的逐步接近。

主要参考文献

［1］许卓娅.学前儿童音乐教育［M］.北京：人民教育出版社，2010.

［2］许卓娅.学前儿童艺术教育［M］.3版.上海：华东师范大学出版社，2020.

［3］梅纽因，戴维斯.人类的音乐［M］.冷杉，译.北京：人民文学出版社，2003.

［4］洛秦.音乐的构成：音乐在科学、历史和文化中的解读［M］.桂林：广西师范大学出版社，2005.

［5］许卓娅.学与教的心理探秘：幼儿园集体音乐舞蹈教育指南［M］.南京：南京师范大学出版社，2006.

［6］李妲娜，修海林，尹爱青.奥尔夫音乐教育思想与实践［M］.上海：上海教育出版社，2010.

［7］卫卡特.动作教学：幼儿核心的动作经验［M］.林翠湄，译.南京：南京师范大学出版社，2006.

［8］杨立梅.柯达伊音乐教育思想与匈牙利音乐教育［M］.上海：上海教育出版社，2011.

［9］杨立梅，蔡觉民.达尔克罗兹音乐教育理论与实践［M］.上海：上海教育出版社，2011.

［10］铃木镇一.儿童早期音乐教育：理论与实践［M］.卜大炜，译.北京：人民音乐出版社，2004.

［11］中华人民共和国教育部基础教育司.幼儿园教育指导纲要（试行）解读［M］.南京：江苏教育出版社，2002.

［12］许卓娅.歌唱活动［M］.3版.南京：南京师范大学出版社，2021.

［13］许卓娅.韵律活动［M］.3版.南京：南京师范大学出版社，2021.

［14］许卓娅.打击乐器演奏活动［M］.3版.南京：南京师范大学出版社，2021.

［15］许卓娅.音乐欣赏活动［M］.3 版.南京：南京师范大学出版社，2021.

［16］王秀萍.经验的早期儿童音乐教育［M］.苏州：苏州大学出版社，2019.

［17］爱泼斯坦.学前儿童观察评价系统［M］.霍力岩，刘祎玮，刘睿文，等译.北京：教育科学出版社，2018.

郑重声明

高等教育出版社依法对本书享有专有出版权。任何未经许可的复制、销售行为均违反《中华人民共和国著作权法》，其行为人将承担相应的民事责任和行政责任；构成犯罪的，将被依法追究刑事责任。为了维护市场秩序，保护读者的合法权益，避免读者误用盗版书造成不良后果，我社将配合行政执法部门和司法机关对违法犯罪的单位和个人进行严厉打击。社会各界人士如发现上述侵权行为，希望及时举报，我社将奖励举报有功人员。

反盗版举报电话　（010）58581999　58582371

反盗版举报邮箱　dd@hep.com.cn

通信地址　北京市西城区德外大街4号　高等教育出版社法律事务部

邮政编码　100120

读者意见反馈

为收集对教材的意见建议，进一步完善教材编写并做好服务工作，读者可将对本教材的意见建议通过如下渠道反馈至我社。

咨询电话　400-810-0598

反馈邮箱　gjdzfwb@pub.hep.cn

通信地址　北京市朝阳区惠新东街4号富盛大厦1座

　　　　　高等教育出版社总编辑办公室

邮政编码　100029